KB190573

한국교회를 위한
청교도 설교의 유산과 적실성

한국교회를 위한
청교도 설교의 유산과 적실성

초판1쇄인쇄   2020년 11월 15일
초판1쇄발행   2020년 11월 20일

지 은 이   안상혁, 헤르만 셀더하위스, 조엘 비키, 김병훈, 이승진
발 행 인   정창균
펴 낸 곳   합동신학대학원출판부
주   소   16517 수원시 영통구 광교중앙로 50 (원천동)
전   화   (031)217-0629
팩   스   (031)212-6204
홈 페 이 지   www.hapdong.ac.kr
출판등록번호   제22-1-2호
인 쇄 처   예원프린팅 (031)902-6550
총   판   (주)기독교출판유통 (031)906-9191

ISBN   978-89-97244-91-1 (93230)
값은 뒷표지에 있습니다
잘못된 책은 교환해 드립니다

「이 도서의 국립중앙도서관 출판예정도서목록(CIP)은 서지정보유통지원시스템
홈페이지(http://seoji.nl.go.kr)와 국가자료종합목록 구축시스템(http://kolis-net.
nl.go.kr)에서 이용하실 수 있습니다. (CIP제어번호 : CIP2020046391)」

한국교회를 위한
청교도 설교의
유산과
적실성

청교도 교리로
한국교회 설교에 적용하기

편집 **안상혁**

합신대학원출판부

본서는 2020년 11월 17일(화)부터 20일(금)까지 합신 정암신학연구소
와 총동문회, 그리고 청교도연구센터(PRC at HTS)가 공동으로 주최하
는 제32회 정암신학강좌와 합신 청교도 대강좌에서 발표된 논문들을
한 권으로 엮은 것입니다. 아펠도른(Apeldorn) 신학교 총장이며 국제
칼빈학회 회장인 헤르만 셀더하위스 교수와 미국 퓨리탄리폼드 신학
교(PRTS)의 총장이며 역사신학을 가르치는 조엘 비키 교수, 그리고
합신의 이승진 교수(실천신학), 김병훈 교수(조직신학), 안상혁 교수(역
사신학) 등이 총 여덟 편의 연구물을 발표했습니다.

　제32회 정암신학강좌와 합신 청교도 대강좌의 주제는 "한국 교회
를 위한 청교도 설교의 유산과 적실성"입니다. 첫 세 장은 정암신학강
좌의 발표문이고 이후의 다섯 장은 청교도대강좌에서 발표된 논문입
니다. 제1장과 제2장에서 셀더하위스는 청교도 목사와 설교자 교육이
라는 주제를 하이델베르크의 신학과 도르트 총회의 교회법을 통해 조
명합니다. 제3장에서 이승진은 청교도 설교의 특징을 분석하고 이것
을 오늘날 한국교회의 설교에 효과적으로 적용할 수 있는 길을 제안

합니다. 제4장과 제5장에서 비키와 안상혁은 청교도의 대표적인 설교자 존 번연과 토마스 왓슨의 설교를 연구하여 소개합니다. 비키는 번연의 '마음을 움직이는 설교'를, 안상혁은 왓슨의 교리 설교를 분석합니다. 제6장과 제7장에서 비키와 김병훈은 특히 교리 설교에 대해 논의합니다. 비키는 교리 설교의 변화시키는 능력에 대해서, 김병훈은 교리를 말하는 본문설교를 연구하여 독자들에게 유익하고 깊이 있는 통찰력을 제공합니다. 마지막으로 제8장에서 비키는 청교도 설교의 적용을 다룹니다. 오늘날 설교자가 청교도 설교로부터 배울 수 있는 일곱 가지 장점과 주의해야 할 다섯 가지 단점을 소개합니다. 이를 통해 독자들은 청교도 설교의 효과적 적용을 위한 구체적이며 실천적 지침을 배울 수 있습니다. 주지하다시피 총 여덟 장 가운데 세 장이 특히 '교리 설교'를 연구 주제로 삼고 있습니다. 이는 오늘날 강단에서 교리에 대한 관심이 약화된 상황에서 성경의 교리를 설교하고 가르치기를 희망하는 한국 교회의 목회자들을 돕기 위한 취지를 반영한 것입니다.

　본서가 출간된 것 자체가 하나님의 놀라운 은혜를 증거합니다. 먼저 코로나19의 한계 상황을 창의적 방식으로 극복하며 강좌를 개최할 수 있도록 모든 일을 시작하신 정창균 총장님께 감사드립니다. 해외 석학의 발표가 영상과 지상(紙上) 강좌로 이루어질 수 있도록 매우 일찍 논문을 완성하여 보내주시고 동영상까지 제작해 주신 셀더하위스 총장님과 비키 총장님께 감사드립니다. 행사 전에 본서가 출간될 수 있도록 신속하게 영어와 독일어 논문을 번역하고 발제해 주신 합신의 교수님들께 감사드립니다. 정암신학강좌에서 셀더하위스를 대신하여 발표하신 이남규 교수님과 이승구 교수님, 청교도 대강좌에서는 비키를 대신하여 발제를 담당하신 박덕준 교수님과 김영호 교수님, 그리고 권호 교수님께 감사드립니다. 해외석학의 동영상에 한글 자막을 넣어주시고 영상을 편집해 주신 김찬성 목사님께 감사드립니다. 짧은 시간 안에 원고를 보기 좋게 편집하여 출판해 주시는 북디자이너 김민정 선생님의 노력에 감사드립니다. 또한 합신청교도연구센터의 프로젝트를 해마다 재정적으로 후원해 주시는 유성씨앤에프 주식회사의 황호진 이사님께 감사드립니다. 마지막으로 제32회 정암신학강좌와 합신 청교도 대강좌를 위해 기쁨으로 헌신해 주신 합신 총동문회 임원 목사님들과 합신의 학생들과 직원들, 그리고 현장과 온라인으로 강좌에 적극 참여하신 모든 참석자들에게 감사드립니다.

2020년 10월
안상혁

청교도 설교자 교육을 위한 모델로서
하이델베르크 신학 : 하이델베르크 신학부 (1583-1622)

헤르만 셀더하위스 Herman J. Selderhuis　|　번역 이남규

2 청교도 사상에서 설교자의 의미와 위치

헤르만 셀더하위스 Herman J. Selderhuis | 번역 이승구

3 21세기 한국교회를 위한 청교도 설교의 유산과 적실성

글 이승진

4 마음을 움직이는 설교: 존 번연 연구

조엘 비키 Joel R. Beeke | 번역 박덕준

5 청교도 교리 설교: 토마스 왓슨

글 안상혁

6 청교도 교리설교의 변화시키는 능력

조엘 비키 Joel R. Beeke | 번역 김영호

7 교리를 말하는 본문설교

글 김병훈

8 오늘날 청교도처럼 설교하려면

조엘 비키 Joel R. Beeke | 번역 권호

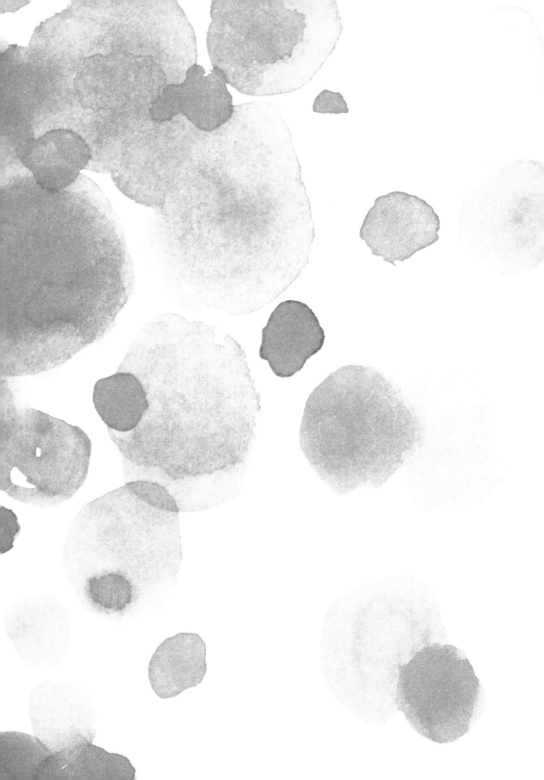

1

청교도 설교자 교육을 위한 모델로서 하이델베르크 신학: 하이델베르크 신학부

(1583-1622)

헤르만 셀더하위스 Herman J. Selderhuis
번역 이남규

1. 서론

청교도 연구에서 영어를 사용하는 지역과 독일어와 네덜란드어를 사용하는 지역 간의 상호작용이 얼마나 중요했는지가 점점 더 많이 밝혀지고 있다. 그래서 독일과 네덜란드의 신학 발전과 신학 교육의 의미가 청교도의 발전과 확산을 위해 더욱 더 중요해진다. 가장 중요한 예는 하이델베르크 대학교이다. 이 대학은 1386년에 설립되었으므로 유럽에서 가장 오래된 대학에 속한다. 16세기에 이 대학은 가장 영향력 있는 칼빈주의의 중심지로 발전했으며 독일의 제네바로 불리며 유명해졌다. 1563년 하이델베르크 요리문답서가 이곳에서 나왔다. 여기에서 오늘날까지 세계적으로 개혁주의 신학에 영향을 주지만 이름은 잘 알려지지 않은 신학자들이 훈련을 받았다. 이남규 교수는 그의 논문을 통해서 잘 알려지지 않았던 신학자들, 즉 게오르그 소니우스(Georg Sohn, 1551-1589), 헤르만 렌네헤루스(Herman Rennecherus, 1550-?), 야콥 키메돈키우스(Jacob Kimedoncius, 1554-1596), 다니엘 토사누스(Daniel Tossanus, 1541-1602)가 개혁주의 예정론의 발전과 확산에 얼마나 중요했는지를 보여주었다.[1] 하이델베르크에서 청교도에 깊은 영향을 준 신학자들도 교육받았다. 여기에서 학술적 신학과 실천적 설교자교육 간의 융합 모델이 되는 프로그램이 발전했다. 1573년 청교도 토마스 카트라이트(Thomas Cartwright)는 제네바를 떠나야만 했을 때 하이델베르크로 갔다. 하이델베르크에서 네덜란드 신학자 페트루스 다테누스(Petrus Datheen), 프란시스쿠스 고마루스(Franciscus Gomarus), 요하네스 보거만(Johannes Bogerman) 그리고 요하네스 마코비우스(Johannes Macovius)가 공부했는데, 이들 모두 청교도 신학과 실천에 중요한 의미가 있다. 하이델베르크 신학자들의 작품이 영국 청교도에 의해 사용되었고 여러 작품이 번역되었다.[2] 헤르만 렌네헤루스가 1589년 윌리엄 퍼킨스(William Perkins)의 유명한 작품과 동일한 제목으로 예정론에 관한 책을 출판한 일은 우연이 아니다. 퍼킨스의 『황금사슬』(*A Golden Chain*)은 렌네헤루스의 책이 나온 지 2년 후인 1591년에 나온다. 하이델베르크와 영국 청교도 사이에 긴밀한 관계가 있었기 때문에 이것은 놀라운 일이 아니다.

하이델베르크가 청교도 설교자의 신학교육을 위해 중요한 것이 분

---

1   Lee, Nam Kyu: Die Prädestinationslehre der Heidelberger Theologen 1583 - 1622 : Georg
    Sohn (1551 - 1589), Herman Rennecherus (1550 - ?), Jacob Kimedoncius (1554 - 1596),
    Daniel Tossanus (1541 - 1602) Göttingen: Vandenhoeck & Ruprecht, 2009.

2   여기에 관해서 무엇보다도 다음을 보라: Anthony Milton, The Reception of Continental
    Refomation in Britain,in: Proceedings oft he British Academy 164, 137-165, 2010.

명하므로 우리는 하이델베르크의 프로그램을 어느 정도 자세히 살펴볼 것이다.

2. 매력적인 대학

하이델베르크는 많은 외국 학생들, 특히 스위스, 프랑스, 네덜란드 출신의 학생들만이 아니라 헝가리, 폴란드, 보헤미아, 슐레지안과 같은 지역의 학생들도 끌어당겼다. 이런 신학생이 하이델베르크에서 공부를 시작하게 된 동기는 무엇일까? 왜 취리히나 레이든이나 제네바가 아닌 이 도시를 선택했을까? 쾌적한 기후와 도시의 매력적인 위치를 제외한다면, 언급해야 하는 요소는 학업 프로그램, 교수진, 신앙고백적 결속, 그리고 그곳에서 가르쳐진 신학이다.

교수 일부가 이미 위에서 언급되었는데, 학생들이 하이델베르크에 오도록 동기를 부여한 중요한 교수들이 훨씬 더 많이 있다. 여기서 네 사람을 간단히 언급한다.

1) 퀴리니우스 로이터(Quirinius Reuter)는[3] 지혜원(Collegium Sapien-

---

3   Reuter에 대해서 다음을 보라: DRÜLL, 473-474; RE 14, 703-705.

tiae)의 원장이자 하이델베르크의 구약 교수였다. 그는 자카리아
스 우르시누스(Zacharias Ursinus)의 제자이며,[4] 우르시누스와 평
생 긴밀한 관계를 맺었다. 1612년 로이터는 우르시누스의 전집
을 출판했다.

2) 프란시스쿠스 유니우스(Franciscus Junius, 1545-1602)는[5] 제네바
   아카데미에서 공부하고 몇 년 동안 설교자로 일했으며 하이델베
   르크로부터 트레멜리우스(Tremmelius)와 함께 구약을 라틴어로
   새롭게 번역하라는 의뢰를 받았다. 1578년 히브리어 교수가 되
   었고 1584년 하이델베르크에서 박사 학위를 받았으며 1592년까
   지 머물렀다. 이후 레이든의 교수가 되었고, 여기서 학문적 활동
   을 통해 명성을 얻었다.

3) 아브라함 스쿨테투스(Abraham Scultetus)는[6], 주로 교회사 분야의

---

4   Ursinus에 대해서 다음을 보라: DEN HARTOGH, Gerrit, Voorzienigheid in donker licht,
    Herkomst en gebruik van het begrip "providentia Dei" in de reformatorische theologie,
    in het bijzonder bij Zacharias Ursinus, Heerenveen 1999; VISSER, Derk, Zacharias Ur-
    sinus, the Reluctant Reformer: His Life and Times, New York 1983.

5   DRÜLL, 344-346; F.W. Cuno, Franciscus Junius der Ältere, Professor der Theologie
    und Pastor (1545-1602), Sein Leben und Wirken, seine Schriften und Briefe, Amster-
    dam-Leipzig-Basel 1891; BENRATH, Gustav Adolf, Franciscus Junius, Speyer 2000;
    Biografisch Lexicon voor de Geschiedenis van het Nederlandse Protestantisme, deel 2,
    Kampen 1983, 275-278; J. Reitsma, Franciscus Junius, een levensbeeld uit den eersten
    tijd der kerkhervorming, Groningen 1864.

6   DRÜLL, 498-499; RE 18, 103-104. Kurzbiografie von BENRATH, Gustav Adolf, in: Pfäl-

18   한국교회를 위한 청교도 설교의 유산과 적실성

출판물을 통해 알려졌다. 스쿨테투스는 도르트총회에서 팔츠의 총대로서 구원의 확실성에 대한 설교를 했다. 그는 영국 청교도와 교류가 있었으며 1613년에는 옥스포드를 방문하여 청교도 토마스 모튼(Thomas Morton)과 로버터 애보트(Robert Abbot)를 만났다.[7] 청교도 신학자 월터 트래버스(Walter Travers)는 하이델베르크에서 스쿨테투스를 방문한 적이 있으며, 스쿨테투스의 시편 설교 일부를 영어로 번역했다.

4) 다비드 파레우스(David Pareus)는 1598년부터 1622년 죽을 때까지 하이델베르크에서 가르쳤다.[8] 파레우스에게 우르시누스가 중요한데, 왜냐하면 그가 우르시누스 전집을 구성하면서 그 안에 하이델베르크 요리문답서 해설을 작업했기 때문이다.[9] 이 해설서는 '그 보서'(寶書, das Schatzbuch)로 여전히 알려져 있으며, 여러 번역본으로 출판되었으며 전 세계 개혁주의 설교자들이 항상

---

zer Lebensbilder, 2. Bnd. 1970, 97-116.

7　Milton,Reception, 145-147.

8　Pareus에 대해선 다음을 보라: DRÜLL, 433-435; RE 14, 686-689; Schlesische Lebens-bilder, 5.Bnd.- Schlesier des 15. bis 20. Jahrhunderts, Würzburg 1968, 13-23. 다음도 보라: HIMMIGHÖFER, Traudel, Die Neustadter Bibel von 1587/88, die erste reformierte Bibelausgabe Deutschlands, Speyer 1986. 여기서 멜란히톤의 사상이 파레우스의 성경에 들어오는 과정을 알려준다.

9　1591년에 요리문답 해설(Explicationes catecheticae)로 출판되었고, 개정되어 1598년에 교황제로부터 개혁된 기독교 교리 체계(Corpus doctrinae christianae ecclesiarum a papatu reformatorum)로 출판되었다. 그후 1616년, 1621년, 1623년에도 인쇄되었다.

사용하고 있다.

3. 하이델베르크의 신학: 예정

루터주의자들과 토론하던 한 가지 주제는 예정론이다. 예정론은 네덜
란드와 관계하면서 17세기에 중요하게 되는 주제이다. 야콥 키메돈키
우스(Jacob Kimedoncius)의 저술은 하이델베르크의 학술적 신학이 이
주제를 다루는 방식의 예를 보여준다. 선택에 관한 별개의 책이 첨부
되어 있는 구속에 관한 그의 저술은 650쪽이 넘는 분량이다.[10] 이 작
업은 주로 사무엘 후버(Samuel Huber)를 상대한 광범위한 논의이다.[11]
루터파 측에서 개혁주의자들이 그리스도가 모든 사람을 위해서 죽으
셨다는 것을 부인한다는 비난이 있었는데, 이 책 서문에서 키메돈키
우스는 이 비난에 반대할 것이라고 밝힌다. 그에 따르면 이것은 뻔뻔
한 비방이다. 왜냐하면, 단순히 성경을 따라 그러한 것처럼 개혁신학

---

10   1592년 판은 747쪽이다. 인쇄오류로 인해 이렇게 되었다. 208쪽 이후 309쪽으로 되어 있
      다. '구속에 대하여'(De redemtio)는 1-442쪽이고, '하나님의 예정에 대하여'(De praedes-
      tinatione divina)는 443-747쪽으로 되어 있다.

11   후버는 동일한 분량의 글로 바로 반응했다: Contra Iacobum Kimedoncium Theologum
      Heidelbergensem. Qui Calviniano furore cum sociis accensus, Mahometismo fores
      aperit, & Evangelium Iesu Christi funditus extirpare conatur. Samuel Huberus s.s. Theo-
      logiae Professor in Academia Witebergensi., Wittenberg 1593.

한국교회를 위한 청교도 설교의 유산과 적실성

자들도 그렇게 고백하기 때문이다.[12] 물론 이것은 한 사람도 예외없이, 믿음이 있던지 없던지 의롭게 되고 보존된다는 의미는 아니다. 키메돈키우스가 의미하는 바는 작품 안에서 더 나아가면 알 수 있는데, 곧 그리스도의 피가 모든 사람에게 충분하지만 모든 사람이 이 피의 열매에 참여하는 것은 아니라고 말한 토마스 아퀴나스에 찬성하며 인용할 때다.[13] 또 키메돈키우스는 하나님이 인간을 부르시는 세 가지 소명을 구별한다. 먼저, 본성에서 나오는 보편적 소명이 있다. 그리고 복음에서 모든 사람에게 다가가는 특별한 소명이 있다. 세 번째 소명은 선택받은 자들을 부르는 소명인데, 키메돈키우스는 아우구스티누스를 인용하면서 이 소명을 강조한다.[14] 키메돈키우스는 후버를 반대하는 논증을 위해서 구약과 신약의 본문 외에도, 우선 교부들과 루터의 작품을 인용한다. 키메돈키우스는 개별 종교개혁가에 대한 공격에 맞서, 츠빙글리, 무스쿨루스, 불링거, 칼빈, 창키우스, 루터 모두가 이 질문에 대해 같은 확신을 가진 것이 분명하다는 식으로 변호한다.

이 저술의 두 번째 부분은 예정에 대한 설명으로 구성된다. 키메돈키우스는 이 작품을 여섯 부분으로 나누었는데, 그 안에 선택이 무엇인지, 선택의 원인이 어떤 것인지, 선택의 결과는 어떤 것인지, 또 선

---

12   "Impudens calumnia. Id enim secundum scripturas fatemur & nos.", Redemtio [7].

13   De redemtio 63-64.

14   De redemtio 171-172.

택이 불변하는지에 대한 질문을 다룬다. 다섯 번째 장은 선택받았다는 것을 확신할 수 있는지 또 어떻게 확신할 수 있는지를 다룬다.[15] 마지막 장에서, 선택은 덕을 세우지 못하기 때문에 선택에 관해 말하지 않는 편이 낫다는 견해에 반대한다.

키메돈키우스는 이미 책 시작에서 유기 문제에 관해 말한다. 그는 스콜라신학이 유기를 어떻게 다루었는지 논하며 유기에 어려움이 있다고 말한다. 유기된 자들이란, 그들이 구원을 받아들이지 않을 것에 대하여 하나님이 미리 아신 자들을 말함이 아니다. 키메돈키우스는 하나님의 결정을, 즉 일부를 긍휼히 여기시지 않기로 그리고 그리스도와의 교제 밖에 두시기로 하신 하나님의 영원한 결정을 유기라 칭한다. 이것으로 하나님이 불의를 행하신 것이 아닌데, 그 이유는 그들이 자신들의 형벌을 벌어들였기 때문이다.[16] 이것이 키메돈키우스로부터 스콜라학자들이 완전히 배제되었다는 것을 의미하지는 않는다. 그의 책 나머지 부분에서는 선택에 대한 개혁주의 관점을 옹호하기 위해 스콜라학자들이 반복해서 인용된다.[17] 하나님의 선택의 원인과

---

15   An & quomodo certi esse queamus de nostri ad vitam aeternam praedestinatione. De divina 444.

16   "...reprobatio est aeterna in Deo voluntas quorundamin genere humano, ubi cum aliis in peccatum & damnationem lapsi essent, iusto suo iudicio non miserendi, reijciendi eos a salutis in Christo communione, & abijciendi in poenas peccato debitas.", De prae-destinatione, 461.

17   z.B. "Nec alia est doctrina Magistri sententiarum...Eandem sententiam Thomas Aquinas

열매를 논할 때는 에라스무스와 루터 사이에 있던 논쟁을 여러 번 언급한다. 우리가 지금 다루는 키메돈키우스의 이 작품이 출판되기 1년 전 키메돈키우스는 루터의 『노예의지론』 새로운 판을 출간했었다.[18] 이 책은 키메돈키우스 이후에 처음으로 신학생을 위한 책이 되었다. 그 의도는 개혁주의자들이 루터의 선에 어떻게 머물렀는지 또 루터주의자들이 그 선에서 얼마나 많이 벗어났는지 보여주는 것이었다.

선택의 확신에 대한 질문을 다루면서 키메돈키우스는 먼저 트렌트 공의회의 교리선언을 언급한다. 교황의 교리에 따르면, 아무도 자신이 선택되었다는 것을 확신할 수 없다. 그 이유는 구원을 위한 자신의 기여가 충분한지에 대해 전혀 확실하지 않다는 바로 그것이다. 물론 성경에서 이러한 의심에 대해 발견되는 것은 없다. 반대로, 선택의 원인이 오직 하나님의 은혜에 놓여있기 때문에 확신이 있다.[19] 키메돈키우스는 죄를 지적함으로써 양심을 의심으로 나르는 자들에 맞서 상세하게 반대한다. 선택은 하나님의 것이기 때문에 의심이 있을 수 없다.[20]

& alii inter scholasticos...", De praedestinatione 552-553.

18 De servo arbitrio Martini Lutheri, ad D. Erasmum Roterodamum, Liber illustris: Desideratis iampridem exemplaribus contra veteres & novos Pelagianos, in usum studiose iuventutis, & propagandae veritatis ergo; Nunc denuo, cum praefatione ad Lectorem, editus, Neustadt 1591.

19 De praedestinatione 686.

20 "Nam cum salus tantum electorum sit, eius profecto certitudo constare nequit sine

그런 다음 키메돈키우스는 그 확신을 어떻게 소유하는지에 대한 질문을 다루며, 세 가지 방법으로 분명해진다고 답한다. 즉, 첫째는 믿음과 성화 안에 있는 선택의 결과를 통해서, 둘째는 약속을 바라봄을 통해서, 셋째는 성령으로 인침을 통해서다.[21] 이 모든 것 때문에 선택에 관해 말해야만 한다. 이렇게 하여 사람은 하나님을 더 잘 깨닫고, 하나님은 더 영광 받으신다. 또 어려움에 처한 이들에게 위로와 확신을 주며, 하나님을 향한 사랑을 커지게 하며, 하나님을 더 많이 섬기도록 신자를 격려한다.[22] 마지막 장에서 키메돈키우스는 선택에 관해 단순하고 사려깊게 말해야 한다는 주제를 다룬다. 호기심을 키우는 것은 막아야 하지만 선택을 성화 안에 있는 방종을 위한 논증으로 보기 시작하는 것도 막아야 한다. 그리고 말하는 방식에 있어서 불쾌감을 유발하지 않도록 주의해야 한다.[23]

---

certitudine divinae electionis, quae salutis fons, origo & fundamentum est.", De prae-destinatione 699.

21   "Est autem triplex fere electionis revelatio,...", De praedestinatione 700.

22   "Servit excitando in nobis amori Dei & studio bonorum operum.", De praedestinatione 733.

23   "Denique quod ad modum & formam docendi pertinet, cautione opus est, ut quae vere dicuntur, congruenter etiam dicantur, ad cavendum, quoad licet, offensionem audienti-um.", De praedestinatione 745.

4. 교의학

게오르기우스 소니우스는 1585년 교의 판단에 관한 논제를 출판했다.[24] 옳고 그름을 판단하는 규범과 판단의 기초를 세우는 방식은 소니우스가 다루는 관점의 일부이다. 소니우스는 개인적 판단과 공식적 판단의 구분을 지지한다. 첫 번째 경우 각 신자에게 개인적으로 해당되는 판단을 다룬다. 예를 들어, 설교나 논쟁에서 진술될 수 있는 그러한 개인적 판단은 과거에 종종 오류를 해결하기 위해 충분히 알려졌다. 더 심각한 문제와 널리 퍼진 오류의 경우에는 문제를 다루기 위해 부름받은 이들을 통해서 공식적으로 판단이 내려져야 한다. 소니우스의 논제에서, 오류는 먼저 공식적으로 판단하는 것이 아니라 개인적으로 판단해야 한다. 이 주제를 다루는 스콜라 형식에서 교의적 판단의 중간 목적과 최종 목적을 구분하기도 한다. 중간 목적은 진리를 증진하는 것과 교회를 세우는 것이며, 최종 목적은 하나님의 영광이다.

소니우스는 토론이 진행될 때에 가져야 할 신학자의 올바른 태도에 대해서 말하면서, 특정 견해를 잘 판단할 수 있기 위해서 거쳐야 할 과정을 설명한다. 어떤 것이 새로운 것이라거나 오래된 것이라는 이

---

24   De iudiciis dogmatum, Heidelberg 1585.

유만으로 거부되거나 받아들여지는 일을 막기 위해서 신중한 검토가 필요하다. 어떤 이가 새로운 견해를 제시하는 이유는 무엇인가? 그것은 새로운 견해인가, 아니면 교회가 이전에 그것을 다루었고 혹시 이미 판단했는가? 말한 내용이 명확한가, 아니면 혹시 의식적으로 복잡하고 모호한 용어를 사용했는가? 새로운 생각을 제시한 사람은 누구인가? 나이 들었는가 아니면 젊은가? 학식이 있는가 아니면 없는가? 많은 질문과 그 질문의 방식에서 소니우스가 학생들에게 열린 태도를 바라고 있음이 드러나는데, 새로운 생각에 열려있으나 성경 그리고 이전 교회의 신앙고백서에 묶여 있기를 바란다.

5. 언어

하이델베르크 교육과정에서 히브리어는 큰 주목을 받았다. 처음 몇 년 동안 유니우스가 이 언어를 가르치는 일에 책임을 졌다. 유니우스는 임마누엘 트레멜리우스(Immanuel Tremellius)와 함께 만든 구약성경 라틴어 번역으로 이미 유명했다. 1588년 하이델베르크에서 유니우스는 신약성경에 인용된 구약 본문을 서로 비교하는 대조 성경을 출판했다. 이 책은 널리 배포되었으며 여러 번 재인쇄되었다. 1590년 유니우스는 히브리어 문법책의 개정판을 출판했다. 초판은 1578년 노이슈타트(Neustadt)에서 출판되었지만, 개정판은 초판에 비해 크게 개선

되고 확장되었다. 개정판은 거의 270쪽이며, 그래서 같은 종류의 책 중에서 상당히 방대한 축에 속한다. 이 작품은 요나서의 두 번째 장을 가지고 어떻게 본문을 단어별로, 문자별로 분석해야 하는지 그 예를 제공하는 일종의 연습으로 끝난다.

렌네헤루스(Rennecherus)는 한 강연에서 히브리어 지식의 중요성을 설명한다. 여기서 히브리어가 얼마나 오래되었고 가치 있으며 쉬운지 그리고 물론 성경을 이해하기 위해 이 언어를 아는 것이 얼마나 필요한지를 보여준다. 이것은 1594년 히브리어 교수직을 시작할 때 렌네헤루스의 취임강연이다.[25]

렌네헤루스에 따르면 진리가 이 언어로 쓰였으니 이 언어를 모르고는 진리를 이해할 수 없다. 또 히브리어에 대한 지식이 없으면 이단과 오류로부터 자신을 방어하는 일이 거의 불가능한 것도 맞다.[26]

또 렌네헤루스는 히브리어 단어와 사물의 본질 사이에 서로 관계가

---

25 Oratio de lingua Hebraea, in qua eius antiquitas, dignitas, facilitas, & ad Scripturam Propheticam recte intelligendam necessitas veris ac perspicuis argumentis asseritur, habita an Hermanno Rennechero. In inclyta & pervetusta Academia Heidelbergensi Anno Dn. 1594. XXI Octob. Cum Professionem Hebraeae linguae auspicaretur., Heidelberg 1595.

26 Oratio 4.

있다는 주장을 제기한다.[27] 성령님은 이 언어로 본질적인 것을 전달하기로 하셨다. 즉, 이 말은 진리와 실재의 본질이 이 언어로 싸매여 있으므로 진리에 나오고자 하는 사람은 이 언어를 알아야 한다는 것을 의미한다. 따라서 히브리어 단어에서 실재는 거울보다 훨씬 더 명확하게 보일 수 있다.[28]

렌네헤루스는 히브리어만큼 순수하고 아름다운 언어는 없다고 다시 한번 언급한 후 계속해서 이 언어의 거룩함을 강조한다. 이 거룩함은 하나님이 이 언어를 사용하셨다는 사실에 기인한다. 그 결과 모든 언어가 사라질 때도 히브리어가 남아 있게 된다. 히브리어는 영원까지 존재하며,[29] 이것은 렌네헤루스의 관점의 결과인데, 새 땅에서 말해질 것이다. 이 땅에 있는 사람들을 위해 이 언어를 알아야 할 필요성으로 돌아가서, 히브리어를 아는 사람이 설명하지 않으면 번역에서는 이해할 수 없는 단어와 개념의 예를 보여준다. 그래서 구약은 히브리어에 대한 지식 없이는 이해할 수 없는데, 이것은 또한 신약을 이해

---

27   "...praesertim cum inter Hebraica vocabula & rerum naturas sit mutua quaedam relatio...", Oratio 5.

28   "Hebraeus igitur Sermo est expressa ipsarum rerum imago & viva effigies, quae res ipsas multo calrius (clarius? J.K.) & evidentius, quam ulla specula exhibet & repraesentat.", Oratio 5-6.

29   "Circumscripta est, Auditores, huius linguae duratio non aliquotannorum terminis aut seculorum spatiis, sed infinite terminis aeternitatis, quibus propagata perpetuum duratura est.", Oratio 13.

할 수 없음을 의미한다. 신약은 구약의 해석일 뿐이다.[30] 히브리어 지식 없이 헬라어 신약성경에서 얼마나 많은 문장과 개념을 이해할 수 없는가! 그러므로 결론의 마지막은, 설교자가 되거나 다른 방식으로 신학과 관련한 일을 하기를 원하는 사람은 누구나 히브리어를 알아야만 한다는 것이다.[31]

렌네헤루스는 히브리어가 정말 어려운가에 대한 질문에 주목하는 것을 잊지 않았다. 플라톤은 아름다운 것은 어렵다고 말했지만, 히브리어에 관한 한 렌네헤루스는 유감스럽게도 플라톤의 견해를 옳지 않다고 말할 것이다. 히브리어는 인간이 타락하기 전의 언어이기 때문에 전혀 어렵지 않으며, 잘 알려졌듯이 어려움은 타락 후에 처음 들어온 것이다.[32] 타락 이후 시대의 언어는 어렵지만 히브리어는 그렇지 않다. 그러나 렌네헤루스가 계속해서 헬라어와 라틴어의 문법을 히브리어 문법과 비교하여 히브리어의 장점과 평이성을 증명하기 때문에, 이 주장에 대한 다른 증거를 제공할 필요가 분명하다. 이것을 위해 전체 강연의 사 분의 일 이상인 7쪽 넘게 사용했다. 그런데 그는 마지막에, 성경이 학식있는 사람들에 의해 번역되었고 그래서 번역을 다시

---

30 "Cum novum nihil aliud sit, quam vetus explicatum...", Oratio 17.

31 "...Hebraeae linguae cognitionem tam esse necessariam, ut sive in ministerio Ecclesiastivo, sive in professione Theologica quisquam versetur...", Oratio 17.

32 Oratio 18-19.

하는 것이 전혀 불필요하다는 이의를 다룬다. 렌네혜루스는 번역에서는 항상 원문의 일부, 때로는 많은 부분이 분실된다는 말로 반응한다. 더욱이 하나님은 이 언어를 선택하셨으므로 우리는 다른 언어에 만족해서는 안된다.[33] 렌네혜루스의 결론은 히브리어 지식 없이는 신학 연구가 불가능하다는 것이다. 구약이든지 신약이든지 각 주석을 연구하려면 원문에 대한 지식이 필수적이다. 히에로니무스는 이것을 보았으며 아우구스티누스도 이것을 보았다. 칼빈과 피터 마터가 이 언어에 대한 지식 없이 성경을 그렇게 잘 해석할 수 있었을까?[34] "그러므로 거룩한 신학 안에 있는 학생들이여 … 제가 간청하여 여러분께 청하니, 여러분은 이 성별된 언어에 대한 연구를 큰 노력으로 시작하십시오. 끊임없이 열심을 내십시오. 그리고 하나님의 영광을 위해, 여러분이 섬겨야 하는 교회의 영광을 위해, 스스로 이 내용을 잘 인식하기 위해 누구의 말에도 흔들리지 마십시오."[35]

---

33 "Nolite putare, Deum aut frustra hanc elegisse, qua suam voluntatem nobis patefaceret, aut si magis idoneum novisset, non selecturum fuisse.", Oratio 26.

34 Oratio 30.

35 Oratio 29.

6. 신약

토사누스에 의하면 성경은 신약이 구약에 대한 보충일 뿐이라고 제시
하지만, 신약은 하이델베르크에서 많은 주목을 받았다.[36] 그리네우스
(Grynaeus)는 마태복음 10장까지에 대한 주석을 700쪽 가깝게 출판한
다.[37] 마태와 마가에 관한 스쿨테투스(Scultetus)의 책은 두 복음서에
있는 특정 용어의 배경과 신학에 관한 것이다.[38] 여기서 그는 주석들
에 있는 옛 번역과 새 번역을 사용하고 비교를 통해 단어나 표현의 참
된 의미를 얻으려고 한다.

하이델베르크에서 발견되는 성경 주해 방식의 좋은 예는 다니엘 토
사누스가 출판한 『복음서 조화』이다.[39] 토사누스는 사복음서에 관한
이 저술의 도입에서 복음서의 조화를 이루고자 할 때 지켜야 할 23가

---

36 "...N. Testamentum nihil aliud esse quam complementum Veteris", Praelectiones in
   Apostolorum 200.

37 Explanatio Evangelii secundum Matthaeum decem primorum capitum, recens lection-
   ibus publicis 123, in Heydelbergensis Academiae Schola Theologica, piae et ingeniosae
   Iuventuti proposita, a Ioanne Iacobo Grynaeo, Heidelberg 1585.

38 Observationes grammaticae, historicae, logicae, theologicae, in historiam concionum &
   miraculorum a Domino nostro JESU CHRISTO ab initio ministerii ad passionem ejus
   (nachfolgend Fehler in der Vorlage? J.K.), & a DD. Evangelistis Mattheo & Marco de-
   scriptorum....Frankfurt 1622. Scultetus widmet dieses Werk den Generalstaaten in den
   Niederlanden, als Dank dafür, daß sie mit der Synode von Dordrecht ihre eigene Kirche,
   aber auch die reformierten Kirchen in ganz Europa vom Pelagianismus befreit haben.

39 De consensu Evangelistarum D. Danielis Tossanis, in: D. Danielis Tossani...Opera 1604

지 규칙 목록을 제시한다. 이러한 규칙을 교부들과 새로운 저자들로부터 가져왔다고 말하지만 새로운 저자들의 이름을 밝히지는 않는다. 이 목록 이후, 토사누스는 복음서가 쓰여진 시기나 누가 처음으로 시작했는지에 대한 질문과 같은 복음서의 정경성에 관한 관점에서 몇 가지를 살펴본다. 사실상 토사누스의 이 작품은 예수 그리스도의 전기이며, 여기서 성경 전체에 주어진 사실을 통합하여 예수 그리스도의 지상 생애의 역사만이 아니라 그 목적을 명확히 설명해준다. 토사누스는 예수의 생애가 처음부터 부활의 예표 안에 있었음이 분명해지도록 예수의 전기를 다시 보여준다. 토사누스는 조화시키면서 발생하는 질문을 점차 다룬다. 예를 들어, 마태와 누가의 계보 목록의 일치와 차이를 다루고 그다음 서로 일치를 이루게 한다.[40] 토사누스의 연구에 사용된 저자들의 이름이 언급되는데, 때로는 그들의 견해가 어떤 교파에 속해 있는지에 관계없이 논쟁되기도 한다. 새로운 저자 중에는 부써, 칼빈, 불링거, 베자, 트레멜리우스, 그리고 나아가 요하네스 브렌츠(Johannes Brenz)와 마틴 켐니츠(Martin Chemnitz)도 있다. 칼빈이 다른 저자들보다 더 자주 사용되는 것은 아니며, 이 제네바 종교개혁가는 단지 많은 다른 이들의 목소리 중 하나일 뿐이다. 칼빈을 동의하는 방식으로 인용할 수 있지만, 몇몇 본문에서는 칼빈의 해석을 거절할 수 있고, 예를 들어 어떤 루터주의 신학자의 해석을 더 좋게

---

40   Conciliatio Matthaei et Lucae, De consensu 7.

볼 수도 있다.[41] 토사누스는 자신이 최신 문헌의 정점에 있음을 보여준다.[42] 또 다양한 새로운 번역을 사용하는데, 즉 루터의 번역, 소위 취리히 성경,[43] 제네바 성경(최신판)을 사용하고 본문의 원래 뜻을 발견하기 위해서 이 번역들을 비교한다.[44] 여기서 토사누스는 다양한 사본에서 발견될 수 있는 본문의 상이점도 연결한다.[45] 클레르보의 베르나르(Bernard von Clairvaux), 페트루스 롬바르두스(Petrus Lombardus), 토마스 아퀴나스도 동의하면서 인용한다.[46] 토사누스는 옛 문헌에 익숙함을 보여줄 뿐 아니라 최신 서적들과 견해들도 알고 있다. 이것은 마리아의 태에서 태어난 아기에 대해 거룩해지리라고 말하는 누가복음의 구절을 설명하는 부분에서 밝히 드러난다. 이 부분에서 토사누스는 로베르투스 스테파누스(Robertus Stephanus), 시루스 파라프라스테스(Syrus paraphrastes), 아우구스티누스, 토마스의 주석을 사용한다.[47] 나아가 토사누스는 유대인의 문헌도 사용한다.

---

41   "Calvinus et Beza...putant...sed magis placet Camerarii sententia...", Praelectiones in Actu, 234.

42   "...observarunt doctiores interpretes Tremellius et Iunius, Genevenses in postrema editione Bibliorum, et Benedictus Ariomontanus vir inter Pontificios doctus, qui etiam scripsit in minores prophetas...", Consensu 91.

43   "...iuxta vulgatam versionem Lutheri et Tigurinorum,..." Consensu 45.

44   "...Beza maleficentiam vertit, sed magis placet vulgata versio, quam Erasmus, Lutherus en Genevenses retinent,...", Actu Apost. 289.

45   "...ut nonnulli codices Graeci habent...", Consensu 118.

46   "...ut recte monet Thomas Aquinas...", De consensu 13.

47   De consensu 23.

논쟁이 거의 없다는 것이 눈에 띈다. 다만 성만찬의 제정이 언급될 때는, 한 논문의 분량만큼을 부록으로 포함한다.[48] 거기서 토사누스는 훈니우스(Hunnius)와 밀리우스(Mylius)의 성만찬 교리를 논박하고 개혁주의자들의 설명에 대한 비난에 맞서 변호한다.

7. 변증학

하이델베르크에서 변증학 과목이 따로 분리되어 제공되지 않았지만, 교수들의 수업과 출판물에서 매우 두드러졌다. 중요한 예는 프란시스쿠스 유니우스(Franciscus Junius)의 작품으로, 그는 이 작품에서 신약성경에서 발견된 구약성경 인용을 다룬다.[49] 그는 히브리어 본문과 헬라어 인용문을 번역하여 평행 대조함으로써 이 작업을 수행한다. 첫번째 책에서는 복음서들과 사도행전을 차례로 다룬다. 그다음 바울

---

48 "Appendix ad Verba institutionis caenae dominicae, nimirum examen D. Aegidii Hunnii et Georg. Mylii, quas orthodoxis nostris thesibus de caena Domini scriptis contra articulos captiosos visitationis Misnicae, opposuerunt mense Iunio et Augusto anni sup. 1593 alter Wittebergae, alter Iehnae.", Consensu 127-159.

49 Sacrorum Parallelorum Libri Tres: Id Est, Comparatio locorum Scripturae sacrae, qui ex Testamento vetere in Novo adducuntur: summam utriusque in verbis convenientiam, in rebus consensum, in mutationibus fidem veritatemque breviter et perspicue ex fontibus Scripturae S. Genuinaque linguarum Hebraeae et Graecae conformatione monstrans: et contra Atheos, Arianos, Judaeos, Mahumedistas, aliosque asserens simplicitate Evangelistarum et Apostolorum Christi. 1588.

서신서가 두 번째 책에 이어지고, 세 번째 책에서는 유니우스가 바울의 손에서 기인하지 않았다고 보는 히브리서 서신을 포함한 나머지 신약성경이 이어진다. 이 작품에 대한 서문에서 유니우스가 변증의 의도를 가지고 있었다고 결론 내릴 수 있다. 이슬람교도들은 성경 전체를 공격하고, 유대인들은 신약을 믿지 않으며, 재세례교도들은 구약에서 어려움을 겪는다. 이 책은 이제 이 세 그룹에 맞서 성경 전체의 진리와 통일성을 증명해야 한다. 이 작품의 제목은 아리안주의자들과 무신론자들에 맞서 변증 역할도 해야 함을 보여준다. 또 변증학 분야에 유니우스의 창조에 관한 책이 있는데, 거기서 그는 창세기 1장의 모세의 역사 서술에 대한 역사적 신뢰성을 다룬다.[50] 여기서 유니우스는 성경의 창조 설명에 제기된 반대 주장에 관한 전문가임을 보여주며, 아리스토텔레스의 스콜라 방식으로 대처한다. 영혼 기원에 대한 논의에서는 창조설을 선택했으며, 그래서 그에 따르면 각 영혼은 하나님에 의해 개별적으로 창조되었다. 마찬가지로 안식일 제정에 대해 논의할 때, 그 계명이 영원토록 유효하기 때문에 엄격한 주일성수를 옹호한다. 물론 지켜야 하는 날은 그리스도의 부활과 함께 토요일에서 일요일로 변경되었다.

그의 변증에서 낙원의 지형 문제에 대한 논의도 있으며, '현재의 메

---

50 seu creationis a Deo factae et in ea prioris Adami ex creatione integri et ex lapsu corrupti historia: Cui adiecta chorogaphica tabula Babyloniae, et in ea Hedenis circumscriptio, ex probatis auctoribus priscis et recentioribus, veram dilucidamque fluentorum Euphratis et Tigridis delineationem continens: et demonstrans consensionem omnium. 1589.

소포타미아'에 에덴 동산이 있었다는 상당히 정밀한 지역설정을 한다. 이 작품에서 또 중요한 점은 타락의 풍유화(Allegorisierung)와 맞서 싸우는 것이다. 유니우스는 특히 터툴리안이 타락에 관해 말한 것에서부터 시작하여, 창세기의 인간 타락에 관한 내용이 역사적 사실로서가 아니라 풍유적 내러티브로서 간주되어야 한다는 견해에 반대한다.

8. 실천 교육

1584년 소니우스는 그리스도인 그리고 특히 신학생이 독일의 교회가 처한 상황에서 무엇을 해야 하는지에 대한 질문를 다루는 강연을 발표했다.[51] 그 상황이란 걱정스러웠는데, 많은 논쟁, 다른 개념들, 그리고 커져가는 신앙문제에서 기인한 것이다. 소니우스가 자신의 질문에 대해 대답을 한다면, 이 대답은 하이델베르크에서 학생에게 어떤 태도를 기대하는지 명확히 알 수 있다. 소니우스의 강연은 곧 진정한 신학도의 표상을 제공하며, 학생들은 그 표상과 일치하도록 노력해야 한다. 소니우스가 언급하는 첫 번째 특성은 자신의 감정을 통제할 수 있어야 한다는 것이다. 반대자들에게 여러 과격함이 있지만 진리를 따르는 자들에게 그러한 것이 있으면 안 된다. 그런 감정으로 성경을

---

51   Oratio de studio.

읽기 시작하는 사람은 본문의 원래 의도를 보지 못할 것이다.[52] 그러므로 감정을 통제해야 한다.

두 번째 문제는 많은 이가 자기 영광을 향한 야망으로 가득 차 있다는 점이다. 성경을 공부하는 사람의 야망은 분명히 하나님의 영광이어야 한다. 이와 관련하여 소니우스는 신학이 지식을 지향해서는 안 되고, 반대로 지식은 경건의 실행과 경건의 연습에 도달하기 위한 수단이라고 지적한다. 믿음과 회개, 그리고 하나님과 이웃에 대한 사랑으로 가득 찬 마음을 가지고 있지 않다면, 학식이 있고 언변이 있는 것으로 충분하지 않다.[53] 교회 문제의 또 다른 원인은 항상 승리자가 되려는 욕망이다. 당연히 우리는 승리가 아니라 진리를 추구해야 한다. 계속해서 소니우스는, 자신과 어떤 문제에 대해 아주 조금 다르게 생각한다는 이유로 그 사람을 거절할 만큼 고집스럽게 자신의 정당성에 집착하는 사람들의 태도를 거부한다. 바로 이어서 소니우스는 선입견의 죄를 다룬다. 많은 이들은 다른 사람이 말하는 것이 혹시 참된 교리와 일치하는지 한 번만이라도 살필 최소한의 열린 마음도 가지고

---

52 Nam qui Scripturam cum affectu legunt, et dogmatis semel concepti defensionem, aut simile quippiam in ea quaerunt, ij non solent respicere ad genuinam scripturae sententiam,..., Oratio 5r.

53 Cogitandum, Theologiam non in sola cognitione, sed in actione, et verae pietatis demonstratione, praecipue sitam: nec satis esse mentem eruditione instructa et linguae plectrum volubile habere, nisi in voluntate et corde, veri motus pietatis, poenitentiae, fidei, dilectionis Dei et proximi existant.", Oratio 5v-6r.

있지 않다. 소니우스에 따르면 선입견은 어느 때엔가 어떤 특정인이 말한 것에 완전히 마음을 뺏겨버려서 발생한다.[54] 그는 일부에게 있는 오리게네스에 대한 사랑을 예로 든다. 그들의 사랑은 오리게네스가 성경에 맞지 않는 사실을 말했다는 것을 깨닫지 못하는 사랑이다. 그런데 이런 잘못은 원래 모든 사람에게 해당되는데, 왜냐하면 성경에 따르면 모든 사람이 오류에 빠질 수 있기 때문이다. 따라서 소니우스는 자유롭게 판단하기 위해서 선입견과 낡은 의견을 옆으로 치울 것을 신학생들에게 외친다.[55] 더욱이 신학도는 싸움과 반대를 두려워할 필요가 없다. 왜냐하면, 이것들은 복음 선포의 일부이기 때문이다. 그리스도를 모범으로 아는 일에만 최선을 다할 뿐이다. 왜냐하면, 그리스도는 우리를 위해 수치, 가난, 추방, 심지어 죽음까지도 견디셨기 때문이다. 또 소니우스는 진리 연구에 대한 선한 열심을 방해하는 장애물을 언급하는데, 곧 탐욕, 어떤 것을 설명하려는 욕구, 태만, 그리고 돋보이려는 열심이다.

이 모든 것을 방지하기 위해 학생들은 기도하고 공부해야 한다. 이 공부란 성경연구로 구성되어 있으며, 그래서 성경 지식으로 새로운 견해를 검토하고 판단할 수 있게 한다. 소니우스는 여기서 토론할 주

---

54 "Praeiudicium illud plerunque oritur ab autoritate illorum, quos attoniti suspiciunt et admirantur,...", Oratio 7r.

55 "Seponite praeiudicia, si forte his laboratis: seponite praeconceptas opiniones, si forte his imbutis estis, et libero ac vero iudicio iudicate...", Oratio 20v.

한국교회를 위한 청교도 설교의 유산과 적실성

제에 대한 심사숙고에 관해 말한다.[56] 소니우스는 몇몇 사람에게 발견되는 태도, 곧 항상 말해지는 내용과 다르게 말하기만 한다면 그 모든 것은 분명히 좋다는 그런 태도를 피하려고 한다. 마찬가지로 새로운 것이라면 그 모든 것은 당연히 잘못되었다라는 그런 태도도 피하고 싶어한다. 다만 오직 하나의 재판관이 있으니 그것은 하나님의 말씀이다. 그렇다면 이 말씀을 잘 깨달아야 한다.[57]

9. 지혜원(Collegium Sapientiae)

지혜원은 신학부의 발전에 가장 중요한 의미를 갖는다. 원래 이곳은 학생들이 문예학부를 준비하던 학교였다.[58] 팔츠 종교개혁 이전 하이델베르크 수도원(오늘날의 대학 광장에 있음)이 60~80명 정도의 가난한 학생들을 위한 숙소로 정해져 있었다. 3명의 교사가 이 모임의 리더로 임명되었으며, 이들은 건물에 거주하며 이곳에서 수업도 해야 했다. 관련 문서 한 부분에서 "지혜의 집이라 불리는 학원"(collegium, quod

---

56 "In meditatione illa tum dogmata ipsa controversa per se, tum circumstantiae considerandae.", Oratio 13v.

57 "Nam in novi dogmatis examine nemo feliciter versari potest, nisi res ipsas accurate cognoscat.", Oratio 14v.

58 이 기관에 대한 제한적 연구만이 있었으며, 관련자료가 부족하다. Wolgast는 이와 관련해서 "황폐한 자료 상황"에 대해 말한다. Wolgast, Collegium 303.

domum sapientiae appellant)이라고 언급하는데서 지혜원이라는 이름이 나왔다.[59]. 프리드리히 3세의 결정에 따라 1561년부터 미래의 설교자들을 가르치는데 사용되었으며, 이 기관은 교회치리회(Kirchenrat)의 권위 아래 있게 되었다. 따라서 이 학교는 또한 교회적 성격을 갖는데, 사실상 교회치리회가 선제후 아래에 있음에도 말이다. 학생들은 이 건물에 거주하며 수업을 받을 수 있었다. 여기에 필요한 비용 대부분은 학생의 고향 교회가 부담했다. 다른 기숙사의 경우와 마찬가지로 수업의 일부는 지혜원에서, 일부는 대학에서 진행되었다. 따라서 지혜원은 실제로는 대학 내에 있는 양성소(Seminar)였다. 이 양성소의 장점은 미래의 설교자들의 인격 발달과 학업 진보에 대한 집중적인 살핌이 있었다는 점이다. 대학과의 연계는 학생들이 대학 수준의 수업을 받을 수 있다는 점, 그리고 같은 대학에 있던 의학, 법학, 철학 등의 다른 학부의 학생들과 교제할 수 있다는 점에서 장점이었다.

　에포루스(ephofus)라 불리는 지혜원 원장에 거의 항상 하이델베르크 대학의 신학교수가 임명되어 대학과의 연결이 형성되었다. 첫 번째 에포루스는 직무를 불과 몇 달만 유지했던 카스파르 올레비아누스(Caspar Olevianus)였다. 그다음 자카리아스 우르시누스(Zacharias Ursinus)가 뒤를 이어 지혜원을 16년 동안 이끌었다. 에포루스 외에도 두

59　Winkelmann, I, 248.

명의 교사가 그 건물에 머물렀다. 지혜원의 자리를 얻으려는 관심이 많았고 때로는 요청하는 수가 공간이 수용 할 수 있는 수보다 훨씬 많았다.[60] 학생 수는 1622년까지 해마다 60~90명 사이였다. 처음에는 도시에서 음식과 숙박을 위한 비용을 치를 수 없는 학생만 받아들여졌다. 후에는 유료로 받아들여질 수도 있었다. 후자의 경우엔 교회와 도시의 요청에 따라 생긴 일인데, 왜냐하면 그곳에 적용된 엄격한 규칙 때문에 학교가 명성이 있었기 때문이다.[61]

에포루스와 다른 두 명의 교사는 방에 있는 학생들을 아주 정기적으로 방문하여 학업 진행에 관해 이야기하고 개인적 생활과 학문적 생활에 관한 조언을 했다. 학생 수도 이 학교의 중요성을 보여준다. 퀴리니우스 로이터(Quirinius Reuter)는 자신이 에포루스였을 때 270명의 학생을 받았고 다시 200명을 넘겨주었다고 한다.[62] 1622년에는 수십 년에 걸친 이 학교의 전성기가 끝났다.

국제적인 칼빈주의의 신학적 통일성을 위한 이 학교의 중요성은 여

---

60   1587년에 지혜원의 정원을 넘겼다고 다비드 파레우스는 보고한다. 하이델베르크의 김나지움과 주변 지역의 학교들에서 지혜원으로 학생들을 보내서, 두 기관이 다 채워질 수 있었다. "...vix ullus inveniatur locus et tandem vix duae Sapientiae suffecerint.", Hagen, Briefe 38.

61   Hagen, Briefe 125.

62   Jubileus Bl.E3b.

러 특성의 조합에서 비롯된다. 이러한 특징은 다음과 같다: 이 학교의 규모, 이곳에서 제공된 신학교육, 신앙고백적 결속, 입소자의 다국적 구성, 학생들의 젊은 나이, 생활 훈련 및 교육 프로그램. 이런 모든 요소 전체가 다음과 같은 신학도의 특징을 새겨넣었는데, 곧 이들은 학업을 마친 후 자기 고향으로 신학을 가지고 갔으며 이들이 속한 지역 내 교회들의 다양성 너머에 있는 근본적 통일성을 인식하던 설교자의 전형을 대표하는 특징이다.

지혜원이 이러한 명성을 얻은 것은 한 학생의 아버지의 말에서 분명하다.

> 명성이 있는 이곳은 그 훈련 때문에 칭찬받는다. 많은 기회를 제공하고 계속 전진하도록 자극한다. 사람들은 틀림없이 밖에서 와자지껄하고, 많은 학생과 학자들과 교제를 즐길 수 있다.[63]

하루 일정은 베른 출신의 훌드리히 트록(Huldreich Trog)이 전달하는 자세한 보고와[64], 루돌프 암펠란더(Rudolph Ampelander)가 자기 형제에게 보내는 짧은 소개에서[65] 완성할 수 있다. 하루는 5시에 롭바써

---

63 Hagen, Briefe, 59.

64 Hagen, Briefe 77-78.

65 Hagen, Briefe, 68.

한국교회를 위한 청교도 설교의 유산과 적실성

(Lobwasser)가 개사한 시편을 부르고, 구약 한 장을 읽고, 하이델베르크 요리문답서의 기도를 하면서 시작한다. 그다음 6시까지 전날 강의 내용을 시험본다. 주일에는 5시에서 6시까지 히브리어를 시험본다. 월요일에는 아리스토텔레스의 오르가논(Organon)이 다루어진다. 그리고 매일 과목별로 순서대로 진행된다. 6시부터 10시까지 대학에서 진행되는 강의에 참여한다. 오전 10시에 하루의 첫 번째 식사, 즉 아침과 점심을 한 번에 받는다. 식사는 한 명의 교사와 함께 하게 된다. 식사 전에 찬송하고 구약 한 장을 읽고 해석한다. 식사 후에 신약 한 장을 순서에 따라 읽고 찬송하고 기도한다. 수요일에는 식사 후에 학생 한 명이 신약의 한 본문으로 설교연습을 한다. 식사 후 약 11시 30분에서 오후 5시까지 강의에 참석하고, 공부하고, 학생들을 위한 교수들의 개별 교육이 있다. 오후 5시에 저녁 식사가 있다. 식사 전에 신약의 한 장을 읽고 학생 한 명이 주해한다. 오후 8시에 학생들은 함께 모여 다시 기도, 찬송, 성경을 읽는다. 오후 9시에 불이 꺼지고 담당 교사가 각 방을 확인한다. 매 식사 후에 잠시 밖에 나가 휴식을 취할 기회가 있다. 수요일과 토요일 정오에는 산책, 체조 및 다른 신체 운동을 할 시간이 있다.

월요일에는 아침기도 후 학생들이 작성해야 하는 소논문의 주제가 발표된다. 매주 해야 했다. 토요일에는 논문의 절반이 수집되었고 검토되었다. 토요일에는 강의 필기를 검토했고 그리하여 수업에 출석했는지 또 집중했는지 검사할 수 있었다. 학생들이 산문과 시를 작성함으로써 문법과 스타일 연습에 많은 관심을 기울이게 되었다. 한 달에 한 번 토요일 아침 7시에서 10시 사이에 모든 학생이 참석한 가운데 신학적 질문 하나에 관한 토론(Disputation)이 열렸다.

주일에는 8시에서 9시까지 오전 예배에 참석하고 오후 3시에서 4시까지 요리문답설교에 참석하는 것이 의무였다. 주일 설교 두 편의 내용을 각 식사 전에 필기와 구두로 검사했다. 수요일 설교는 이러한 강압 없이 들을 수 있었다. 학생이 가족에게 보내는 편지에 수도원 생활 방식에 관해 말하는 일이 놀랍지 않다.[66] 이러한 방식은 사실 옛 수도원 학교의 규칙이기도 했다. 여름에 각 학생은 자기 방, 즉 옛 수사의 방에서 공부했다. 겨울에 학생들은 난방이 되는 공동 장소에서 공부할 수 있었다. 식사시간에도 함께 했으며, 식탁이 세 개 있었는데, 하나는 학생이, 하나는 교사와 손님이, 하나는 이전에 하이델베르크 학생이었다가 방문한 동문이 사용했다. 지혜원의 음식에 관한 불평은 거의 없었으며, 반대로 각 식사에는 여러 코스가 있었고 항상 충분한 고기와 포도주가 있었다. 그런데 스스로 잠자리를 준비해야 하는 어려움에 대한 어떤 학생의 불만이 있었다.

이 빡빡한 프로그램이 학생들의 행동이 여기에 일치했다는 것을 직

---

66 "Monasticam degens vitam in domo a Sapientia cognominata", Hagen, Briefe 80.

접 의미하지는 않는다. 학교의 지도부로부터는, 여러 학생이 자유를 원하여 학교의 규칙에 매이지 않으며, 그래서 학교에 방종이 증가한다는 불평이 있었다. 학생들 사이에서 야간에 싸움이 잦았기 때문에 1590년에는 오후 9시 이후에는 건물을 나가지 못하도록 결정해야만 했다. 많은 학생이 "이곳 도시에서든 외부 마을에서든 음식점에서 밤낮으로 과도하게 먹고 마시고 소리 지른다"는 사실이 분명하다.[67] 그래서 청교도 프로그램이 규정하는 것과 그 프로그램을 따라 사람들이 사는 방식에는 차이가 있다.

학생 편의 불만도 있었다. 예를 들어, 그들은 종종 음식이 충분하지 않다고 불평하며, 음식의 온도, 양 및 질에 대해서도 불평이 있었다. 포도주에도 불평이 있었는데, 주로 양에 대한 것이었다. 학생들은 또 건물 밖의 화장실이 거의 청소되지 않는다고 불평했다.

10. 결론

16세기 말과 17세기 초 하이델베르크 대학은 제네바 대학과 라이덴 대학과 함께 칼빈주의의 가장 중요한 중심지에 속한다. 하이델베르크

---

67   II, 1350.

의 프로그램은 설교자에게 철저한 학문 훈련이 필요하다는 확신에서 학문과 신앙을 결합했다. 설교하고자 하는 사람은 언어를 알아야 하며, 성경, 교의학, 변증학에 정통해야 했다. 또 설교자가 되려는 학생들은 학교에서 잘 인도받아야 했다. 이 프로그램은 청교도 설교자 교육에 모범이 된다.

하이델베르크에서 가르친 신학은 청교도에 깊은 영향을 미쳤다. 더 연구할 주제가 많이 있으며, 이 강연이 그것을 격려하길 원한다.

2

청교도 사상에서
설교자의 의미와 위치

헤르만 셀더하위스 Herman J. Selderhuis
번역 이승구

1. 서론

청교도 사이에서는 교회 정치 방식(church polity)에 대한 의견의 일치가 있지 않았다. 즉, 청교도 사이에서는 교회의 질서, 대회의 지위, 필요, 권세 등의 문제들에 대한 의견의 차이가 있었다. 크게 세 가지 다른 입장이 있었으니, 감독파의 입장과 장로회파 입장, 그리고 회중교회파 입장이 있었다. 이 논문에서는 장로교회파의 모델, 특히 1618-19년에 있었던 도르트 총회에서 받아들여진 모델에 초점을 맞추고자 한다.[1] 이런 장로교회적 교회 질서는 교회가 어떻게 조직되어야 하는가에 대한 칼빈의 견해들의 핵심 요소들을 취하여 발전시킨 것이다. 도르트 교회 질서는 화란에서의 청교도 전통의 표준적 교회질서가 되었고, 화란 개혁파 교회는 오늘날까지 기본적으로 같은 교회 질서를 가지고 있다. 또한 이 교회 질서는 화란 사람들이 북미와 남미, 남아

---

1 이 회의와 16세기 화란의 다른 회의의 논의 사항과 결정문들의 대한 본문은 다음에서 발견할 수 있다. F. L. Rutgers, ed., *Acta van de Nederlandsche Synoden der zestiende eeuw.* (Utrecht: Kemink, 1889). 도르트 교회 질서에 대한 영어역을 다음에서 찾을 수 있다: https://rscottclark.org/2012/09/church-order-of-dort-1619/

프리카, 그리고 아시아에 세운 교회들에서도 규범으로 받아들여졌으므로 국제적으로도 중요한 교회 질서라고 할 수 있다. 청교도 연구에서 대개 웨스트민스터 회의와 거기서 작성된 장로교회적 교회 정치 형태(the The Form of Presbyterial Church Government)에 관심을 두고 연구하는 일이 있는데, 그보다 앞선 도르트 교회 질서도 청교도 전통에 대해서 똑같이 중요하고, 특히 이 교회 질서에서 규정된 목회자의 위치는 주목할 만하다. 도르트 회의는 구원의 메시지를 전달하는 중심적 지위를 목사에게 부여하였다. 오늘날 교회가 도르트 회의에서 목사의 위치와 사역을 어떻게 정의하고 있으며, 설교자가 되기에 필요한 자격을 어떻게 규정하고 있는 지를 눈여겨 살펴보는 것은 매우 중요한 일이다.

2. 성경의 가르침

개혁파 교회 질서에서는 상당히 많은 관심이 설교자에게 집중된다. 말하자면, 누가 설교할 수 있으며 할 수 없는가에 많은 관심을 가지고 논의한다. 이것은 사람에 대한 관심이 아니고, **설교자의 직무**에 대한 관심이다. 즉, 하나님 말씀의 선포와 가르침이라는 그 사역에 대한 관심을 드러내는 것이다. 성경은 이 사역이 조심스럽게 수행되어야 하며, 적절한 사람들에게 맡겨져야 한다는 것을 분명히 한다. 오랜 세월

한국교회를 위한 청교도 설교의 유산과 적실성

을 지나면서 온갖 경험과 사건을 겪으면서 교회는 이런 성경적 가르침에 토대해서 실천적 규칙들과 규범(guidelines)을 만들었다.

우리들은 분명히 말씀을 선포하라는 위임(the commission to preach)을 받았다. 성경이 이를 분명히 한다. 타락 이후에 하나님께서 자신의 말씀을 가지고 사람들에게 오셨고, 하나님의 말씀은 역사의 과정에서 지속적으로 들려졌다. 구약에서도 그렇고, 신약에서도 하나님의 백성들에게, 개개인 신자들에게, 그리고 언약 밖에 있는 사람들에게 여호와를 대신하여 말하라는 부르심과 명령을 받았다. 그 맡겨진 말씀의 성격은 신약에서는 고린도후서 5:17-20에서와 같이 "화목케 하는 말씀의 사역"으로 표현되었다.

> 모든 것이 하나님께로서 났으며, 그가 그리스도로 말미암아 우리를 자기와 화목하게 하시고 또 우리에게 화목하게 하는 직분을 주셨으니, 곧 하나님께서 그리스도 안에 계시사 세상을 자기와 화목하게 하시며, 그들의 죄를 그들에게 돌리지 아니하시고 화목하게 하는 말씀을 우리에게 부탁하셨느니라. 그러므로 우리가 그리스도를 대신하여 사신이 되어 하나님이 우리를 통하여 너희를 권면하시는 것 같이 그리스도를 대신하여 간청하노니 너희는 하나님과 화목하라.

여기 "직분"이라는 말은 헬라어 "다이코니아"(διαχονία)라는 말의 번역어이다. 그래서 이 말을 설교와 관련해서 쓸 때 우리들은 말씀으로 섬긴다고 말한다. 그런데 이 말씀으로 섬기는 일은 긴급한 메시지를 가지고 사람들을 (하나님께로) 초청하는 것이고, 화목을 나누는 것이며, 화목에로 부르는 것이라고도 할 수 있다. 이 사역의 중요성과 심각성 때문에 누가 이 일을 해야 하며, 어떻게 수행해야 하는지에 대해서 교회가 항상 조심스럽게 가르침과 지도를 받고 있다. 성경에 의하면, 말씀 사역은 사람들을 하나님과의 화목된 관계에로 회복시키든지 아니면 영원한 심판 아래 그냥 두는 말씀에 대한 사역이므로, 설교자에 대한 요구와 설교 자체에 대한 요구가 매우 높다.

3. 역사적 배경

설교단에 서서 말씀을 전하게 되는 일은 오래도록 다양한 단계를 거치는 것이다. 마태복음 28장의 대위임령 이래로 교회에는 다양한 종류의 설교자들이 있어 왔고, 그 과정이 복잡했기에 이 설교자들의 사역이 잘 이루어지려면 일종의 규범이 필요하다는 인식이 아주 초기부터 나타났다. 처음 몇 세기에 이미 설교자의 사역이 말씀을 섬기는 사역으로부터 성례전을 섬기는 사역에로 옮겨져서 설교자가 사제(司祭, a priest)가 되었다. 중세 후기에는 설교가 전혀 또는 거의 없었다는 이미지는 정확한 것은 아니지만, 그 당시에는 설교가 미사(mass) 집례의

한국교회를 위한 청교도 설교의 유산과 적실성

그늘에 가려있었다는 것은 분명하다. 미사가 구원에 대해서 설교보다 더 중요한 것으로 여겨졌기 때문이다.

종교개혁과 함께 이 모든 것이 급격하게 변하여 제단(祭壇, the altar)이 설교단(說敎壇, the pulpit)으로 대치(代置)되었고, 사제(司祭, the priest)가 다시 설교자(說敎者, a preacher)가 되었다. 미사에서 회중은 그리스도의 희생제사를 사제를 통해서 하나님께 드리는 것임에 비해서, 성경의 가르침에 의하면 그 역(逆)으로 하나님께서 설교자를 통해서 그리스도의 희생 제사의 메시지를 회중에게 가져 오시는 것이라는 것이 루터의 견해였다. 이 근본적인 변혁과 역전은 말씀의 선포를 중심에 놓았고, 설교가 그리스도를 유일한 구원의 수단으로 제시하고 회중을 믿고 회개하도록 부른다는 의미에서 설교를 은혜의 방도로 만들었다. 그 결과, 설교가 중심이 되는 예전의 변혁이 일어났고, **또한 성경 언어들에 대한 철저한 연구, 성경 해석, 그리고 설교학**이 중심이 되는 신학교육의 변혁이 일어났다. 이런 루터의 강조점은 쯔빙글리(Ulich Zwingli), 부셔(Martin Bucer), 멜랑흐톤(Philip Melanchthon), 칼빈(John Calvin), 불링거(Heinrich Bullinger)과 같이 설교와 설교자의 사역을 매우 중요시하는 개혁자들에 의해서 계승되고 더 발전되었다. 그래서 칼빈은 설교자를 교회에 파송된 하나님의 대사(God's ambassador)로 보았다.[2] 칼빈에 의하면, 설교자가 말할 때 하나님께서 말씀하

---

2   Ioannis Calvini, *Supplementa Calviniana, Sermons inédit* (Neukirchen 1936ff.), VI. 181.
     (이하 칼빈 학계의 관례대로 SC로 약칭한다).

시는 것이다.[3] 그러나 이것은 동시에 설교자가 자신이 하는 한 마디 한 마디에 대한 책임을 져야 함을 의미한다.[4] 칼빈에 의하면, 설교단은 "그 보좌로부터 하나님께서 우리 영혼을 통치하시는 하나님의 보좌이다."[5] 이것은 교회의 회중이 설교단에서 하나님의 의로운 심판석에 직면하여 죄를 고백하고, 여기서 용서의 말을 들을 수 있다는 의미이다. 그러나 설교자에게 이것은, 먼저 누가 이 말씀을 맡겨 설교하게 하시는지를 존중하는 마음으로 먼저 잘 듣고 그리고 나서야 말해야 함을 의미했다.[6] 칼빈은 만일 목회자가 먼저 자신이 말씀의 제자가 되지 못하면 "설교단에 오를 때에 자신의 목을 부러뜨리는 것이 더 나을 것이다"고 까지 말한다.[7] "복음을 설교하는 것보다 하나님께서 더 귀히 여기시는 것은 그 어떤 것도 없으니, 그것이 사람들을 구원에로 인도하는 수단이기 때문이다."[8] 설교에 대한 이런 존중 때문에 개혁파 교회들은 그들의 교회 질서를 규정할 때 누가 설교하는 사역에 받아들여 질 수 있느냐, 또 제대로 못할 경우에는 누가 이 사역에서 배제되어

---

3 Ioannis Calvini, *Opera Quae Supersunt Omnia*, Ediderunt Guilielmus Baum/Eduardus Cunitz/Eduardus Reuss (eds.), vol. 1–59 (Brunsvigae, Berolinae 1863–1900), 26, 394-95. (이하 칼빈 학계의 관례대로 CO로 약칭한다)

4 CO 42, 142.

5 CO 53, 520: the pulpit is "the throne of God and from that throne He wants to rule our souls."

6 CO 35, 424.

7 CO 26, 304.

8 SC 8, 21.

야 하느냐에 대해서 아주 명확한 규정을 마련하려고 한 것이다.

화란의 경우에는 베셀 언약(the Wesel Covenant, 1568)의 조항들에[9] 그 토대를 분명히 하였으니, 특히 2장 13절에서 다음 같이 고백했다.

> 왜냐하면 성경이 목회자들 그리고 감독들, 또 때로는 장로들이라고 부르는 사역자들의 직임은 주로 공적으로 (교회당에서나) 집들에서 행하는 하나님 말씀의 선포, 율법을 분석해 적용하는 것, 상황에 맞춘 가르침, 권면, 위로, 견책과 성례를 섬김과 치리를 행하고 유지함으로 구성된다는 것은 논란의 여지가 없기 때문이다.

이 조항은 또한 목회자의 직무의 발전도 시사하고 있다. 루터는 설교 사역에 집중하고, 루터의 모델에서는 설교자만이 유일한 교회 직임자(the only office-bearer)였다. 그는 치리의 시행과 가난한 자들을 돌보는 사역은 행정부가 하도록 했다. 마르틴 부셔(Martin Bucer)에게서 장로직이 적극적으로 고려되었으며(the elder comes into the picture), 설교자는 설교의 책무까지도 더하여 감당하는 장로로 여겨졌다. 소위 교리적 예배(doctrinal service) 때에 강대상에서 가르치는 책무와 주간

---

9   베셀 모임은 화란 국경에서 멀지 않은 독일 도시에서 화란 피난민 교회 공동체의 지도적 교회 인사들의 비밀모임이었다. 이 모임이 실제로 열렸는지는 확실하지는 않지만, 이 모임을 위해 사전에 준비된 문서들은 보존되었고, 그 문서들에 교회 질서 개념이 포함되어 있음은 분명하다.

중에 있는 교리문답 교육에서의 가르치는 사역은 (하나님의) 말씀을 설명하고 적용하는 사역으로부터 나온 것이다. (1) 설교, (2) 성찬을 섬김, (3) 치리함, 그리고 (4) 가르침의 사중적 사역은 사실 복음을 선포하는 중심 사역의 분과들일 뿐이었다. 성례는 선포된 약속의 표호(票號, sign)와 인호(印號, seal)였고, 치리(治理, discipline)는 하나님 나라의 문을 열고 닫는 말씀의 능력의 한 부분이다. 목회 사역은 "가르침과 권면과 위로와 견책"에 포함되어 있기에 목회 사역이 그와 같은 이름으로 이름 붙여지지 않은 것은 놀랍다. **목회자는 말씀과 함께 역사한다. 말씀이 말하여질 때만 목회사역이 있기 때문이다.** 백성의 소리가 아니라 선한 목자의 말씀만이 가르치고 위로하고 권면할 수 있다.

4. 내용과 목적

장로교회적 교회질서들은 강대상에 이르는 길을[10] 명백하게 묘사하고 있다. 학교에서의 통상적인 훈련을 통해서 목사가 되는 사람들과 특별한 소명을 통해서 목회 사역에 이르는 사람들을 위해 몇 가지 점을 다 명시한다. 사실, 다음의 다섯 요점이 중요하다. 첫째는 내적인 소명(the internal vocation)이고, 시험(시취, examination), 선출(혹, 선택,

---

10   목사가 되어 말씀과 성례를 섬기는 것을 이렇게 표현한 것임에 유의히라(역자 주).

한국교회를 위한 청교도 설교의 유산과 적실성

election), 인허(approval), 그리고 임직(확증, confirmation)으로 이루어
지는 외적인 소명(the external vocation)이 그것이다.

1) 소명

개혁파 교회법에서는 합법적으로 그렇게 할 수 있는 자격이 없이는
그 누구도 말씀 사역과 성례를 섬기는 사역에 받아들여질 수 없다고
명시하고 있다. 대표적으로 도르트 공의회의 교회 질서 제 3조에서는
다음과 같이 말하고 있다:

> 그가 교수이든지 장로이든지 집사이든지 말씀과 성례를 섬기
> 는 사역으로 합법적으로 부름을 받지 않고서는 말씀과 성례를
> 섬기는 사역을 할 수 없다. 이에 반하여 행하는 사람은 그리하
> 지 마시라고 권면 받아야 하고, 여러 번 그런 권면을 받았음에
> 도 불구하고, 그에 저항하고 계속하려 하면 노회는 그가 교회
> 분열주의자라고 판단하든지 다른 방식으로 벌을 받도록 판단
> 할 것이다.

이 법은 순수하지 않은 동기로 교회의 사역에 관여하려고 하는 사
람들이나 특별히 설교할 수 있는 준비가 되어 있지 않은 상황에서도
설교하고자 하는 분들에 대한 규칙이다. 성경에서 하나님을 대신해서

일을 하는 경우에 모든 사람들이 하나님에 의해서 부름 받은 것과 같이, 먼저 하나님의 부르심[召命]이 있어야 한다. 하나님의 부르심을 말할 때 흔히 목사님들에 대해서만 생각하는 경향이 있는데, 사실 소명은 하나님께서 부르시고 그것을 위해 은사를 주신 모든 공식적 사역과 비공식적 사역 전체에 적용되는 말이다. 소명이라는 말이 특히 목회 사역과 관련해서 언급되는 이유는 설교 사역의 성격과 그 중요성 때문이다.

대개 소명을 말할 때 내적인 소명과 외적인 소명을 말하는데, 외적인 소명은 내적인 소명을 확증하는 역할을 한다. 내적인 소명은 개인이 심정 가운데서 하나님께서 자신을 (이 특정한 사역에로) 부르신다고 느끼고, 하나님께서 주신 은사들을 발견하고, 그 사역을 하고 싶은 열망 등 경험적인 것이다. 이 내적인 소명은 교회가 그를 사역을 하도록 부르는 외적인 소명으로 인쳐져야만 한다. 이 외적인 소명에는 네 가지 구성 요소가 있으니, 시험과 선출, 인허와 임직이다. 짧게 말해서, 어떤 사람이 그 직임을 감당하기를 원해야 하며, 그 일을 할 수 있어야 하고, 그를 위한 여지가 있어야 소명이 있다고 할 수 있다. 이 요소들 가운데 어떤 하나라도 빠지면 그사람에게는 하나님의 부르심이 있지 않은 것이다.

2) 시취 (시험, Examination)

목회자가 되어 설교단에 이르는 가장 일반적인 방식은 (신학) 공부의 과정을 밟는 길이다. 종교개혁 교회는 처음부터 설교자의 사역이 철저한 훈련을 필요로 한다는 성격과 중요성을 강조해 왔다. (교회 공동체에서) 하나님의 말씀을 설명하는 사람이 되려면 성경의 언어들을 잘 알아야 하고, 역사 신학과 당대 신학에 대한 지식이 있어야 하며, 설교할 수 있어야만 했다. 개혁자들에게는 이것인 대학 수준에서의 신학 교육을 받아야 한다는 것을 의미했다. 루터는 이미 대학에서 가르치고 있었고, 칼빈은 (이를 위해서) 아카데미를 창설하였다. 그럼에도 교회는 그 교육 프로그램의 교회의 지도(supervision) 하에 두기를 원했고, 학문적 자질에 더하여 교회가 하는 목회적 자질에 대한 시험을 부과하였다. 그렇게 했던 배경은 교단적 신뢰성과 신학생들의 실천적 유능성을 대학이 충분히 지도, 감독한다는 확신을 가질 수 없었기 때문이다. 바로 여기서 준비 시험(preparatory examination)과 최종 시험(peremptory examination)의 차이가 있게 된다. 준비 시험은 대개 대학이나 신학교에서 치르게 된다. 그러나 더 결정적인 시험은 교회가 주관하여 치루는 시험이다. 또 이 두 가지 시험을 다 교회가 주관하여 치루는 교단들도 있는데, 이 때에는 이 시험에 응시하기 위해 적절한 신학 교육을 받았다는 증명이 요구된다. 예를 들어서, 준비 시험을 그 목회자 후보생이 자라났던 노회에서 치루고, 최종 시험은 그가 목회자로 사역하고 있는 교회 공동체가 속한 노회에서 치루는 식이다.

또한 목회자 후보생이 지식과 교리와 삶에 대한 시험을 마친 후에라야 시험 설교(the trial-sermon)하는 것이 허락된다. 목회자 후보생이 나아가 시험 설교를 하는 예배는 목사님이 설교하지 않고 합법적으로 임직한 목사님께서 성경을 읽지도 않으므로 특별한 성격을 지닌 예배이다. 이런 경우에 화목케 하는 사역이 있는가 하는 문제는 과거 교회의 결정들에서 다루어지지도 않았고, 이를 다룬 문헌도 없다. 그러나 교회 위원회(church council)가 목회자 후보생에게 나가서 성경을 읽고 설교 중에서 성경을 설명하고 적용하도록 권한을 주었다면, 비록 그것이 때때로 "건덕적(建德的) 강화(講話)들"이라고 불리워졌어도 여전히 (말씀) 선포의 한 형태이고, 따라서 듣는 자들에게 그 말씀을 잘 들어야 할 의무가 없는 것이 아니다. 이런 형태의 설교도 허용에서나 실천에 있어서 항상 교회의 규제 하에 있는 것이다. 허입은 공부가 마쳐진 뒤에나 공부의 대부분이 이루어지고 목회자 후보생이 교회에 의해서 시취된 후에 이루어진다.

이와 같은 것이 일반적인 방식이지만, 그럼에도 이런 공식적 훈련의 방식을 통해서가 아닌 다른 방식으로 하나님께서 사람들을 설교자의 직무에로 부르실 수 있는 가능성, 즉 하나님께서 이런 훈련을 불필요하게 할 정도로 특별한 은사를 주셔서 준비시키실 가능성을 교회는 늘 열어 놓아야 한다. 도르트 교회 질서에서 이 문제를 다루는 "8조에 따른 설교자들"(preachers after article 8)은 다음 같이 말하고 있다:

> 목회를 위한 정규 공부 과정(the prescribed course of study for the ministry)을 밟지 못한 기술자들이나 다른 사람들은, 그들의 특별한 은사들과 경건과 겸손과 겸비함과 상식과 사려 분별과 함께 공적 연설의 능력이 아주 뛰어나다는 확신이 없이는 목회 사역을 하도록 허용될 수 없다. 이런 분들이 목회 사역에 지원을 할 때에 (대회가 허용한다면) 노회는 먼저 그들을 시험하고, 노회가 허용 가능하다고 판단하면 그들로 하여금 설교해 보도록 하고, 노회가 그것이 건덕적인지를 판단해야 한다.

이 규정은 그들도 교회의 시험(an ecclesiastical exam)을 치를 수 있고, 그 시험에서 그들의 특별한 은사와 믿는 바와 삶이 검증되어야 한다는 것을 분명히 한다. 목회자로서 (공식적) 교육을 받지 않았지만 자신이 속한 회중에게나 노회에서나 지역에서 설교할 허락을 받은 사람들에게도 같은 것이 적용된다. 용어의 차이와 교회 연관성의 가능성의 차이에도 불구하고 어디서나 이와 같은 것이 기대되니, 교회는 어떤 사람에게 하나님의 말씀을 선포하는 것이 위임되기 전에 먼저 시험하여 보고 적합하면 그 후에 그 일을 위임하는 것이다.

3) 선출 (선택)

(개혁교회의 예로 말하면) 장로님들과 집사님들의 위원회로서 당회는 목회자 후보생이나 목사님을 청빙(officially calls)한다. 물론 이 청빙은 그 전에 이루어진 회중의 청빙에 의한 것이다. 개혁파 교회법의 반(反)성직 위계질서적 원리(the anti-hierarchical principle) 때문에 직접 임명하는 것이 아니라 선출한다. 목회자를 청빙할 때조차도 회중의 위임과 통찰과 기도가 제거되도록 교회 위원회가 회중들을 인도하거나 강요하는 것은 금지되어야 하고, 하나님께서 백성들과 함께 하시는 것보다 인간적 고려가 더 큰 요소로 작용하는 것을 막아야만 한다. 이것은 이미 베셀 회의의 결정문(Wesel's articles)에서 지적한 것이기도 하다:

> 목회자들의 오용적 선출 관례들(abusive electoral practices of the professions)이나 회중의 사려분별 없고 무모한 자의성(the indiscriminate and reckless capriciousness of the people), 그리고 장로들이나 전임자들의 욕망에 찬 지배(the ambitious rule)뿐만 아니라 권리가 없는 소명과 선출은 될 수 있는 대로 배제되어야 하고, 있어도 합법적인 것으로 여겨질 수 없다(2.2 조).

〈도르트 교회질서〉의 제 4조는 목회자 선출이 금식과 기도 후에 이루어져야 한다고 진술하고 있다.

> 이전에 도시들에서나 국내에서 이미 목사로 있지 않았던 분들
> 에 대한 합법적인 부름은 다음 같이 이루어지게 된다. 첫째로,
> 당회와 집사님들의 금식과 기도 후에 있게 되는 선출(election)
> 로 시작된다.

상대적으로 좋은 교육을 받지 못하고 목회자가 되는 사람이 많이
있던 상황에서 이것이 규정되었다는 것은 사실이지만 좀 더 질서 잡혀
진 상황에서도 기도와 바른 영적인 태도는 항존적으로 필요하다. 〈벨
직 신앙고백서〉 31조에서 진술하고 있는 바와 같이 말이다. 그러므로
교회 위원회와 회중은 기도로 시작하고 마치는 별개의 교회 위원회로
모여야 한다. 〈벨직 신앙고백서〉 31조의 다음 같은 진술에도 불구하
고, 화란 개혁 교회의 초장기에는 아직 회중들이 목사의 선출에 관여
되지 못했던 때가 있었다.

> 우리들은 하나님 말씀의 사역자들과 장로들과 집사들은 하나
> 님의 말씀이 가르치고 있는 바와 같이, 하나님의 이름을 부르
> 고 질서 잡혀진 가운데서 교회에 의한 합법적 선출의 방식으로
> 그들의 사역으로 교회에 의해서 세워져야만 한다고 믿습니다.

회중이 선출에 적극적으로 참여하는 것은 또한 (예를 들어, 사도행전 6:1-6 같은) 성경을 따르는 것이다. 원칙은 목회자의 직임에 대해서는 우선 두 사람이 선정되어야 한다. 마치 장로들과 집사들이 여러 대상 자들 가운데서 선출되는 것과 같이 말이다. 그래서 베셀 회의 결정문 (Wesel's articles)은 다음과 같이 되어야 한다고 규정했었다.

> 사려 깊은 고려들과 조사 후에 (가능하면) 배수의 적당한 사 람들이 회중에게 공표되고, 그들 중의 회중이 투표로 한 사람 을 선출하여 그가 예배의 직무를 감당하도록 받아들여져야 한 다.(2.4 조)

외적인 면, 교회의 위치, (목회자의 경우에는) 설교의 길이나 나이 등 에는 전혀 관심을 기울이지 않고, 회중 안에서 목사로, 장로로 또는 집사로 섬길 수 있는 능력에만 관심이 집중되어 있는 것이 원칙이다. 그 선출이 어떤 식으로 이루어지느냐 하는 것은 (규정이 명문화되고 모 든 회중들이 잘 알 수 있기만 하다면) 각 회중에게 위임되어 있다. 선출에 대한 이 원칙적 접근의 결과로 누가 선출되던 이 결정이 하나님에게 서 온 것으로 여겨져야 한다는 것이다.

4) 인허(Approval)

목회자가 되는 길에 또 다른 본질적 부분은 인허(認許)이다. 인허는 (다른) 교회적 회합들에서 주어져야 하는데, 맛디아의 선출에서 성경에 언급된 것과 같이 회중에 의해서도 주어져야 한다. "제비 뽑아 맛디아를 얻으니 그가 열한 사도의 수에 들어가니라."(행 1:26) 다른 교회의 목회자로 봉사하고 있을 때에도 인허가 요구된다. 해당 교회의 교회 위원회(혹, 당회)와 그가 현재 속해 있는 노회가 그를 보내는 것을 인허해야만 하는 것이다. 이런 경우에 예를 들어서, 이 지역에 목사들이 너무 적어서 그가 떠나면 성례의 사역이 위험이 처하게 된다든지 하는 등 인허를 거부하는 이유가 명시될 수 있다.

5) 임직(任職, 확언, confirmation)

목회자가 되는 길의 마지막 순간은 임직이다. 도르트 교회 질서 제 4조는 이에 대해서 다음 같이 말하고 있다: 이는 "회중 앞에서 하는 공적인 임직식(the public ordination)이다. 이는 바른 규정에 따라서 서약(질문들)과 권면들과 기도와 임직 예배를 사회한 목사 (또는 다른 목사님들이 더 참석했으면 다른 목사님들의) 손을 얹음으로 수행되어야 한다." 이 표현이 말하는 것처럼, 임직식은 그 목회자를 정한 회중과 연결시키는(attaching the preacher to the congregation) 의식이다. 이는 예배 중에, 즉 하나님과 회중의 만남 가운데서 시행되어야 한다. 처음으로 목회자가 되는 사람에게는 임직식 때에 손을 얹음[안수(按手)]이 동반되는데, 이에 대해서 많은 오해들이 있어 왔다. 안수는 사역을 넘겨주거나 사역을 위한 은사들의 전달을 위한 것이 아니며, 사역적 계승(ministerial succession)의 행위는 분명히 아니다. 그러므로 장로님들이나 집사님들이나 회중의 회원들에 비해서 목사에게 안수의 권한이 더 있는 것이 아니다.

이런 오해들을 방지하기 위해서 교회는 계속해서 안수에 대해서 더 상세한 규정을 마련하여 왔다. 1571년 엠든 대회(the synod of Emden)에서는 다음 같이 규정했다: "목사들은 엄숙한 기도와 안수로 임직되는데, **안수에 대한 미신적 이해에 근거해서든지 이것이 반드시 필요하다고 하면서 해서는 안 된다**(without superstition or necessity)."

1578년 도르트 대회(the synod of Dordrecht 1578)의 진술에 의하며, 안수는 오른 손을 내밀어 교제의 악수를 하는 것과 같은 성격을 지니는 것이다.

> 그들은 [임직자들은] [처음 임직하는 경우에는] 안수로 교회를 섬기는 직임에로 받아들여지고, 아니면 오른 손을 주어 (교제의 악수를 함)으로 직임에로 받아들여지고, 하나님께 하는 기도와 함께 천면 받게 된다.

안수는 대개 처음으로 목사가 되는 사람을 받아들일 때로 제한된다. 물론 1571년 베셀 회의(the convent of Wesel 1571)의 조항들은 장로님들과 집사님들의 임직 때에도 안수를 허용했다. 이 제한은 안수는 평생에 걸친 헌신의 표로 여겨졌다는 사실에서 기인한다. 그런데 (개혁파 교회에서는) 장로와 집사들은 일정한 기간을 섬기고 그만 둔 후에는 더 이상 장로와 집사가 아니기 때문이다.

안수의 의미가 무엇인가 하는 질문이 남는다. 성경은 예를 들어서, 바나바와 사울이 정해져서 그들의 (선교) 사역을 시작할 때 안수했다고 한다(행 13:3 이는 행 6:6과 비교해 보라). 그런가 하면 맛디아를 선정했을 때는 안수에 대한 어떤 언급도 나타나지 않는다(행 1:26. 또한 장로들을 언급하는 행 14:23도 비교해 보라). 분명한 것은 이것이 하나님께서 복 주시기를 원하는 행위라는 것이다. 이것이 사실이라면 복주심이 손을 얹는 목사님들에게 있거나 그 목사님들의 이름은 말할 것도 없거니와 그 수(數)에 있다는 인상을 주는 것을 피하기 위해서 한 분이 손을 얹는 것으로도 족할 것이다.

더 나아가, 안수는 이 사람이 자기 자신의 주인이 아니라, 그리스도의 손 아래서 일하기를 원한다는 것을 상징할 수도 있다. 이런 맥락에서 보면 칼빈이 이 경우의 안수와 성전에서 희생 제사할 동물에게 손을 얹는 것을(레위기 1:4) 서로 연결시키고 있는 것은 흥미로운 일이다. 이 경우에도 한 사람이 손을 얹는 것이니, 손을 얹음이 이제 이 사람이 사역과 섬김을 위해 **자신을 온전하게 하나님께 드리기를 원한다**

는 개념을 전하는 것이다. 차이는 희생 제물의 경우에는 죄책의 전가가 발생하는데 비해서, 임직식 때의 안수의 경우에는 그런 의도는 없다는 것이다.

5. 목사직의 보존, 즉 교회의 지지

성경은 목회자들에게 사례를 하여 그들의 삶을 책임질 교회의 책임에 대해서 분명히 말한다. 바울이 장로님들을 배나 존경할 자로 알되 특히 말씀과 가르침에 수고하는 장로들을 더 할 것이라고 했을 때(딤전 5:17f.), 바울은 교회가 그들의 삶을 책임질 것에 대해서 시사(示唆)했다는 것은 아주 분명하다. 그들을 스스로를 보존할 길이 없으므로 교회가 그 문제를 감당해야 한다. 고린도전서 9장에서도 사도는 신명기 25:4을 언급하면서 목사들이 그들의 생계를 위해서 다른 일을 하는 것을 면제하였다고 하나님의 율법이 말한다고 한다. 복음을 선포하는 사람들은 복음으로 살라고 주께서 규범을 주셨다(고전 9:1-14). 다른 성경 본문들도 하나님의 교회의 일에 전적으로 헌신하는 사람들은 그 생계를 다른 사람들이 책임져야 한다고 지적한다(눅 10:2, 7; 롬 15:27; 갈 6:6). 이 원칙은 또한 목회자들의 특별한 사역적 위치와 연관된다. 목회자는 교회들의 협의회의 일을 하는 것이 아니고, 장로로서 동시에 설교하고, 목회적 사역을 하고, 요리문답을 가르치는 일에 전념하도

한국교회를 위한 청교도 설교의 유산과 적실성

록 되어 있다. 목회자가 이 일에 전념할 수 있도록 교회 위원회와 회중은 그의 생계를 책임지는 것이다. 이 **책임지는 의무**(the duty of care)**는 그 목사가 나이 들거나 병으로 더 이상 일을 할 수 없어서 은퇴한 뒤에까지도 계속된다.** 이 원칙은 도르트 교회 질서 11조에도 다음 같이 표현되어 있다.

> 한편, 당회는 회중의 대표로서 목사들에게 적절한 지지를 제공해야 한다. 또한 노회도 모르고 판단하지 않았는데도 목사를 해임해서는 안 된다. 교회의 지지가 없는 경우에 노회는 앞서 언급한 목사가 다른 곳으로 전임(轉任)해야 하는지 여부를 판단해야 한다.

이 조항은 또한 회중이 목사들의 생계를 보장하지 않을 때, 노회가 그 목사를 다른 회중으로 전임(轉任)할 가능성이 있음도 지적하고 있다. 개혁교회 법에서는 임금이나 월급에 대해서 말하지 않고, 목사를 지지하는 것이라고 표현하니, 이는 목사의 일은 그가 행한 일에 대해서 돈을 벌기 위해 하는 일이라는 인상을 주지 않기 위한 것이다. 목사의 일은 (그런 것과는 전혀) 다른 동기에서 나오는 것이며, 그가 받는 사례(謝禮)는 그가 목회자의 직무에 전념할 수 있도록 회중이 그의 생계를 책임지기 위해 드는 것으로 여겨져야 한다. 목회자의 사역의 기원으로부터 직업을 가지고 자신의 생계를 스스로 책임지지 못할 **정도**

로 온전히 말씀과 가르침에 수고하는 장로라는 생각이 있어 온 것이다. 그러니 그의 생계는 교회 위원회가 돌아보아야 한다.

6. 전임(轉任)

개혁파 교회법은 일정한 시간이 지나서 목사가 다른 회중을 섬기도록 임지를 옮기는 경우들을 상정하고 있다. 이런 전임(轉任)은 전임 청원(appeal)과 이를 받아들임(accepting)에 의해서 이루어진다. 목회자는 "자신이 온 방식대로 간다"는 것이 장로교회적 교회 질서의 원칙이다. 즉, 노회가 그의 이임(離任)을 허락함으로써만 이임(離任)이 이루어 질 수 있다는 뜻이다. 이는 노회의 이 찬동이 자동적인 것은 아니라는 것을 뜻한다. 노회가 이임과 전임 청원을 받아들이지 않을 이유들이 있을 수 있다. 예를 들어서, 그 목사님께서 떠남으로서 이 노회의 목사님들이 너무 적게 된다든지, 그 목사님이 떠나기 전에 그 회중이나 노회에서 먼저 처리해야 할 일이 있다든지 하는 경우들이다. 물론 노회의 허락에 더하여 회중의 허락이 있어야 한다.

이런 청원들이 건전한 영적인 방식으로 다루어질 수 있도록 하기 위해서 많은 개혁파 교회법들은 상당수의 판단 기준들을 덧붙였다.

(1) 원칙적으로 너무 짧은 섬김의 기간은 유익하지 않다는 확신에서 각 교회법이 정해 놓은 최소한의 섬김의 기간(the minimum term) 이 지난 후에는 모든 목사들은 다른 회중의 청빙을 받을 수 있다 (eligible). 이것은 목사님들은 그리하지 않을 다른 이유들이 없는 한, 다른 회중의 청빙을 받기를 원하지 않는다고 공적으로 말할 수 없다는 것을 함의한다.

(2) 청빙을 고려할만한 제한되고 확정된 기간이 있어서 관련된 사람 들이 너무 오래 기다리게 하지 말아야 한다.

(3) 한 목사는 같은 회중으로부터 두 번 청빙을 받을 수 없다. 이전 의 청빙이 영적으로 다루어졌는데 부정적인 결과가 나왔을 때 또 다시 청빙한다는 것은 이제까지 하나님께서 하신 방식에 동 의하지 않는다는 인상을 줄 수 있기 때문이다. 그러나 첫째 청빙 과 두 번째 청빙 사이에 상당한 시간이 흐르고 상황이 달라졌을 때는 다른 상황이기에 두 번째 청빙이 가능하다.

(4) 담임 목사님이 공석이 된 교회를 돕고 조언하기 위해 이웃 교회 의 목사님께서 섬기시는 임시 당회장(또는 상담자)은 그 청빙이 조건에 맞는 합법적인 것이 되도록, 예를 들어서 목사의 직무에 대한 언급이나 경제적 지지 등이 교회의 규례들과 일치하는 지

등을 분명히 하기 위해서 외부 전문가(an external expert)로서 청빙 문서에 서명하도록 되어 있다.

(5) **오직 청빙이 있을 뿐이지, 목사들이 지원하는 절차는 없다**(There is no application procedure). 목사가 회중들을 찾고 자신이 지원하는 일은 있을 수 없으니, 다른 회중이 그를 청빙하고 자신이 그 청빙을 받아야만 한다고 믿게 되기 전까지는 그의 소명상 목사 자신이 섬기고 있는 그 회중에게 묶여 있는 것이기 때문이다. 그러므로 목사들로 지원하도록 하기 위해서 광고를 하는 것도 개혁파 교회법의 원리에 부합하지 않다. 이런 광고의 성격은 어떤 목사들을 명시적으로 배제하는 (자신들이 책정한) 질(質)에 근거한 선택을 할 위험이 있고, 목사의 직무 보다는 어떤 목사인가 하는 것에 더 강조를 둘 위험이 있으며, 왜 이런 저런 지원자들이 배제되어야 하는지를 설명할 때 부정적 효과를 낼 위험을 지니고 있다.

교회법들은 또한 청빙의 규칙들을 다룰 때 인간의 죄성과 목사들의 죄성도 다 고려하고 있다. 그래서 다른 교회에서의 더 나은 직임 또는 명예와 돈과 능력과 편안함을 추구하는 시도들을 배제하려는 방식으로 청빙의 법칙들을 작성하였다. 교회 위원회들과 회중에서도 죄성이 관여될 수 있기에 청빙 규례에서 청빙은 순수하고 영적으로 다루어지도록 작성되어 있다. 그런 대표적인 예가 될 수 있으면 두 사람을 추천하도록 한 것이다. 이는 교회 위원회가 회중에게 한 사람을 강압한다는 인상을 주지 않기 위해 그리한 것이다. 또 다른 예는 청빙을 하기 전에 임시 당회장의 동의를 구한도록 한 것이다. 노회를 대신해서 임시 당회장은 이 문제를 질서 있는 방식으로 처리하여 청빙 문서가, 예를 들어서 사례 문제 등에 있어서 교회의 규례에 벗어나지 않도록 돌아보도록 한 것이다.

7. 목회직의 마침

개혁파 교회법은 설교자가 됨은 평생의 소명(a vocation for life)이라는 전제에 근거하고 있지만, 교회는 이 직무를 마칠 가능성을 항상 제공하고 있다. 원칙적으로 세 가지 가능한 길이 있다. (1) 은퇴(Emeritate); (2) 다른 직임을 맡음; 그리고 (3) 사직. 이를 하나 하나 생각해 보도록 하자.

1) 은퇴(Emeritate)

설교 사역의 가장 자연스러운 마침은 은퇴하여 은퇴 목사의 직(emeritus status)을 받게 되는 것이다. 이 용어('emeritus')는 본래 로마 군대에서 사용되던 용어로서 한 때 군대에서 봉직했던 군인에게 적용되던 말이었다. 그들은 원하면 그리할 수 있는 자유를 가졌으나, 더 이상 군대에 속하거나 전투에 임할 의무는 없었다. 어떤 의미에서 이 것은 은퇴 목사(the preacher who held office as emeritus)에게도 적용될 수 있다. 대부분의 교회들은 목사가 일정한 연령이 되면 이런 은퇴 목사가 되도록 연령을 정해 놓았다. 은퇴하는 일의 주도권은 설교자에게 있다. 그러나 그가 속한 교회 위원회는 노회로부터 은퇴를 허락 받아야 한다. "들어 온 바와 같이 나가는", 즉 노회를 통해서 나가는 규칙에 따라 그리하는 것이다. 연령 외에도 어떤 목사가 은퇴 목사가 되는 다른 이유들이 적용될 수 있으니, 예를 들면 병이나 다른 심각한 이유들 때문에 더 이상 설교자의 직임을 감당할 수 없을 때를 말할 수 있다. 그런 경우에 교회는 회복이 가능한지, 또 목회자 자신이 바꿀 수 있는 어떤 다른 요소가 있는지 여부를 면밀히 조사한 후에 허락할 수 있다. 이렇게 은퇴 목사가 되면, 해당 목사는 더 이상 교회 위원회나 노회의 회원은 아니지만,[11] (도르트 교회 질서) 13조에 따라서 목사라는 명칭은 유지하고 설교할 수 있는 권리도 보유한다.

> 어떤 목사가 연령이나 병이나 다른 이유들로 그 사역을 감당
> 할 수 없게 되어도 그는 목사라는 영예와 칭호를 유지하며, 자

---

[11]   한국장로교회의 경우에 노회의 회원됨은 은퇴 목사로서 언권회원과 조언자로서 유지되고 있음에 차이가 있다(역주).

신이 섬겼던 교회로부터 필요에 대한 지지를 영예롭게 받을 수 있다. (과부가 된 목사의 부인과 자녀들도 지지받을 수 있다.)

2) 다른 직임(Change of function)을 맡음

목사직을 떠나 완전히 다른 직업에 종사하는 것을 일컫는 공식적인 용어는 "삶의 다른 지위에로의 전환"(transition to another state of life)이다. 이런 일이 발생하는 이유는 매우 다양하다. 목회를 불가능하게 할 정도로 물리적으로 병들거나 심리적으로 병드는 일, 소명에 의심을 일으키는 영적인 문제들도 있을 수 있고 예를 들어서, 정치적 직임을 감당하게 되거나 학문적 직임을 강담하는 경우들도 이에 해당한다. 또한 오랜 세월에 걸쳐서 자신에게 있는 변화나 교회나 사회의 변화 때문에 자신은 더 이상 목회자의 직무를 할 수 없다고 결론 내리는 상황도 있을 수 있다. 이 모든 경우들에 있어서 교회는 그 동기들을 조심스럽게 검토하여 그 상황이 과연 해결될 수 없는 상황들인지 아니면 목사님들이 잘못된 동기에서 사역을 마치려고 하는 것인지를 잘 드러내야 한다. (도르트 교회 질서) 12조는 이렇게 말한다:

말씀의 사역자는 한번 말씀의 사역자로 합법적으로 부름을 받았으면 평생 교회의 사역에 묶여져 있으므로, 그에 대하여 노회가 주목하고 판단할 매우 큰 다른 이유들이 없는 한, (말씀의

사역자 직을 떠나서) 세속적인 직업에로 나아가는 것을 허용하
지 않는다.

(대개는 그리하지 않으나) 예외적으로 이렇게 다른 직업을 감당하게
되는 원인에 따라서 교회는 전 목회자에게 말씀을 가르치고 성례를
행할 권한을 줄 수도 있다.

3) 사직(辭職, Disengagement)

아주 특별한 경우들에 한해서 노회는 목사와 그가 섬기는 회중의 유
대(紐帶, the bond)를 끊는 결정을 할 수 있다. 이런 경우에 대개는 "절
연된 목사"(disengaged preachers) 라는 말이 사용되지만 이런 경우에는
회중도 동일하게 "절연된 회중"이 된다. 치리가 행해져야만 하는 상황
에서는 이런 일이 있을 수 없다. 즉, 이런 사임(detachment)은 치리적
인 것(a disciplinary measure)이 아니고, 회중과 목회자 간에 또는 교회
위원회와 목회자 간의 적절하지 않은 관계로 인해 행해지는 것이다.
이런 불편한 관계는 처음부터 있을 수도 있고, 목회 시기 중간에 발생
할 수도 있다. 어찌 되었든지, 관계가 열매를 내기 보다는 더 불편해
지고, 변화시키려고 노력해도 변화될 수 없을 상황에서는 이런 결정
이 내려질 수 있다. 이렇게 "절연된 목사"(the disengaged preacher)는 다
시 다른 공동체로부터 청빙받을 수 있게 되고, 그리하여 다시 일종의

목회 후보생 위치(the position of a candidate)에 있게 된다. 잠시 그런 위치에 있다가 청빙을 받으면 목회자로서 사역해야 한다. 왜냐하면 화란의 청교도 신학자라고 할 수 있는 윌리엄 아 브라끌(William à Brakel)의 생각에 의하면, "만일 목사로서 섬길 임지가 전혀 없다면 소명이 없는 것이기" 때문이다. "하나님께서는 섬길 곳이 없이 사람들을 부르시지 않으신다."

8. 결론

도르트 대회에서 결정된 교회 질서는 루터, 부셔, 칼빈이 제시한 노선을 따르고 있다. 이 노선은 청교도 전통으로 계승되었는데, 이는 설교자직의 중심성과 영원한 중요성을 강조하는 노선이다. 설교자들에 대한 많은 조항들은 설교자 자신이 중요해서가 아니라, 구원 또는 구속, 회개, 그리고 변개의 메시지를 전하는 그의 **사역의 중요성 때문에** 만들어진 것이다. 도르트 교회 질서는 강대상과 회중, 그리고 설교자를 조심스럽게 보호하고 있다. 도로트 교회 질서는 그리스도인들 안에 남아 있는 죄성을 깊이 의식하면서 교회에 대한 그리스도의 권위를 보호하고, 이리들이 양들을 해치지 않도록 하며, 설교자들이 그의 직무를 잘 할 수 있도록 보호하기 위해 필요한 규칙들을 규정하고 있다. 이를 잘 살펴본 우리들에게는 **이와 같이 개혁파적이고, 장로교회적이**

며, 청교도적인 길에 계속 충실하고자 하는 모든 교회를 위해 도르트 교회 질서가 얼마나 중요한가 하는 것이 매우 분명해졌을 것이다.

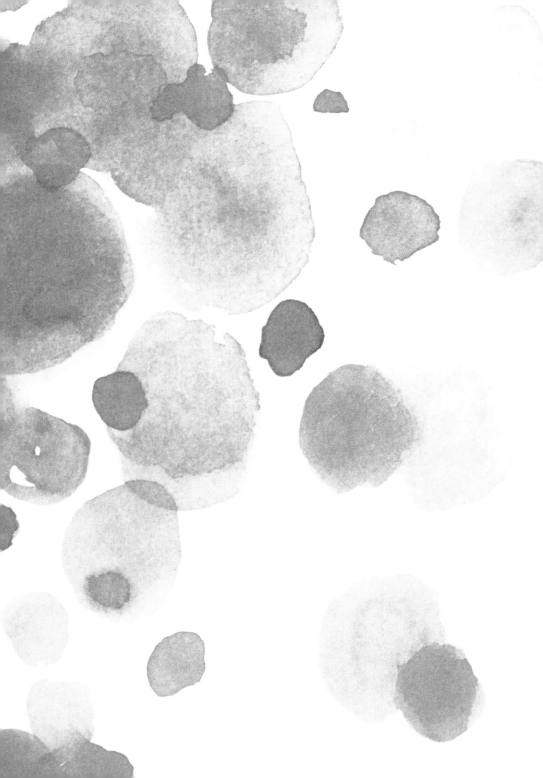

3

21세기 한국교회를 위한
청교도 설교의 유산과 적실성

이승진

1. 서론

21세기로 진입한 한국교회는 과거 70~80년대 화려한 교회 성장과 역동적인 부흥의 시기를 보낸 후에 어둡고 답답한 교회 침체와 쇠락의 시기를 거치고 있다. 이런 상황에서 대부분의 목회자들과 신자들은 고뇌어린 질문을 던질 수 밖에 없다. 인코로나시대(In-Corona Era)에도 과거 교회 역사가 보여주는 지속적인 교회 부흥과 성장을 견인할 '하나님의 말씀 사역'(설교, 說敎 preaching)은 여전히 가능할까? 만일에 가능하다면 그런 설교의 실천신학과 실제적인 설교 전략은 무엇일까?

　이런 질문에 대하여 청교도 설교 운동은 매우 탁월한 모범적 선례를 제공한다. 16세기와 17세기 영국과 미국 뉴잉글랜드 청교도는 세상의 군왕들이나 권력자들이 주도하는 교회 개혁이 비성경적이라고 판단하고, 성경적인 가르침에 따라서 교회 개혁의 사상들을 신자들과 대중들에게 전파하고자 노력하였다. 이러한 노력은 2천년 설교의 역사에서 16세기 후반과 17세기 초반까지 진행된 청교도 설교 운동(puritan preaching movement)으로 결실을 거두었다. 예일대학교(Yale

Univ.)에서 미국종교사(American Religious History)를 가르치는 해리 스타웃트(Harry Stout) 교수에 의하면, 2천년 교회 역사에서 뉴잉글랜드 청교도의 설교처럼 그렇게 회중의 마음과 심령에 강력한 영향력을 발휘했던 시기에 필적할만한 또 다른 사례를 찾기 어렵다고 한다.[1] 개괄적인 통계치로 묘사하자면, 일주일에 두 번, 일요일과 수요일에 교회에 출석했던 뉴잉글랜드 지역의 등록 교인들은 평균 60분~90분 정도의 설교를 일평생 평균 7천회 정도, 모두 1만 5천 시간 동안 집중하여 설교를 들었을 것이다. 만약 이 청취 시간을 오늘날 정규 대학교 학사 과정의 수강 시간과 비교한다면, 대략 10개 정도의 학위를 취득할 정도의 분량에 맞먹는다고 한다.[2]

그렇다면 청교도 설교 운동이 21세기 한국교회 강단의 부흥과 설교 사역을 위하여 시사하는 바는 무엇일까? 이 질문에 대하여 합동신학대학원 청교도 연구센터 소장 안상혁 교수는 "정부를 통한 외면적이고 제도적인 교회개혁보다는 설교운동을 통한 내면적이고 현장에서의 삶의 개혁을 추구한 것"이라고 평가하였다.[3] 그리고 오늘날의 설교자들이 청교도 설교 운동으로부터 얻을 수 있는 교훈을 다음 세 가

---

1   Harry Stout. "청교도 설교(Puritan Preaching)", Ed. by William Willimon & Richard Lischer, *Concise Encyclopedia of Preaching*, 이승진 역, 『설교학 사전』 (서울: CLC, 2003), 633-4.

2   Harry Stout. "청교도 설교(Puritan Preaching)", 633-4.

3   안상혁, 『한국인의 청교도 연구』 (수원: 합신대학원출판부, 2019), 35.

지로 제시하였다.[4]

첫째 한국교회는 청교도 연구를 통하여 종교개혁자들이 천명했던 '오직 성경'(*sola scriptura*)의 원리가 예배와 설교에 어떻게 반영되었는지를 확인하고 역사적 선례로 활용할 수 있다고 한다. 청교도 설교의 '오직 성경'의 원리로부터 21세기 한국교회의 성경적 설교를 위한 설교학적인 모범을 배울 수 있다는 것이다. 둘째로 한국교회는 청교도 연구를 통해 성경 말씀에 기초한 경건 운동과 삶의 개혁의 좋은 모델을 배울 수 있다. 셋째로 한국교회와 신자들은 급격하게 변동하는 시대의 흐름에 맞서서 어떻게 처신해야할 것인지에 대한 귀중한 교훈을 청교도 설교로부터 배울 수 있다고 한다. 즉 청교도 설교로 말미암은 강력한 경건 운동으로부터 설교의 거룩한 영향력을 배울 수 있다는 것이다.

본 연구의 목표는 과거 2천년 설교의 역사 속에서 가장 탁월한 교회 개혁을 쟁취했던 청교도 설교의 특징을 분석하고, 청교도 설교의 모범적인 선례를 침체기를 지나고 있는 한국교회 설교자들의 설교 사역에 효과적으로 적용하고 발전시킬 실제적인 설교의 신학적인 기초와 효과적인 전략을 제안하는 것이다. 본 연구를 견인하는 핵심 질문은 이것이다. 21세기 한국교회가 지속적인 교회 개혁과 부흥을 위하여 청교도 설교 운동으로부터 배워서 계승, 발전해야 할 '성경적인 설

---

4 안상혁, 『한국인의 청교도 연구』, 36-40.

교 사역'(biblical preaching ministry)의 실제적이고 효과적인 설교 전략은 무엇일까? 이 질문에 대한 좀 더 실제적인 해답을 얻으려면, 이 질문을 다음과 같은 세부적인 연구 주제로 구분한 다음, 그 세부적인 질문의 범주 안에서 좀 더 구체적인 해답의 청사진을 찾아보고자 한다.

첫째, (현재 한국교회 설교 사역의 문제점 진단): 21세기 한국교회 설교 사역에서 가장 심각하고 치명적인 문제는 무엇인가? 가장 우선적으로 해결되어야 할 문제는 무엇인가? 연구자는 이 문제를 기독교 신앙의 사사화와 이에 따른 가현설적인 설교로 진단하고자 한다.

둘째, (청교도 설교 운동의 규범적 가치) : 21세기 한국교회의 신앙 사사화와 가현설적인 설교의 문제 해결을 위하여 청교도 설교 운동으로부터 배워야 할 가장 중요한 모범은 무엇인가? 연구자는 이 모범을 신자의 양심 문제와 구원의 확신에 관한 '결의론'에 기초한 청교도 설교 운동으로 압축하고자 한다.

셋째, (21세기 한국교회의 성경적 설교를 위한 설교신학과 실제적인 전략) : 21세기 한국교회 설교 사역을 위하여 16세기 청교도 설교 운동을 연구할 때, 두 설교 사역 사이에 약 300년 정도의 교회사적인 간격을 극복하기 위하여, 한국교회 설교자들이 발전시켜야 할 청교도 설교 운동의 연관성과 적실성은 무엇인가? 연구자는 그 적실성을 하나님 나라의 해석학적 실재론에 기초한 설교 사역으로 제안하고자 한다. 본 연구에서는 제한적인 소논문의 분량과 연구 한계를 고려하여 '청교도 설교'(puritan preaching)에 관한 선행연구를 생략하고[5], 곧바로 앞의 세 가지 질문에 대한 해답을 순차적으로 모색할 것이다.

2. 21세기 한국교회의 가현설적인 설교와 신앙의 사사화

21세기 한국 교회 설교 사역에서 가장 심각하고 치명적인 문제는 무엇인가? 연구자는 이 문제점을 종교적인 세속화에 따른 설교의 사사화와 가현설적인 설교 메시지의 범람, 그리고 그에 따른 신자들의 영적 정체성 혼란, 또는 영적 정체성 상실의 문제로 압축하고자 한다.

1) 영적 정체성을 상실하는 한국교회

1990년대 한국 교회가 점차 침체기로 진입하자, 2천 년대 들어서 한국의 실천신학자들과 설교학자들은 교회 침체와 쇠락의 원인이 비성경적인 설교 사역 때문에 비롯됐다고 보고 그 대안을 모색하기 시작하였다. 2012년 5월에 한국설교학회는 80년대 이후 한국교회의 설교가 기복주의와 번영신학의 영향을 받은 문제점을 집중적으로 조명하

---

5   청교도 설교(puritan preaching)에 관한 선행연구 자료는 다음을 참고하라. Joel R. Beeke & Mark Jones, "청교도의 설교(1)" 5번 각주, *A Puritan Theology*, 김귀탁 역 『청교도 신학의 모든 것: 삶을 위한 교리』 (서울: 부흥과 개혁사, 2012): 776-7.

였다.[6] 또 2013년 3월에도 한국설교학회 17차 정기학술대회를 개최하고 "사회적인 비판에 직면한 한국교회와 설교의 대응 방안"을 모색하였다.[7]

정창균 총장은 2007년에 90년대 이후 정체기 또는 쇠퇴기에 접어든 한국교회 문제의 본질은 단순한 숫적 감소에 있지 않고, 교회 신자들 스스로 영적인 정체성의 혼란 혹은 정체성 상실에 있음을 진단하였다. 이어서 그 대안으로 기독교인들의 영적 정체성 확립을 위하여 교리 설교를 제시하였다.[8] 또 2012년에 정창균 총장은 한국교회 설교가 성경 본문으로부터 이탈한 문제와 설교 주제의 편향성 문제를 비판하였다.[9] 정창균 총장에 의하면 한국교회의 설교에서 발견되는 본문 이탈의 양상은 첫째 본문을 전혀 해석하거나 언급하지 않는 경우와, 둘째 본문을 오용하는 경우, 그리고 셋째 본문을 남용하는 경우가 있다. 정창균 총장은 교회 안에서 금기시하는 설교 주제들을 과감하게 설교하기 위하여, 성경적인 설교의 당위성에 대한 인식과 아울러

---

6 최이우, "번영신학과 기독교 설교"「설교한국」4/2 (2012년 11월): 9-12. 신성욱, "번영신학과 설교학적 대안,"「설교한국」4/2 (2012년 11월): 56-100.

7 이승진, "사회적인 비판에 직면한 한국교회와 설교의 대응 방안" <한국설교학회 제 17차 정기학술대회> (2013년 5월 18일, 웨스트민스터신학대학원 2층 소강당).

8 정창균, "한국 교회의 위기 상황과 교리 설교의 회복,"「헤르메네이아 투데이」41 (2007년, 겨울): 4-13. 정창균, "위기상황의 관점에서 본 한국교회 현실과 교리 설교의 회복,"「신학정론」32/2 (2014,11): 346-365.

9 정창균, "한국 교회 설교의 본문 이탈 현상과 주제의 편향성,"「헤르메네이아 투데이」54 (2012년, 가을): 67-83.

성경이 말씀하는 주제들을 가감 없이 설교하려는 영적인 분별력과 용기를 강조하였다. 또 정창균 총장은 2017년 11월에 개최된 '종교개혁 500주년기념 합신신학강좌'의 '종교개혁과 설교'에서도 한국교회 설교의 문제점을 본문 이탈 현상과 설교 주제 편향성의 문제로 비판하고, 그 대안으로 '오직 성경'(*sola scriptura*)과 '전체 성경'(*tota scriptura*)에 근거한 하나님 말씀의 선포(*praedicatio verbum dei*)를 강조하였고, '성경 중심적 기독교'를 위한 성경 사경회의 회복을 제안하였다.[10]

2) 종교적 세속화에 따른 설교의 사사화

한국교회 안에 설교 사역의 문제가 있다면 그 문제는 심층부에서 한국 기독교의 잘못된 신앙생활과 맞닿아 있다. 이승진은 2013년에 발표한 소논문 "한국교회 설교의 사사화와 공동체 지향적 설교"에서 21세기 한국교회 설교 사역 전체를 피터 버거(Peter Berger)의 세속화(secularization)의 관점에서 분석하고 한국 교회 설교 사역과 메시지 때문에 신자들의 신앙이 '사사화된 현상'(privatized faith)을 비판하였다.[11] 성경이 제시하는 하나님 나라 복음은 삼위 하나님의 예정과 선택, 천지 창조, 그리스도의 성육신과 십자가 죽음, 부활, 승천, 성령

---

10   정창균, "종교개혁과 설교," 「신학정론」 35/2 (2017,12): 121-155.

11   이승진, "한국교회 설교의 사사화와 공동체 지향적인 설교," 「성경과 신학」 67 (2013): 31-37.

강림, 교회의 탄생과 그리스도의 재림으로 계속 이어지는 거대한 하나님 나라를 실현하는 하나님의 최고 수단이다.

종교개혁 전후로 기독교와 설교 메시지의 영향력은 신자가 주일에 출석하는 예배당 안의 예배 시간 뿐만 아니라 그가 교회 바깥에서 살아가는 가정과 직장, 그리고 세상의 정치, 경제, 사회, 문화의 전방위 영역에 그 영향력을 발휘하였다. 하지만 18세기 이후의 근대화와 20세기 이후 현대화가 진행되는 과정에서 기독교 국가체계(Christendom)도 점차 와해되고 그 과정에서 종교적인 영향력도 점점 신자 개인 내면의 심리적인 영역으로 축소되었다.

서구의 근대화 과정에서 발생하였던 종교적 세속화(religious secularization) 과정은 2,3백년의 시간차를 두고서 7,80년대 이후 한국사회 속에서도 유사한 모습으로 반복되었다. 종교적인 세속화 과정에서 세 가지 변화에 주목할 필요가 있다.

첫째, 교회 안에서 설교자의 영적인 권위가 점차 약화하였다. 그 이전에 기독교 목회자는 신자들에게 살아계신 하나님의 말씀을 전하여 신자들을 영생의 길, 진리의 길로 인도하는 엄청난 권세를 가진 사람으로 존중받았다. 하지만 7,80년대 이후 설교자의 영적인 권위는 점차 약화하였고, 오늘날 신자들은 목회자가 강단에서 선포한 설교 메시지를 심각하게 받아들이지도 않을 뿐 아니라, 자신들의 삶의 현장에서 액면 그대로 실천하려는 의지가 매우 부족하다.

둘째, 목회자와 교인 사이의 목양 관계가 매우 느슨해졌다. 그 이전의 목양 관계는 가정에서의 부모와 자식 사이의 혈육의 사랑과 존경을 능가하는 경우가 대부분이었고, 직장에서 고용주와 근로자 사이의 사회적인 신뢰와 경제적인 의존 관계보다 비교할 수 없을 정도의 엄청난 비중을 차지하는 것으로 인식되었다. 하지만 오늘날 목회자와 교인 사이의 목양 관계는 아주 형편없는 수준으로 격하된 상태이다.

셋째로 설교자의 설교 메시지가 교인들의 실존적인 삶의 영역에 미치는 설득력과 파급력이 매우 협소해졌다. 그 이전에 설교 메시지의 설득력과 파급력은 신자가 실존하는 삶과 인생의 전방위 영역(정치, 경제, 사회, 문화, 심리)과 관계하였다. 그러나 종교적인 세속화를 거치면서 설교 메시지의 설득력과 파급력은 신자 개개인의 내면 세계에 국한되었고, 그 내면 세계에서도 현재 세상이 돌아가는 상황에 대한 거시적인 이해의 부족 문제나 미래에 대한 불확실성의 문제, 그리고 그로 인한 심리적 불안의 문제를 해소하는데 국한되는 실정이다.

이승진은 이러한 설교 현상을 가리켜서 '설교의 사사화'라고 비판하였다. '설교의 사사화'(privatization of preaching)란 설교 메시지의 내용과 형식, 그리고 그 목표가 기독교 복음의 공공성에서 벗어나 신자 개개인의 심리적인 내면세계에서 발생하는 심리적인 갈등, 불안, 불확실성의 문제를 해소하는데 집중하는 종교 활동을 의미한다. 설교의 사사화는 기독교의 세속화 과정에서 동반되는 필연적인 결과이면서도 기독교 신자들 개개인의 신앙도 사사화되는 원인을 제공한다. 21

세기 한국교회 안에서 설교의 사사화로 인하여 신자들의 신앙이 사사화된 단적인 증거가 한국 교회 신자들의 영적인 정체성의 상실과, 목회자들/신자들의 거룩한 삶의 상실, 그리고 그에 따른 대사회적인 영향력 상실로 나타났다. 그렇다면 21세기 한국교회가 여러 신학자들이 주목한 대로 영적 정체성의 문제가 심각한 수준에 이르렀다면, 이러한 문제는 한국교회의 설교 사역과 어떤 관련이 있을까? 연구자는 (일부) 한국교회 신앙의 사사화 문제가 설교 사역과 결부된 한 가지 특징적인 모습이 가현설적인 설교라고 판단한다.

가현설적인 설교(docetic sermon)란 가현설의 논리가 반영된 설교를 가리킨다. 가현설의 논리는 성부 하나님의 독생자 그리스도께서 사람의 몸을 그대로 입고 이 세상에 강림하여 하나님 나라를 세우셨음을 부정한다. 이승진은 2012년에 발표한 소논문 "구속사를 구원의 서정에 적용하는 성화설교"에서는 한국교회 설교의 심각한 문제점 중의 하나로 가현설적인 설교를 비판하였다.[12] 가현설의 논리가 기독교 설교에 심각한 문제를 초래하는 이유가 있다. 잘 알려진 바와 같이 가현설(docetism)은 그리스도의 성육신 사건을 부정하거나 잘못 축소시킨다. 성육신을 부정한다는 의미는 달리 말하자면, 거룩하신 하나님께서 죄로 얼룩진 이 세상 인생들과 역사 현실 속에서 실제로 조우하여 이들을 하나님처럼 거룩하게 변화시키는 성화의 과정을 부정하는 것

---

12   이승진, "구속사를 구원의 서정에 적용하는 성화 설교," 「신학정론」 30/2 (2012.11): 714-5.

이나 다름 없다. 이런 맥락에서 가현설적인 설교 역시 신자들이 감당해야 하는 각자의 실존적인 가정생활과 직장생활 속에서 그리스도를 닮아서 실제적으로 거룩한 삶을 살아내도록 안내하는 차원이 빈약하다.

그렇다면 어떻게 이러한 설교의 문제가 발생할 수 있을까? 하나님 나라의 복음에 관한 선포가 가현설적인 설교로 변질되는 이유는, (적지 않은 설교자들의) 설교 메시지에서 설교자가 신자들에게 제시하는 실천적인 적용점이 신자 개개인의 심리적인 내면세계로 제한되기 때문이다. 이 대목에서 신앙의 사사화 문제는 가현설적인 성향의 설교 문제와 연결된다. 설교 메시지에서 실제적인 적용점을 심리적인 내면 문제 해결에 국한시키는 (일부) 설교 메시지가 가현설적인 설교로 비판을 받는 이유가 있다. 그것은 설교를 통하여 교회와 신자들의 삶 속에서 실현되는 하나님의 말씀 통치에서 말씀 통치의 구체적인 실현의 영역이 신자들이 참여하는 교회 활동과 그들의 가정, 직장, 그리고 일반 사회로부터 신자 개개인의 심리적인 내면 세계로 축소되기 때문이다.

잘 알려진 바와 같이 하나님 나라에 관한 복음의 3요소는 말씀 통치의 주체인 하나님과 통치의 대상인 신자들, 그리고 신자들이 하나님의 말씀을 실천하는 영역으로 나뉜다. 하나님 나라 복음 선포는 신자 개개인의 내면세계에서의 회심 사건에서 출발하되 하나님과의 인격적인 만남의 영향력은 그 심리 세계 안에 갇히지 않고 오히려 거룩한 가정생활과 교회 생활을 거쳐서 세속 사회와 우주 전체 만물로 확산되는 것을 추구한다.

그런데 하나님 나라 복음 선포를 구성하는 세 가지 요소 중에서 한국교회 목회자들의 하나님 나라 복음에 관한 설교에서는 대체로 하나님 나라 통치의 주체인 하나님에 관한 신학적인 이해에 심각한 문제가 있는 것도 아니고, 또 말씀 통치의 대상인 신자들의 영적인 필요에 관한 이해에도 심각한 문제가 있는 것이 아니다. 한국교회 목회자들의 하나님 나라 복음에 관한 설교에서 가장 문제가 되는 부분은 하나님의 통치가 실현되는 영역, 또는 삶의 자리에 관한 이해가 대체로 청중의 심리적인 내면세계로 축소된 경향이 강하다. 이러한 설교를 가현설적인 설교라고 한다.

이상으로 21세기 한국교회 설교 사역의 문제점을 신앙의 사사화에 따른 가현설적인 설교 메시지를 비판하였다. 그렇다면 이러한 설교학적인 문제에 대하여 청교도 설교는 어떤 대안을 제시할 수 있을까? 청교도 설교의 배경과 기원, 그 특징들을 살펴보자.

3. 뉴잉글랜드의 새로운 환경과
   교회 언약에 근거한 말씀 사역

뉴잉글랜드 청교도는 강단에서 성경을 펼쳐놓고 그 앞에 모인 회중들을 향하여 설교 메시지를 선포하는 시간을 마치 하늘의 하나님이 그들 머리 위에 직접 강림하셔서 선포하시는 하나님의 말씀으로 이해하였다. 브루스 비클(Bruce Bickel)에 의하면 청교도 설교자들은 "스스로를 사람의 영혼들을 매기도 하고 풀기도 하는 그리스도의 권세를 실제로 부여받은 존재로 인식"했다고 한다.[13] 설교 사역에 관한 최고 수준의 확신 때문에 "청교도 설교자들은 마치 모세가 시내산을 올라간 것처럼 그렇게 강단에 올라갔다"는 것도 전혀 무리가 아니라고 한다. 청교도 목회자들이 하나님의 말씀을 선포하는 설교 사역의 중요성에 최고의 중요성을 부여했던 이유는, 삼위 하나님은 설교 사역을 통하여 믿는 자들을 구원하시고 거룩한 하나님 나라로 인도하신다고 믿었기 때문이다.[14] 당시 청교도 설교자들은 강단에서 하나님의 말씀을 전하는 일이 자신들의 사회적인 명성에 도움이 된다거나 또는 남 앞에서 지식 자랑하는 즐거움 때문이 아니라, 죽어가는 한 인간으로서 역시나 동일한 운명에 처한 회중들을 마지막 하나님의 말씀 선포인 설교 메시지를 통해서 영원한 하나님 나라로 인도할 마지막 결정적인 수단이라 확신하였다.[15] 이런 이유로 그들은 강단에서 그리스도의 복음에 관하여 설교할 때 최고의 열정과 확신을 가지고 외쳤다.

뉴잉글랜드 청교도 설교가 설교자 편에서 최고로 심오한 설교신학

---

13   Bruce Bickel, *Light and Heat: The Puritan View of the Pulpit*, 원광연 역 『복음과 청교도 설교』, (서울: 청교도 신앙사, 2002), 34.

14   조엘 비키, 마크 존스, *A Puritan Theology*, 김귀탁 역, "청교도의 설교(II)", 『청교도 신학의 모든 것』, (서울: 부흥과 개혁사, 2015), 806.

15   오덕교, 『언덕 위의 도시』 (수원: 합동신학대학원출판부, 2004), 229.

의 이해를 갖췄을 뿐만 아니라 회중에게도 강력한 영향력을 발휘했던 배경(또는 원인)을 다음 세 가지 관점에서 분석하고자 한다. 첫째는 다른 경쟁적인 권위로부터 자유로운 정치 사회적인 환경, 둘째는 뉴잉글랜드의 교회 목회자들이 신자들과 맺었던 교회 언약, 그리고 셋째는 청교도 설교자들이 강단에서 그토록 확신하며 선포하였던 하나님 말씀의 성취 능력이다.

1) 신대륙의 개방적인 환경 속에서 교회 언약을 맺은 이주민들

먼저 뉴잉글랜드 청교도 설교의 강력한 사회적 영향력을 제대로 이해하려면, 당시 뉴잉글랜드 지역 거주민들이 속한 자유로운 정치 사회적인 환경을 고려할 필요가 있다. 해리 스타웃트(Harry Stout) 교수는 뉴잉글랜드 청교도 설교의 강력한 영향력의 한 가지 배경으로서, 17-18세기 식민지 뉴잉글랜드 지역의 정착민들을 다른 경쟁적 목소리로부터 분리시켰던 신천지의 개방적인 환경에 주목하였다.[16] 뉴잉글랜드 지역의 정착민들은 영국처럼 권위적인 정치 사회적인 제도권으로부터 벗어나 자신들의 미래 운명과 현재 행복은 철저하게 스스로 개척해야만 하는 개방적인 상황에 직면하였다. 이런 상황에서 그들이

---

16   Harry Stout. "청교도 설교(Puritan Preaching)", Ed. by William Willimon & Richard Lischer, *Concise Encyclopedia of Preaching*, 이승진 역, 『설교학 사전』 (서울: CLC, 2003), 635.

간절히 붙잡았던 것은 청교도 설교자들이 전하는 하나님의 시대적인 섭리와 그들 고유의 사명에 관한 메시지였다.

1630년에 영국에서 이주한 독립파 청교도는 신대륙 이주를 영국보다 더 나은 행복을 찾아 이주한 개인적인 이주로 생각하지 않고, 새로운 개척지에 하나님의 왕국을 세우도록 부름 받은 하나님의 비상한 섭리의 관점에서 이해하였다. 이들은 여기에서 한 걸음 더 나아가 자신들이 붙잡은 신학적인 이상을 실현할 제도적인 수단으로, 뉴잉글랜드 지역에 사회 언약과 동시에 교회 언약에 근거한 지역 교회들을 설립하였다.

'교회 언약'(Church Covenant)에서 중요한 것은 하나님의 절대 주권을 신뢰하는 신자들로 구성된 회중이 하나님의 뜻에 자발적으로 순종하고 그 순종을 가시적으로 표시하겠다는 의지의 표명이었다. 교회 언약에는 "하나님 앞에서 회중으로서 단합된 무리를 자발적으로 형성하여 하나님의 뜻에 순종하는 거룩한 교회를 세우겠다는 강력한 의지의 표명이 담겨 있었다.[17] 뉴잉글랜드 청교도가 교회 신자들과 함께 서약했던 교회 언약에서 눈여겨볼 점은, 그 언약의 자발성과 자율성, 그리고 가시적 특징이다.

먼저 교회 언약의 자발성이란 지역 교회를 구성하는 회중은 외부의 그 어떤 압력이나 권위에 근거하지 않고 하나님의 인도하심을 의식하

---

17   원종천, 『청교도 언약사상 : 개혁운동의 힘』 (서울: 대한기독교서회, 1998), 178.

면서도, 전적으로 자발적이고 자율적인 방식으로 교회의 모든 것을 스스로 운영해 나아갔다. 자신들에게 하나님의 말씀을 선포할 목회자 선정도 외부 기관에 의존하지 않고 자체적인 기준에 따라 자체적으로 선출하였고, 교회 회중의 치리 문제도 자체적으로 해결하고 교회의 설립과 운영도 스스로 통치해나갔다.

그렇다면 이러한 신자들의 영적 자율성과 자발성은, 내부적으로 의견의 불일치와 혼란의 문제를 가져오지 않을까? 뉴잉글랜드 청교도는 그렇게 보지 않았다. 이들이 교회의 자발성과 자율성을 전적으로 신뢰할 수 있었던 이유는 회중 구성원들이 모두 다 하나님의 말씀으로 회심하여 거듭난 신자이기 때문이라는 것이다.[18] 이들이 모두 다 회심한 하나님의 자녀들이고 이들이 한 성령 하나님에 의하여 지배를 받기 때문에, 하나님의 말씀이 올바로 선포되기만 한다면 그 공동체 내부에서 의견의 불일치나 분열에 따른 혼란은 일어날 수 없다는 것이다.

2) 청교도 신앙의 이상을 실현하는 교회 언약

그렇다면 교회 안에서 신자들의 생각이나 기질들이 다양함에도 불구하고 성령 하나님은 그 가운데에서 어떻게 일치된 하나의 유기적인 공동체를 이루어내실까? 이 질문에 대하여 뉴잉글랜드 청교도는 대중

---

18 원종천, 『청교도 언약사상 : 개혁운동의 힘』, 185.

주권(popular sovereignty)과 가시적인 신앙 고백(visible confession of faith)을 현실적인 수단으로 채택하였다.

① 대중 주권이란 하나님께서 교회를 말씀으로 통치하는 영적 권세를 먼저 교회 회원들에게 위임하셨다는 것이다. 구원 받은 신자들은 자신들이 하나님의 말씀의 지도를 받을 권세를 하나님으로부터 위임받았고, 그렇게 위임된 권세에 근거하여 교회 회원권의 자격으로 교회 회중을 말씀으로 다스릴 장로와 목회자를 선출할 수 있다는 것이다. 그러므로 선출된 장로와 목회자는 교회 회중을 자신의 세속적인 지위로 통치하는 것이 아니라 하나님으로부터 하나님 나라 통치 권세가 회중에게 위임되고 목회자는 다시 회중으로부터 자신들에게로 위탁된 권세에 근거하여 회중을 하나님의 말씀으로 안내해야 한다는 것이다.

② 이렇게 하나님이 자기 백성들을 말씀으로 통치하는 영적 권세가 위임의 형태로 구원 받은 신자들의 투표권을 거쳐서 다시 교회 장로와 목회자에게로 위임되기 때문에 교회 전체가 하나님의 말씀과 성령 하나님의 인도하심을 온전히 따르기 위해서는 그 시발점에서 신자 한 사람이 과연 하나님의 말씀으로 올바로 거듭났는가 하는 구원의 확신에 관한 공적인 검증 절차가 매우 중요해진다.

원종천 교수의 지적처럼 당시 뉴잉글랜드 청교도에게는 하나님의 섭리에 대한 수직적인 신앙은 지상의 교회 안에서 목회자들과 신자들이 하나님 앞에서 함께 신앙을 고백하고 또 말씀 선포의 권위와 아울러 말씀 경청의 의무에 대한 수평적인 언약과 떼려야 뗄 수 없을 정도의 결정적인 가치를 지녔다.[19] 그리고 가시적인 교회 공동체가 하나님의 말씀을 올바로 선포하는 목회자와 하나님의 말씀대로 신자들을 권면하고 치리하는 장로들, 그리고 신자들에 의하여 참다운 부흥을 경험하려면 먼저 그러한 목회자와 장로들을 선출하는 신자들이 참다운 회심을 경험해야만 한다. 그리고 그 신자에게 교회의 정회원권을 부여하기 위해서는 먼저 그 신자에게 주관적이고 개인적인 회심 체험이 공개적으로 나타나고 객관적으로 판명되어야만 한다.[20]

그 이전에 영국의 장로교파 청교도는 교회 언약의 개념도 인정할 수 없었고 중생에 대한 가시적인 입증 의무의 개념도 인정할 수 없었다. 그들이 보기에 성도에게 반드시 요구되는 것은 예수 그리스도에 대한 분명한 믿음과 아울러 그 말씀에 순종하겠다는 공식적인 인정뿐이었다. 그 이외에 중생에 대한 가시적인 입증의 필요성은 부정하였다. 그 이유는 회심 여부에 대한 분명한 판단의 가능성은 인간의 능력을 벗어나는 것이라고 생각했다.

반면에 뉴잉글랜드 청교도는 비록 지상의 교회가 불완전하더라도 그 교회 신자들을 진리로 이끄는 하나님의 말씀이 설교자를 통하여 충분히 선포될 수 있고 성령의 조명도 신자들이 거부할 수 없을 정도로 충분히 역사한다면, 그 말씀과 성령의 인도하심에 대한 신자의 회

---

19   원종천, 188.

20   원종천, 188.

한국교회를 위한 청교도 설교의 유산과 적실성

심과 순종의 반응 역시 동일한 성령의 인도를 따르는 신자들이 충분히 인정할 수준으로 나타날 것으로 기대했다. 이를 위해서 한 성도가 진정 거듭난 하나님의 자녀인지 아닌지의 여부를 확인하는 가시적인 입증 과정은 하나님의 말씀이 직접 통치하는 가시적인 교회를 세우는 과정에서 매우 중요한 절차적 공의의 문제였다.[21]

3) 청교도 신앙의 이상을 실현하는 교회 정치와 말씀 선포의 신학

청교도에게 교회란 '구원 얻는 믿음'을 고백하는 사람들이 모여 하나님을 예배하고 서로를 돌아보며 말씀과 성례 그리고 권징을 포함한 모든 거룩한 규례들을 따르기로 엄숙히 교회 언약(church covenant)을 맺은 자들의 자발적인 신앙 공동체를 의미했다.[22] 안상혁 교수에 의하면 교회 언약은 교회장부에 기록된 문서로서의 교회 언약과, 예식으로서의 교회 언약, 그리고 교의로서의 교회 언약으로 세분화된다고 한다.[23] 이 중에 청교도 설교의 강력한 영향력과 관련하여 주목할 교회 언약은 예식으로서의 교회 언약이다. 뉴잉글랜드 청교도는 지교회를 처음 설립하거나 새로운 신자들에게 교회의 정회원권을 부여할

---

21 원종천, 『청교도 언약사상 : 개혁운동의 힘』, 190.
22 안상혁, "17세기 뉴잉글랜드 청교도의 공예배 순서와 신학," 「신학정론」 제 30권 2호 (2012, 11): 673.
23 안상혁, "17세기 뉴잉글랜드 청교도의 공예배 순서와 신학," 673.

때, 교회 언약의 예식을 통해서 지교회의 정회원으로서의 고유한 특권과 의무에 관하여 엄중한 서약을 맺었다.

안상혁 교수에 의하면 뉴잉글랜드 청교도 목회자들이 교회 신자들과 맺었던 엄중한 교회 언약은, 교회 신자들로 하여금 공예배에 참여하여 설교, 찬양, 기도 그리고 성만찬에 참여하는 "교회의 행위"를 일종의 영적인 특권으로 인식하도록 만들었다고 한다.[24] 교회 언약 예식 덕분에 당시 회중은 오늘날과 같은 30분 전후의 짧은 설교보다는 오히려 2시간 이상 지속되는 긴 설교를 오히려 자신들이 마땅히 누려야 할 권리와 특권으로 인식했다고 한다.[25]

청교도에게 교회를 통한 하나님의 섭리적 경륜이 중요했다면 그 확신만큼이나 교회 언약이 중요했고, 교회 언약이 중요했다면 그만큼 목회자와 신자의 목회적인 관계의 핵심은 하나님의 말씀 선포와 경청이 그만큼 중요했다. 이러한 하나님의 말씀 선포의 영적 권위와 경청과 순종의 중요성의 배후에는 하나님의 말씀을 연구하고 가르치는 신학(divinity)에 대한 남다른 인식이 자리하고 있었다. 청교도에게 있어서 하나님의 말씀을 연구하고 가르치는 신학(divinity)은, 하나님과 세계, 교회, 그리고 신자들의 일상의 삶 모두를 포괄하는 전방위적인 인식과 헌신의 문제였다. 청교도는 삶의 모든 국면에서 하나님의 말씀을 따라 하나님과 동행하는 삶을 살았다. 매일 매일의 삶을 눈여겨 살

---

24   안상혁, 677.

25   안상혁, 682.

피며, 차분히 경건스러운 개인 및 가족들의 기도모임으로 시작되어 끝마쳐졌다. 직업전선에서의 일거리나 집안일이나 먹고 마시는 모든 일들은, 하나님의 영광을 위해서 실행되었고 하나님의 완전한 뜻을 추구하며 행하여졌다.[26]

청교도가 이렇게 신자 인생과 삶 전체를 하나님의 말씀과 결부시켜 생각하고 행동할 수 있었던 배후에는, 하나님의 말씀을 연구하고 가르치는 '신학'(divinity)에 관한 청교도 신학자들의 성경적이면서도 실제적인 관점이 자리하고 있었다. 청교도 운동의 위대한 지도자인 윌리암 아메스(William Ames)는 신학(divinity)을 '하나님께 대한 살아 있는 교리(the doctrine of living to God)로 정의하였다. 청교도주의란 단순히 금욕적인 율법주의자들의 생활방식도 아니고 그렇다고 딱딱한 기독교 교리만을 편협하게 집착하거나 고집하는 문자주의자들의 사상도 아니었다. 진정한 청교도주의는 하나님을 향한 신자들의 경건이고 그 활력의 근거였다. 그들에게 신학 활동은 하나님 앞에서 살아가는 신자들의 거룩한 생활의 아름다움을 보여줌으로 그것을 향하여 움직이게 하고, 하나님을 중심으로 한 삶의 만족감에 대한 가능성을 감탄해 하며 희열을 느끼게 하는 비전이요 충동이었다.[27]

이렇게 청교도 설교자들과 신자들의 마음 속에는 주께서 말씀으로 직접 통치하시는 교회의 존엄성과, 그 지역 교회 안에서 하나님의 말

---

26 피터 루이스,『청교도 목회와 설교』(서울: 청교도신앙사, 2002), 17.

27 피터 루이스,『청교도 목회와 설교』, 16.

씀이 권위있게 행사되도록 자신을 복종시키는 교회 언약의 존엄성, 그리고 그러한 영적 권위 아래에서 힘있게 신자들의 실제 세계 전체를 다루는 하나님의 말씀의 절대 주권에 대한 인식이 굳게 뿌리내리고 있었다.

그렇다면 청교도 설교자들은 이러한 교회 언약의 존엄성과 말씀의 절대 주권에 대한 인식을 구체적으로 자신들의 설교 사역과 어떻게 접목시켰고, 구체적으로 어떤 수사적 전략을 따라서 청중을 하나님이 임재하시는 거룩한 신전의식(Coram Deo)의 자리로 인도하였을까? 연구자는 이 질문에 대한 한 가지 해답으로 청교도의 결의론과 실천적 삼단논법에 주목하고자 한다.

4. 뉴잉글랜드 청교도의 결의론과 실천적 삼단논법

1) 무정부상태에서 하나님의 말씀을 기다리는 신자의 양심

청교도 설교가 당시 교회 신자들에게 강력한 영향력을 발휘했던 또 다른 배경으로는, 중세시대 로마 가톨릭의 고해성사나 면벌부를 대신할 새로운 목회적 돌봄의 필요성을 언급할 수 있다. 카터 린드버그(Carter Lindberg)에 의하면 루터가 활동하던 중세 후기는 물리적인 어려움 뿐 아니라 급격한 사회적 변화로 인해 전통적인 가치와 진리들이 의심되던 위기와 불안의 시기였다.[28] 그래서 당시 사람들은 자신의 구원을 확신하지 못했고, 이런 상황에서 로마 가톨릭 교회는 가톨릭 교회 교인들이 영적 불확실성 때문에 번민하는 심리를 안정시키고자 가톨릭 교회에게 부여된 영적 권위를 이용하여 면죄부나 고행, 또는 선행과 같은 다양한 종류의 목회적 돌봄을 제공했다. 이러한 인본주의적인 목회적 돌봄들을 제공하는 로마 가톨릭 교회의 목표는 당시 사람들로 하여금 구원의 과정에 참여하도록 해서 그 수단으로 자신의 구원의 확신에 관한 심리적인 안정을 얻을 수 있도록 하려는 것이었다.

하지만 고행이나 금식, 또는 면죄부 구매와 같은 인본주의적인 수단들은 당시 사람들 편에서 오히려 내면의 위기를 더욱 심화하는 결과를 가져왔다. 왜냐하면 이러한 목회적인 돌봄과 위로의 수단들은 당사자들로 하여금 자기가 가진 자원만을 더욱 의지하도록 부추기면서, 신자들이 직면한 구원의 불확실성 문제를 다시 원점으로 되돌려놓았기 때문이다. 원점으로 돌아갈수록 사람들은 문제의 원점에서 다시 멀어지려고, 로마 가톨릭 교회가 제공하는 고행과 선행에 더욱 열심을 내고 집착하는 기현상이 벌어졌다. 이렇게 "중세 후기에 경건이 급증한 현상의 배후에는 구원의 확신을 갈망하면서도 동시에 그것에 대한 확신을 갖지 못하는 답답함이 존재했다."[29]

---

28 Carter Lindberg, *The European Reformation*, 『유럽의 종교개혁』 조영천 역 (서울: CLC, 2012), 102.

29 Carter Lindberg, *The European Reformation*, 106.

이런 시대적 분위기 속에서 루터는 95개조 반박문을 통해서 로마 가톨릭의 잘못된 면벌부 제도와 고해성사를 비판하였고, 루터와 칼빈과 같은 종교개혁가들과 이후의 청교도 목회자들은 로마 가톨릭의 사제들이 신자들에게 목회적인 돌봄을 제공하는 방식이나 그 저변의 신학적인 사고와 결별하였다. 하지만 종교개혁자들의 가르침과 목회적인 권면에 의존하는 개신교 신자들의 입장에서는 로마 가톨릭의 잘못된 면벌부 제도와 고해성사를 중지한 이후에 새로운 문제가 발생하였다. 조엘 비키 박사가 지적한 바와 같이 "고해 제도의 포기는 개혁파 믿음에 따라 새로 회심한 많은 사람을 당혹시켰다. 매주 한 번씩 듣는 설교는 그들의 영적, 도적적 나침반을 유지하고 인도하는 데 충분하지 않았다."[30] 왜냐하면 청교도 신자들은 한편으로는 중세 로마 가톨릭 교회 사제들로부터 더 이상 착취를 당하지는 않더라도, 다른 한편으로는 일주일에 한 번 듣는 설교만으로 은밀하게 고통 당하던 양심의 죄책감 문제나 구원의 불확실성 문제로부터 완전히 자유로워지지 못했다. 로마 가톨릭의 면벌부와 고해성사를 중지하더라도, 마음 속에 계속 끓어오르는 양심의 가책이나 구원의 불확실성 문제가 말끔히 해결된 것은 아니었고, 일주일에 한 번 교회 전체 회중을 대상으로 선포하는 설교 메시지만으로는 마음 속의 의심과 번민, 회의, 갈등, 가책의 문제가 쉽게 사라지지 않았다.

---

30   조엘 비키, 마크 존스, *A Puritan Theology*, 김귀탁 역, "청교도의 결의론", 『청교도 신학의 모든 것』, (서울: 부흥과 개혁사, 2015), 1054.

이런 상황에서 16세기에 청교도 결의론이 태동하는데 선구적인 역할을 감당했던 리처드 그린햄(1542-1594)은 영국 캐임브리지 근처 드리 드레이턴(Dry Drayton)에서 양심의 죄책감과 구원의 불확실성 문제 때문에 고통당하던 신자들을 상담하고 성경의 가르침으로 위로하는데 점차 두각을 나타내기 시작하였다. 캐임브리지의 세인트 앤드루스 교회의 저명한 설교자였던 윌리엄 퍼킨스도 신자들이 고뇌하는 양심의 문제를 하나님의 말씀으로 해결하는 방법들을 담아서 『양심론』(1596)과 『양심 문제에 대한 총괄적 논문』(1606)을 작성하였다.

2) 종교개혁 이후 신자의 양심 문제

종교개혁 이후 개신교 목회자들과 신학자들에게는 신자들이 개개인의 독특한 문제로 인하여 양심의 가책과 죄책감을 느끼고 또 이런 문제가 구원의 불확실성과 의심으로 발전하는 문제에 대하여 성경적인 해답을 제공해야 할 필요성이 매우 중요한 목회적 과제로 부상하기 시작하였다.

조엘 비키에 의하면, 윌리엄 퍼킨스 이후 대부분의 청교도 신학자들은 "양심을 옳고 그름, 의무와 태만에 대해 하나님의 음성의 권위를 갖고 질문들을 다루는 도덕적 자기 지식과 도덕적 판단을 제공하는 합리적 능력"으로 정의했다.[31] 달리 말하자면 양심은 하나님께서 우리 신자들을 판단하시는 하나님의 생각과 뜻에 맞추어서 우리 신자들이 스스로의 생각과 말, 그리고 행동을 판단하는 지식을 의미한다. 청교도 설교자들의 입장에서 신자들의 양심은 하나님께서 자신의 말씀을 그들의 삶 속에 적용시키도록 공명판이었다.[32] 그래서 신자들의 양심은 성경 말씀을 통하여 새롭게 변화를 받아야 하며, 그 양심의 지성에는 하나님에 관한 새로운 지식으로 변화를 받아야 하고, 그 정서는 하나님의 사랑과 아름다움을 공감하도록 변화를 받아야 하고, 그 의지도 하나님이 미워하시는 것을 멀리하고 하나님이 추구하시는 거룩과 영광을 그대로 추구하도록 변화를 받아야 한다는 것이다.

이렇게 양심의 신적인 기원을 잘 이해했던 청교도 설교자들은 신자들이 교회의 가르침을 듣고서 자신의 구원 여부에 관심을 가지다가 양심의 가책이나 죄책감 때문에 고민하는 것을 나쁘게 보지 않고, 오히려 그리스도의 복음을 설득력 있게 제시할 절호의 기회로 활용하는 방법들을 발전시켰다. 그래서 당시 청교도에 따르면 "유능한 설교자의 한 가지 표지는 사람들의 마음 밑바닥에 무엇이 있는지 보여주려고 그들의 양심을 갈기갈기 찢어놓는 능력으로 보았다."[33] 이후 청교

---

31   조엘 비키, 마크 존스, *A Puritan Theology*, 김귀탁 역, "청교도의 양심 교리", 『청교도 신학의 모든 것』, (서울: 부흥과 개혁사, 2015), 1034.

32   조엘 비키, 마크 존스, *A Puritan Theology*, "청교도의 양심 교리", 1046.

33   조엘 비키, 마크 존스, "청교도의 양심 교리", 1045.

도 설교자들은 하나님의 말씀에 대한 최고의 감각기관인 양심에 대한 이해에 근거하여, 이 양심의 공명판을 효과적으로 진동시킬 설득 기술을 발전시켰다. 그러한 설득 논리는 청교도 설교자들의 결의론 사상과 실천적 삼단논법이라는 독특한 설득 형식으로 발전하였다.[34]

3) 청교도의 결의론

'결의론'(casuistry)이란 어떤 신자가 자신의 양심의 가책이나 신앙생활과 관련된 여러 독특하고 실제적인 문제들에 직면하였을 때 이런 문제들을 성경의 원리나 교훈을 적용하여 해결하려는 신학적인 논리를 의미한다. 청교도 시대에 개신교 신자들이 일상생활 문제와 관련하여 목회자들의 가르침이 절실한 문제는 '자신이 구원 받은 신자임을 스스로 어떻게 확신할 수 있을까?' 하는 것이었다. 칼빈은 구원의 확신에 관한 가톨릭의 유보적 입장을 비판하면서, 신자 스스로 구원의 확신에 도달해야 한다는 당위성을 인정하였다. 하지만 그는 이 주제에 관하여 좀 더 신중한 입장을 취했지만, 청교도의 시대가 열리면서 이 주제는 개신교 신자들의 목회적인 돌봄을 위하여 매우 시급한 주제로 부상하였다.[35]

예를 들어 청교도 설교자 리처드 로저스도 양심 사건에 열정적인

---

34   이은선, 『청교도 입문』, (서울: 지민, 2014), 54.

35   이은선, 『청교도 입문』, 55

관심을 갖고 있었다. 로저스는 그리스도인들이 겪는 다양한 양심 사건의 실천적 지침서로 『일곱 가지 권면』을 썼다. 로저스의 저술 동기는 목회적인 이유와 논쟁적인 이유 때문이었다. 목회적인 면에서 보면, 로저스는 구원을 찾고 고뇌하는 영혼들에게 대안을 제공하기 위해 글을 썼다.[36] 퍼킨스도 신자의 양심 사건에 집중하고 이를 세 범주로 분류했다. 첫째 범주는 개인과 관련된 문제들이다. 여기에는 이런 질문이 포함된다. "나는 어떻게 구원받을 수 있는가? 내가 구원받은 것을 어떻게 확신할 수 있는가? 나는 침체에 빠지거나 타락했을 때 어떻게 회복할 수 있을까?"[37]

이렇게 청교도 설교자들은 신자들이 각자 일상생활 속에서 마음 속의 양심으로부터 제기되는 여러 근심과 염려, 불안, 구원에 대한 불확실성의 문제를 성경적인 설교로 해결해 주는데 집중했기 때문에, 자연히 그들의 설교는 매우 실제적이고 적용 지향적일 수 밖에 없었다.[38] 그 메시지를 듣는 청중의 입장에서는 설교자가 청중의 겉모습 뿐만 아니라 마치 가정에서 함께 생활하면서 자신의 모든 생활을 지켜보고 있는 느낌이 들었고, 설교자들이 내면의 생각까지도 투명하게 알고 있는 것 같은 느낌이 들었다.

조엘 비키에 의하면 두 가지 이유로 인하여 16세기 말엽에 구원의

---

36   조엘 비키, 마크 존스, *A Puritan Theology*, "청교도의 결의론", 1056.

37   조엘 비키, 마크 존스, "청교도의 결의론", 1059.

38   이은선, 64.

112   한국교회를 위한 청교도 설교의 유산과 적실성

확신 문제가 신자 개인 차원에서나 청교도 설교자들에게 주된 관심사로 부상하였다.[39]

① 첫째, 종교개혁 이후 2~3세대가 바뀌어 가면서, 교회 안으로 들어온 신자들 사이에 자신의 구원을 당연히 여김과 동시에 거룩한 삶의 표징이 뒤따르지 않은 신자들이 증가하였고, 이에 따라 설교자들의 입장에서는 구원의 확신에 관한 교리를 분명하게 선포하고 납득해야 할 필요성도 증가하였다. 당시 청교도는 교회 안에서 성경의 진리들에 대한 단순한 지적인 동의만으로 자신이 구원받았다는 충분한 조건으로 간주하려는 죽은 정통주의를 거부하고, 신자 각자 자신의 구원에 대하여 분명하게 확신할 뿐만 아니라 그 확신에 관한 증거를 스스로 제출할 수 있어야 한다고 보았다.

② 둘째, 당시 청교도 목회자들이 이렇게 명목상의 정통주의를 거부하고 양심의 가책으로부터 출발하여 구원의 확신으로 나아가야 하는 영혼의 자기 성찰을 중요하게 여겼기 때문에, 청교도 운동을 주도하는 영향력 있는 목회자들과 신학자들에게도 구원의 확신에 관한 성경적인 교리를 올바로 정립하는 문제가 매우 중요한 사안이 되었다. 조엘 비키에 의하면, "사람들은 죄와 하나님 앞에서의 죄의 심각성에 사로잡힐수록 죄와 자기들 자신에 대해 그만큼 더 절망하게 된다. 이런 절망은 선택과 구원에 대한 확신을 중심으로 돌아가는 양심 문제

---

39 조엘 비키, 마크 존스, "윌리엄 퍼킨스와 그의 양심의 최대 문제", 677.

들에게 비옥한 토양이 된다."⁴⁰

결국 결의론 신학이 청교도 목회자들 가운데 발전하게 된 배경에는, 청교도 사상 안팎에서 가해진 압력으로부터 유추해볼 수 있다. 청교도 사상 안에서는 구원의 확신에 관한 의심과 불안에 빠진 사람들을 면밀하게 도덕적, 영적으로 감동하는데 지침을 제공해야 할 필요성이 부상하였다. 청교도 사상 밖에서 청교도는 소속 신자들에게 제공할 자산을 로마 가톨릭 교회와 비견할 만큼 갖고 있지 못하다는 로마 교회 논객들의 공격이 있었다. 청교도 가운데 이 두 가지 압력에 대응하려는 신학적인 문헌 활동이 폭발적으로 증가했다. 그 결과 유럽 전역의 개혁파 교회의 선망 대상이 될 정도로 뉴잉글랜드 청교도 사이에 결의론에 관한 실천신학이 활성화되었다.⁴¹

4) 청교도의 확신 교리와 실천적 삼단논법

청교도 신학자들과 목회자들에게 신자의 양심 문제에 대한 성경적이면서도 목회적으로 설득력 있는 해답을 제공해야 할 필요성이 부상하였다. 그렇다면 신자는 어떻게 자기 마음 속 양심의 가책을 통과하여 구원의 확신에 성공적으로 도달할 수 있을까? 윌리엄 퍼킨스는 다음 세 가지 확신의 근거를 제시했다: ① 하나님의 언약으로 비준되는 복

---

40   조엘 비키, 마크 존스, "윌리엄 퍼킨스와 그의 양심의 최대 문제", 677.

41   조엘 비키, 마크 존스, 1057-8.

음의 약속, ② 우리의 영과 함께 우리가 하나님의 자녀임을 증언하는 성령의 증언, ③ 성화의 열매가 그것이다.

조엘 비키에 의하면 이 세 가지 서로 밀접하게 연관된 '구원의 확신'의 근거는 퍼킨스가 '천국 문의 중심 돌쩌귀'라고 부를 정도로 매우 중요하다.[42] 그 이유는 이 세 가지 확신의 근거는 성령 하나님이 신자들로 하여금 그들이 하나님의 자녀임을 가르치는 복음의 약속에 근거하여 실제로 개개인 신자들에게 확신을 가져다주며, 실제 삶 속에서 성화의 열매를 만들어내는 단계로 이어지기 때문이다. 이 세 가지 요소는 유기적으로 상호 작용하면서 청교도 설교자들이 자신들의 설교에서 설득 논리로 빈번하게 사용하였던 실천적 삼단 논법으로 발전하였다.

윌리엄 퍼킨스의 실천적 삼단논법은 대전제와 소전제, 그리고 적용적인 결론으로 이어진다. 먼저 대전제는 하나님께서 그리스도를 믿는 신자들과 언약으로 비준한 복음의 약속을 담고 있다. 그리고 소전제는 성경을 읽거나 설교를 듣는 과정에서 성령 하나님의 조명으로 말미암아 은혜로운 복음의 약속이 신자 자신에게 해당된다는 것을 깨달

---

42   조엘 비키, 마크 존스, "윌리엄 퍼킨스와 그의 양심의 최대 문제", 682. 조엘 비키에 의하면 저명한 청교도 설교자였던 엔서니 버제스는 신자가 자신의 구원을 확신해야 할 필연성에 관한 성경적인 근거 구절로 고린도후서 7장 1절, "그런즉 사랑하는 자들아 이 약속을 가진 우리는 하나님을 두려워하는 가운데서 거룩함을 온전히 이루어 육과 영의 온갖 더러운 것에서 자신을 깨끗하게 하자"를 인용하여 그리스도의 은혜에 대한 깨달음과 거룩한 삶을 향한 열망이 하나로 뭉쳐 있다고 결론 내렸다고 한다. 조엘 비키, *Puritan Reformed Spirituality*, 김귀탁 역,『개혁주의 청교도 영성』, (서울: 부흥과 개혁사, 2009), 307-8.

는 성령의 조명이고, 마지막 적용적인 결론은 대전제와 소전제의 논리적인 흐름이 신자 자신에게 실제로 적용되어 나타나고 있음을 가시적으로 확인함으로 얻는 적용 단계다.

윌리엄 퍼킨스의 실천적 삼단논법은 그가 케임브릿지 대학교에서 프랑스의 위그노 논리학자였던 피터 라무스의 논리학을 칼빈의 신학과 결합한 것이었다. 특히 그의 역작 『신학의 정수』에서 에임스는 피터 라무스의 이분법 체계에 따라서 하나님을 위한 삶의 교리로서의 신학을 신앙과 순종으로 구분한 다음에, '사람이 무엇을 믿는가?'에 관한 신앙과 '사람이 어떻게 신앙을 실천하고 하나님께 순종하는 삶을 사는가?'에 관한 순종을 통합하는 신앙의 설득 논리를 제시하였다.[43] 조엘 비키에 의하면 윌리엄 퍼킨스의 확신 교리에서 발견되는 실천적 삼단논법의 한 가지 사례는 다음과 같다.[44]

① 대전제 : 구원을 위해 회개하고 오직 그리스도를 믿는 자만이 하나님의 자녀다.

② 소전제 : 성령의 은혜로운 사역으로 말미암아 구원을 위해 나는 회개하고 오직 그리스도를 믿는다.

③ 결론 : 그러므로 나는 하나님의 자녀다.

---

43 조엘 비키, 마크 존스, *A Puritan Theology*, "박식한 학자 윌리엄 에임스와 『신학의 정수』", 67. 오덕교, 『언덕위의 도시』, 241.

44 조엘 비키, 마크 존스, "윌리엄 퍼킨스와 그의 양심의 최대 문제", 683.

이상의 삼단논법에서 먼저 대전제는 철저하게 성경의 증언에 기초하여 펼쳐진다. 이어지는 소전제는 대전제의 성경적 증언이 설교를 듣는 신자 자신에게 적용됨을 깨닫도록 하는데 집중된다. 소전제가 청중에게 설득되는 비결은 한 편으로는 설교자의 설득 논리가 믿어지기 때문이지만, 또 다른 한편으로는 성령 하나님의 감화감동 덕분이다. 그렇다면 소전제가 어떻게 신자들에게 믿어질 수 있을까? 그것은 소전제 내용 그대로 신자 자신이 설교자가 초청하는 회개와 그리스도를 향한 믿음의 고백에 참여하고 있기 때문이다. 또 다른 한편으로 설교자의 입에서 선포되고 신자의 귀로 들려오는 대전제와 소전제가 신자 편에서 자신의 눈으로 직접 확인되기 때문이다. 달리 말하자면 실천적 삼단논법의 논리적 진행 과정에서 신자들은 들리는 말씀의 복음 선포(대전제)와 보이는 말씀(소전제)이 신자의 양심에서 서로 정확하게 대응하는 것을 경험할 수 있다. 그럴 때 설교자는 마지막 적용적인 결론의 확증을 제시하여 "그러므로 나는 하나님의 자녀"라는 구원의 확신에 관한 설득 논리에 온전히 동의할 수 있게 된다. 이렇게 청교도의 실천적 삼단논법은 신자가 현재 참여하고 있는 교회 생활과 순종의 삶이 성경이 제시하는 그리스도의 은혜로 인한 구원에 실제적으로 참여하고 있음을 확증하도록 성경적 증언과 신자들의 영적 경험을 서로 긴밀하게 연결시켰다.[45]

---

45   조엘 비키, *Puritan Reformed Spirituality*, 309.

윌리엄 에임스는 윌리엄 퍼킨스의 설득력 있는 설교의 구조를 좀 더 발전시켜서, 먼저 성경 본문 해석으로부터 시작하여 성경적인 가르침과 교훈을 확정하기, 그리고 끝으로 현재 청중에게 효과적으로 적용하는 순서를 정착시켰다.[46] 예일대학교(Yale Univ.)의 해리 스타웃트(Harry Stout) 교수 역시 청교도 설교자들의 전형적인 설교 형식은 '성경 본문 주해 – 교훈(적 설명, 또는 교리적인 설명) – (신자들의 삶에) 적용'의 독특하고도 단순한 성경 강해 스타일의 설교 형식에서 찾아볼 수 있다고 한다.[47] 또한 부르스 비클은 청교도 설교의 독특한 구조를 선포(declaration)와 해명(explanation), 그리고 적용(application)의 구조로 이해하면서, 선포와 해명은 이성적으로 납득시키는 과정이라면, 마지막 적용은 앞의 선포와 해명에서 제시된 성경적인 가르침을 회중이 전인격적으로 받아들이도록 설득하고 감동을 안겨주는 과정으로 설명한다.[48]

이러한 청교도의 성경적이면서도 탁월한 설득력을 갖춘 성경 강해 설교의 전통은 이후로 생생한 이미지 설교의 대가인 찰스 스펄전과 '불 붙은 논리'(logic on the fire)의 설교자 마틴 로이드 존스, 그리고 해돈 로빈슨의 강해설교 전통으로 계속 발전하는데 결정적인 밑거름을

---

46   오덕교, 『언덕위의 도시』, 238, 281.

47   Harry Stout, *The New England Soul: Preaching and Religious Culture in Colonial New England*, (New York: Oxford Univ. Press, 1986), 34.

48   브루스 비클, 『복음과 청교도설교』, 41.

제공하였고, 현대 강해설교에서 주해와 신학, 그리고 설교의 3차원의 중심사상(three dimensional main ideas), 또는 3중의 초점 맞추기(three dimensional focalization)를 통해서 거듭 발전하고 있다.

5. 21세기 한국교회를 위한 청교도 설교의 적실성

이상으로 16세기 뉴잉글랜드 청교도 설교 운동의 특징을 살펴보았다. 청교도 설교 운동의 기원은 중세시대 로마 가톨릭 교회나 영국 성공회의 관제 주도적인 목양 방식을 거부하고 오직 성경에 기록된 하나님의 말씀으로 신자의 양심에 구원의 확신을 심어주고 그 불타는 확신에 근거하여 거룩한 가정과 교회, 그리고 거룩한 사회를 이룩하려는 청교도의 열망에서 시작되었음을 확인하였다. 그렇다면 21세기 한국교회를 위하여 청교도 설교 운동으로부터 계승 및 발전시켜야 하는 설교학적인 통찰은 무엇일까?

1) 조엘 비키의 경험적 설교

우리는 이 질문의 해답에 도달하는 과정에서 조엘 비키의 경험적 설교로부터 매우 중요한 힌트를 제공 받을 수 있다. 청교도 설교 운동의 유산에 관하여 매우 광범위하고도 심층적인 연구를 진행했던 조엘 비키 교수에 의하면 청교도 설교의 세 가지 특징은 다음과 같다.

첫째, 청교도 설교는 청중의 지성을 향하여 성경적인 진리를 분명하게 이해할 수 있도록 전했다고 한다. 앞서 확인한 바와 같이 청중의 지성에 명료하게 이해할 수 있도록 실천적 삼단논법의 논리 형식을 따라서 전했다. 둘째, 청교도 설교는 신자의 양심과 날카롭게 마주했다고 한다. 청교도의 설교는 신자들의 죄의 문제를 구체적으로 적시했으며, 죄악과 범죄로 인한 책임과 하나님의 준엄한 심판을 가감 없이 분명하게 선포했다. 셋째로 청교도 설교는 청중의 마음을 향하여 강렬한 호소력을 발휘하는 설교였다고 한다. 청교도 설교자들은 마지막 설교자로서 마지막 회중을 향하여 간절하게 설교하였다. 앞으로 더 이상 설교할 기회가 찾아오지 않을 사람들로서, 앞으로 더 이상 이 메시지를 들을 기회가 없으리라고 생각되는 청중을 향하여 생명과 사망의 운명을 스스로 결정해야 하는 신자들을 향하여 설교하였다.

조엘 비키는 과거 17세기 청교도 설교의 놀라운 유산 신자의 양심 문제를 해결하려는 결의론과 실천적 삼단논법으로 압축한 다음에 이를 다시 '경험적 설교'(experimental preaching)라는 주제로 발전시켰다. 조엘 비키가 청교도 설교의 유산을 '경험적 설교'로 명명하는 이유는 설교 소통의 3차원인 내용, 형식, 목적의 세 요소 중에서 특별히 설교의 목적을 신자의 영적 경험에 두기 때문이다. 조엘 비키가 청교도 설교의 유산을 현대 설교학 안에서 발전시키고자 'experimental'이란 단어를 채용하는 이유가 있다. 경험적(또는 실험적, experimental)이란 단어는 '시도하다' 또는 '증명하다'는 뜻을 가진 동사 '엑스페리오르 (experior)'에서 파생된 것으로, '경험을 통해 찾거나 알다'는 뜻을 가질 수도 있으며, 여기에서 '경험을 통해 얻은 지식'을 의미하는 '엑스페리엔티아'(experientia)라는 단어도 파생되었다는 것이다. 조엘 비키는 이런 어원학적인 설명에 근거하여 청교도 설교의 탁월한 측면을 '경험적 설교'로 발전시켰다.[49]

조엘 비키는 경험적 설교의 특징을 좀 더 자세히 설명한다.[50] 첫째, 경험적 설교는 하나님의 말씀이 그 중심에 위치한다. 둘째, 경험적 설교는 신자와 불신자의 차별성 그리고 은혜의 복음과 공의의 심판의 차별성을 분명하게 나타내는 설교다. 셋째, 경험적 설교는 하나님의 백성들의 삶 속에서 어떤 일이 벌어지고 있고, 그들이 어떻게 해야 하는지를 설명해 준다. 넷째, 경험적 설교는 내면적 지식을 강조한다. 다섯째, 경험적 설교는 예수 그리스도가 중심이다. 여섯째, 경험적 설교는 삼위 하나님을 영화롭게 하려는 목적을 추구한다.

결국 '경험적 설교'(experimental preaching)는 성경의 진리에 입각하여 회중의 문제들이 어떻게 해결되어야 하는지, 그리고 그 문제의 해결 과정에서 그리스도인들이 영적인 삶의 목표에 어떻게 도달할 수 있는지를 안내하는 설교다. 이런 맥락에서 경험적(또는 실험적) 설교는 그리스도인이 자신의 삶 속에서 성경적, 기독교적 교리의 진리를 어

---

49   조엘 비키, *Puritan Reformed Spirituality*, 718.

50   조엘 비키, *Puritan Reformed Spirituality*, 727-733.

떻게 경험하는지에 대한 중대한 문제를 다룬다. 이를 위하여 설교자는 설교에서 성경적인 진리를 신자들의 가족과 교회, 그리고 주변 세계와의 관계를 포함하여 신자의 개인적 경험의 전체 영역에 적용하는 것을 목표로 한다.

2) 하나님 나라에 관한 해석학적 실재론 설교

연구자는 21세기 한국교회를 위한 청교도 설교의 유산을 신자의 양심 문제에 대하여 결의론 사상에 근거한 실천적 삼단 논법 설교와 경험 설교로 정리하였다. 그렇다면 21세기 한국교회를 위한 청교도 설교의 적실성은 무엇일까? 앞서 확인한 바와 같이 현재 한국교회의 문제는 종교적 세속화에 따른 설교 메시지의 사사화와 가현설적인 설교, 그리고 이에 따른 영적 정체성 상실임을 확인하였다. 그렇다면 21세기 한국교회의 문제를 해결할 수 있는 청교도 설교의 유산은 어떤 부분에서 한국교회에게 적실성을 제공할 수 있을까?

　연구자는 이 질문에 대하여 하나님 나라의 복음을 통전적으로 선포하고 실현하는 설교, 즉 해석학적인 실재론 설교를 제안하고자 한다.[51] 해석학적 실재론(hermeneutical realism)이란, 비판적 실재론처럼

---

51 이승진, "해석학적인 실재론에 근거한 성경 해석과 설교 메시지의 전달 과정에 관한 연구," 「복음과 실천신학」 54 (2020): 198-231.

하나님 나라의 실재가 존재함을 인정하지만,[52] 그 실재 세계에 도달할 수 있는 최선의 방법은 비판적 실재론처럼 인간의 합리적 이성을 사용하는 것이 아니라 성경에 기록된 하나님의 말씀과 그 말씀의 적용 대상인 교회 회중에 관한 해석학적인 탐구 과정을 거쳐서 도달된다는 해석학적인 관점을 의미한다.[53] 해석학적인 실재론의 목표는 하나님 나라의 실재를 구성하는 모든 것들이 하나님 말씀의 온전한 통치를 따르는 것이다. 하나님 나라의 실재는 삼위 하나님께서 그 분의 말씀으로 신자의 양심과 전 인격적 존재, 가정과 교회, 일반 사회의 정치 경제 문화, 그리고 온 세상과 구속 역사 전체를 통치하심으로 실현된다.

해석학적인 실재론 설교는 설교의 목표와 내용, 그리고 형식의 3요소가 유기적으로 작용하여 말씀–사건의 목표를 성취하는 설교다. 해석학적인 실재론 설교의 목표는 방금 전에 확인한 바와 같이 하나님 나라의 실재 세계를 이루는 신자의 양심과 인격체, 그가 속한 가정과 교회가 하나님 말씀을 통한 온전한 통치를 경험하고 그러한 영적 경험이 일반 사회의 정치 경제 문화로 확장됨으로 그 교회와 신자들이 하나님의 영광을 만방에 비취도록 하는 것이다.

이러한 목표를 달성하기 위하여 설교자들은 해석학적인 실재론 설

---

52   Alister E. McGrath, *Christian Theology: An Introdoction*, 김기철 역, 『신학이란 무엇인가』 (서울: 복 있는 사람, 2014), 424-427.

53   김영한, "기독교 인식론으로서 해석학적 실재론," 『기독교철학』 9 (2009): 1-19. Daniël Louw, *Wholeness in Hope Care: On Nurturing the Beauty of the Human Soul in Spiritual Healing* (Wien, Zürich: LIT, 2015): 104-11.

교의 내용을 위하여 성경 본문을 구속 역사 관점으로 해석하여야 한다. 이 과정에서 성경 해석의 목표는 성경 본문이 가리키는 과거 하나님 나라의 실재 세계를 경험하는 것이다. 성경 본문이 가리키는 과거 구속 역사의 특정한 시기(또는 시점)에 성경에 등장하는 모범적인 인물들이나 성경 본문의 저자들, 그리고 선지자들과 사도들은 어떤 과정을 거쳐서 하나님 나라의 실제 세계를 살았는지, 그리고 그 세계에 개입하셨던 하나님의 절대 주권을 어떻게 경험하고 목격하였는지를 저자의 기억을 통하여 대리적으로 체험해야 한다(추체험). 이러한 본문 해석과 이를 통한 추체험의 과정은 설교자의 근면한 연구 활동이 선행해야 하지만 이와 아울러 그 해석과 묵상 과정에 성령 하나님이 깨달음의 빛을 제공하시는 조명 활동이 반드시 병행해야 한다.

이러한 연구와 묵상을 통하여 설교자는 성경 본문 안에서 하나님이 인격적으로 다가와서 말씀하시는 말씀-사건(Word-event)을 경험하게 되며, 이러한 말씀-사건의 경험은 교회 회중들 역시 설교자가 경험했던 말씀-사건의 일부를 경험하도록 설득 논리를 준비하여 전달하는 단계로 이어진다. 교회 회중들도 설교 메시지를 통하여 말씀-사건을 경험하도록 하려면, 설교 메시지의 설득 논리 저변에 반전의 깨달음을 담아야 한다. 설교 메시지가 청중에게 반전의 깨달음을 통한 말씀-사건을 경험하도록 하려면 유진 로우리가 제시하는 내러티브 설교 플롯이 효과적인 대안이 될 수 있다. 유진 로우리(Eugene Lowry)의 내러티브 설교 플롯은 서론의 1단계에서 질문을 던짐으로 청중의 마음에 평형감각을 뒤집기로부터 시작하여, 두번째 문제점 심화 단계, 세 번째 실마리를 암시하는 단계, 네 번째 복음의 해답을 선포하는 단계, 마지막으로 복음으로 인한 긍정적인 희망을 예상하는 단계로 종결된다.

해석학적 실재론 설교가 16세기 뉴잉글랜드 청교도 설교처럼 현대 청중에게도 탁월한 영향력을 발휘하려면, 설교자가 설교 메시지의 수사적인 형식을 통하여 청중에게 반전의 깨달음과 이로 인한 영적 감동을 제공해 주어야 할 뿐만 아니라 그 설교 메시지가 다루는 주제가 신자들이 관계를 맺고 살아가는 가시적인 일상생활의 현실 세계를 실제적으로 다루어야 한다. 앞서 확인한 바와 같이 16세기 뉴잉글랜드 청교도 설교가 당시 신자들의 양심 문제를 실천적 삼단논법으로 다루어서 대전제의 성경적 가르침과 소전제의 실제 가시적인 신자들의 신앙생활의 형편과 처지로 연결시켜서 구원의 확신이라는 결론에 도달할 수 있도록 했다.

이와 마찬가지로 21세기 한국교회 설교가 설교의 사사화와 가현설적인 설교로 인한 영적 정체성 상실의 문제를 극복하려면, 우리 설교가 신자들의 마음 내면의 문제만을 다룰 것이 아니라 코로나19시대 속에서도 여전히 살아 계시며 말씀으로 우리 신자들의 일상을 통치하시는 삼위 하나님 앞에서 각자 가정과 직장 일터, 그리고 생존 현장에서 거룩한 사고와 성품, 언어 활동, 이웃과 교회 공동체를 섬기고 배려하는 성품을 계발하고, 한국 사회 속에서 거룩하고 모범적인 양식으로 선도적인 영향력을 발휘할 수 있도록 권면하고 도전해야 한다.

6. 나가는 말

21세기 인코로나시대(In-Corona Era)를 살아가는 설교자 입장에서 과거 놀라운 교회 부흥을 이끌었던 청교도의 설교 역사를 연구해보니, 한편으로 아쉬운 생각과 또 다른 한편으로 간절한 기도가 사무친다. 잘 알려진 바와 같이 조지 휫필드가 미국 뉴잉글랜드 지역에서 말씀 사경회를 통하여 하나님의 말씀을 선포하였을 때 그의 설교로 인하여 강력한 회심과 교회의 부흥이 이어졌다. 방금 전까지만 하더라도 기독교를 거부하고 방탕한 생활, 음주, 폭력을 일삼았던 마을 청년들과 주민들이 모두 회개하고 집에서나 교회, 또는 마을 공터에 모일 때마다 대화 주제가 성경 말씀과 하나님, 그 분의 은혜와 사랑으로 바뀌고 말았다. 조지 휫필드가 말을 타고 지나간 마을마다 마치 불길에 사로잡힌 들판처럼 모두 회심을 경험하였으며 동네 분위기가 드라마틱하게 바뀌었다고 한다. 한 달 전까지만 하더라도 마을 술집이나 공터에 모여서 음담패설을 주고받았던 청년들 사이의 대화의 주제가 성경과 하나님의 말씀, 인간의 죄 문제, 그 죄를 용서하시는 하나님의 은혜와 그리스도의 사랑으로 바뀌었다.

그렇다면 그러한 부흥의 역사는 오늘 인코로나시대에는 전혀 불가능한 것인가? 한 여름밤의 화려한 꿈에 불과한 것인가? 부흥의 역사를 연구한 이안 머리(Ian H. Murray)에 의하면 1620~1858년까지 첫 번째 부흥 시기에 목회자들과 신자들에게 각인된 부흥에 대한 관점이 다시금 회복되어야 한다는 것이다.[54] 즉 부흥은 찰스 피니가 주장했던 것처럼 인간 설교자의 노력이나 기획을 통해서 준비할 수 있는 차원의 것이 아니라 철저하게 하나님의 절대 주권에 달렸다. 하지만 부흥이 인간의 노력의 산물이 아니라 하나님의 절대 주권에 달렸음을 강력하게 확신한다면, 과거 교회 역사에서나 현재 교회 역사에서나 동일하게 부흥을 주도하시는 성령 하나님은 모든 교회들이 하나님의 말씀으로 온전하게 회복되기를 원하시는 만큼 부흥에 대한 그러한 간절한 기대감을 모든 교회 신자들에게 부어주셔서 그들로 하여금 하나님의 부흥을 기대하고 사모하며 간절히 기도하도록 인도하실 것이다.

비록 지금의 한국교회의 영적인 기류가 성령 하나님의 강권적인 역사로 평양 대각성부흥운동과 60년대 폭발적인 부흥을 경험했던 세대의 영적인 기류와 무관해 보이더라도, 폭발적인 부흥의 시기와 영적인 폐허더미 속에서 부흥을 간절히 기다리는 시기는 서로 분리되거나 무관한 적은 단 한 번도 없었다. 이 두 시기가 2천년 교회 역사 속에서 항상 앞서거나 뒤서거나 시간 차이는 있었더라도 결코 분리되거나

---

54   Ian H. Murray, Rivival & Revivalism, 신호섭 역 『부흥과 부흥주의』 (서울: 부흥과 개혁사, 2005), 575.

어느 하나의 시기만 별도로 발생했던 적이 결코 없었다.[55] 지금이 영적으로 매우 건조하고 황폐한 침체의 시기라면 이 시기를 보내고 있는 우리는 그만큼 간절히 이전 우리 선조들이 경험했던 놀라운 부흥의 시기가 다시 임하기를 위하여 그만큼 간절히 기도해야 할 것이다. "한 세대가 심고 다른 세대가 거둔다"(요 4:37)는 것은 결코 폐할 수 없는 하나님 나라 법칙이기 때문이다.

---

55 Ian H. Murray, Rivival & Revivalism, 576. 대각성부흥운동을 경험했던 구학파 인사들은 "한 세대의 기도와 사역이… 다른 세대와 긴밀하게 얽혀 있다는 것이라고 믿었다."

4

마음을 움직이는 설교: 존 번연 연구
(Reaching the Heart in Preaching: A Study of John Bunyan)

조엘 비키 Joel R. Beeke
번역 **박덕준**

왕자가 거지에게 구제금을 받으려고 간청함을 보는 것은 이상한 장면일 것이다; 왕이 배신자에게 자비를 받아들이도록 간청하는 것은 더 이상한 장면이 될 것이다; 그러나 하나님께서 죄인에게 간청하심을 보는 것, 그리스도께서 문을 여는 자에게 수여하실 은혜로 가득찬 마음과 천국을 품으시고, "내가 문에 서서 두드린다"고 말씀하심을 듣는 것, 이것은 천사들의 눈을 부시게 할 만한 장면이다.[1]

—존 번연—

오늘날 우리는 성경적 설교가 전례없는 규모로 약화되고 있는 것을

---

1   John Bunyan, "Saved by Grace," in *The Works of John Bunyan*, ed. George Offor (1854; reprint, Edinburgh: Banner of Truth Trust, 1991), 1:350. This chapter is an enlarged version of an address given on October 22, 2010 for the New England Reformed Fellowship at its Bolton Conference in Whitinsville, Massachusetts. I am indebted to John Harris's "Moving the Heart: the Preaching of John Bunyan," in *Not by Might nor by Power*, Westminster Conference Paper, 1988 (London: Westminster Conference, 1989), 32–51, for several useful thoughts and quotations. I also wish to thank Kyle Borg for research assistance.

목격하고 있다.[2] 위대한 전도자 조지 윗필드(George Whitefield, 1714-1770)에 대한 대표적 전기에서, 아놀드 달리모어(Arnold Dallimore)는 성경적 설교자는 이런 사람들이라고 부른다:

> 성경에 대해서 능한 자들, 하나님의 위대하심, 위엄과 거룩감
> 에 삶이 지배당하는 자들, 은혜의 교리들의 위대한 진리로 정
> 신과 마음이 빛나는 자들… 그리스도를 위해 기꺼이 바보들이
> 되고자 하고, 능욕과 거짓을 짊어지고, 애쓰고 고통 당하며, 주
> 인의 엄위한 심판석 앞에 설 때 세상의 훈장이 아니라 주인의
> 인정을 얻는 것이 최고의 열망이 되는 자들… 바로 그들이 상
> 한 심령과 눈물 가득한 눈으로 설교하는 사람들이다.[3]

주권적 은혜에 정복당한 채로 시온산에서 내려온 목회자들은 어디에 있는가? 우리 주변을 돌아보면, 냉랭해져 가는 강대상으로 인해 교회가 비틀거리고 있는 듯하다.

그러나 이런 때에도 소망은 있다. 성경이 복음선포에 대한 필수조건들을 제시한다면, 설교의 역사는 주께서 그의 양 떼를 결코 포기한

---

2   T. David Gordon recently stated that in his opinion less than thirty percent of those ordained to the ministry in Reformed churches can preach a mediocre sermon (*Why Johnny Can't Preach* [Phillipsburg, N.J.: P&R, 2009], 11).

3   Arnold Dallimore, *George Whitefield: The Life and Times of the Great Evangelist of the 18th Century Revival* (Edinburgh: Banner of Truth Trust, 2009), 1:16.

적이 없다는 사실을 보여준다. 주께서는 모든 세대에 천국 지혜의 단순함으로 지옥의 문들을 맹렬히 공격할 자들을 세우셨다. 과거는 우리 시대에 주시는 격려를 발견하게 하는 소망의 등대가 된다. 훌륭한 청교도 설교자들 가운데, 존 번연(John Bunyan, 1628-1688)은 가장 높은 곳에 우뚝 서 있는데 이는 그가 하나님이 주신 능력을 가지고 그의 설교를 통해 정신뿐 아니라 마음까지 사로잡았기 때문이다.[4]

1. 설교자 번연

찰스 2세가 "청교도의 왕자" 존 오웬(John Owen, 1616-1683)에게 왜 그가 베드포드의 일자무식 수선공 존 번연의 설교를 들으러 갔는지 물은 적이 있었다. 이에 오웬이 "폐하께 만족스러운 대답이 되기를 바랍니다. 그 수선공의 설교 능력들을 제가 소유할 수 있다면, 제 모든 배움을 기꺼이 포기하겠나이다."라고 대답했다.[5]

1655년 그의 교회의 몇몇 형제들의 요청을 받아 27세의 번연은 다양한 베드포드의 회중들에게 설교사역을 시작했는데, 그가 여전히 자신의 구원에 대한 의심들로 고통을 당하고 있을 때였다. 초기 설교사

---

4   For a brief biography of Bunyan, see Joel R. Beeke and Randall J. Pederson, *Meet the Puritans* (Grand Rapids: Reformation Heritage Books, 2006), 101–108.

5   Andrew Thomson, "Life of Dr. Owen," in *The Works of John Owen* (1850–1853; reprint, Edinburgh: Banner of Truth Trust, 1965–1968), 1:xcii.

역에 대해 그가 쓰기를, "율법의 두려움들과 내 죄악들에 대한 죄책은 내 양심을 무겁게 짓눌렀다. 나는 내가 느끼던 것, 내가 고통스럽게 자각하던 것, 그리고 내 불쌍한 영혼을 짓눌러 놀랄만큼 신음하고 떨게 했던 것조차 설교했다....나는 쇠사슬에 묶인 채로 쇠사슬에 묶여 있던 자들에게 설교했다; 그리고 그들에게 주의하라고 설득했던 그 불을 내 자신의 양심에 지니고 있었다."[6]

수백명이 번연에게 왔는데, 이 사실은 그를 정말로 놀라게 했다. 올라 윈슬로(Ola Winslow)가 기록하기를, "그는 처음에 하나님께서 그를 통해 '누구의 마음에든지' 말씀하신다는 사실을 믿을 수 없었지만, 얼마 안되어 그럴지도 모른다고 결론지었고, 그의 성공은 확신이 되었다."[7] 앤 아놋(Anne Arnott)에 의하면, 번연은 "은혜로 구원 받은 죄인으로서, 자신의 어두운 경험으로부터 다른 죄인들에게 설교했다. 그는 말하기를, '나는 죽은 자들로부터 그들에게 보냄을 받은 자였다.' '몇몇 사람들이 말씀에 의해 만지심을 받고 자신들의 죄의 거대함과 예수 그리스도가 필요함을 깨달아 마음으로 크게 고통하기 시작할 때가 되서야, 나는 비로소 설교를 하게 된 것이다'."[8]

2년 내에 번연은 죄에 대해 덜 설교하고 그리스도에 대해 훨씬 더

---

6   Cited in Christopher Hill, *A Tinker and a Poor Man: John Bunyan and His Church, 1628–1688* (New York: Alfred A. Knopf, 1989), 103–104.

7   Ola Winslow, *John Bunyan* (New York: MacMillan, 1961), 75.

8   Anne Arnott, *He Shall With Giants Fight* (Eastbourne, U.K.: Kingsway, 1985), 67.

많이 설교하기 시작했다. 고든 웨이크필드(Gordon Wakefield)가 말하듯이, 그는 그리스도를 높였는데,

> 그의 "직분들"에 있어서, 즉 인간의 영혼과 세상을 위해 그가 하실 수 있는 모든 범위에 있어서 그러했다; 즉 불신적 자기 이익을 취하고 소비하는 거짓 안전장치들이나 철학들을 대체하는 구원자로서 그리스도를 높였다. 이 결과로, [번연이 말하기를] "하나님께서 나를 그리스도와 연합의 신비의 어떤 것 안으로 인도하셨"고 그는 칼빈의 영성의 핵심이었던 연합도 설교하게 되었다.[9]

그의 설교는 더 이상 "권면의 말씀"만 제공한 것이 아니라 신자들에게 건덕과 위로도 제공하였다. 이것은 그의 내적 소명감을 크게 강화시켰고, 그가 진리를 선포하고 있다고 자신을 설득하는 데에 큰 도움을 주었다.

그가 하나님의 말씀을 선포하기 시작한지 5년이 지난 1660년에 농장에서 설교하는 동안, 번연은 왕으로부터 공식적 강도권을 받지 않고 설교한다는 죄목으로 체포되었다. 번연이 결코 반역자나 정치인은 아니었지만, 베드포드 지방의 상류층은 그의 설교를 "회복된 정권과

---

9 Gordon Wakefield, *Bunyan the Christian* (London: Harper Collins, 1992), 32.

교회에 대해 많은 사람들이 느끼던 불만을 부채질하는" "위험한 선동 행위"로 여긴 듯하다.[10] 지역의 법관이었던 헨리 체스터(Henry Chester) 경은 번연에 대해 더욱 강력하게 기소했다: "그는 전염을 일으키는 자이고, 이 나라에 그와 비할 자는 없다."[11] 그래서 번연은 수감되었고, 12년 반 동안(1660-1672) 그는 거기서 많은 글을 쓰면서 신발끈을 만들게 되었다.

체포되기 전에 번연은 신실한 젊은 여인 엘리자베스와 결혼했었다. 그녀는 소경을 포함한 네 자녀를 돌봐야 하고 최근 유산했다는 사실을 근거로 들어 남편의 석방을 위해 반복해서 탄원했다. 판사는 그녀에게 남편으로 하여금 설교를 중단하게 하라고 말했다. 그러나 그녀는 "각하, 그는 말을 할 수 있는 한 설교를 멈추지 않을 것입니다."라고 말했다.[12] 번연은 자신이 결코 선동적으로 설교하지 않는다는 점을 확인시키기 위해서 법정의 관리들에게 자신의 모든 설교문을 넘기겠다고 제안했다. 그러나 아무 소용이 없었다. 결국 번연은 수감 생활을 계속해야 했는데, 성인이라면 영국교회의 예배에 적어도 한 번 이상 참여할 것을 규정하고 교회에 의해 허가받지 않은 종교적인 집회를 금지한 법령을 위반했다는 이유 때문이었다.[13]

---

10   Hill, *A Tinker and a Poor Man*, 106–107.

11   Ibid., 108.

12   "A Relation of the Imprisonment of Mr. John Bunyan," in Bunyan, *Works*, 1:61.

13   Ibid., 1:57, 59.

수감 기간 동안 번연은 설교에 대한 열정을 유지했다. "내 하나님의 선하신 손에 의해 내가 아무런 방해없이 5~6년간 자유롭게 우리 주 예수 그리스도의 복음을 설교했을 때…마귀 곧 인간 구원의 오랜 대적은 그의 종복들의 마음에 불을 일으킬 기회를 잡았다…결국 내게 판사의 영장이 제시되었고, 붙잡혀 감옥에 갇혔다."고 번연은 썼다.[14] 출감하면 무엇을 할 것인지를 물었을 때 그는 이렇게 대답했다. "내가 오늘 감옥에서 나가면, 내일 다시 하나님의 도움을 받아 복음을 설교할 것이다."[15] 다른 곳에서는 "죄책이나 지옥이 나를 내 사역에서 떼어낼 수 없었다"라고 말하고,[16] 그는 "내 재능을 발휘하고 있지 않을 때에는 결코 만족할 수 없었다"고 말을 이었다.[17]

그의 모든 역경 가운데 하나님의 말씀은 번연의 마음에 타오르는 불과 같았다. 사실 그는 하나님의 말씀을 위해 죽기를 기대했다. 그가 나중에 기록하기를, "내가 이 상황에 처했던 것은 하나님의 말씀과 그의 도를 위한 것이었[고] 나는 그것으로부터 머리카락만큼도 움찔대지 않고 충실히 임했다.…그가 나를 돌아보시든지 말든지, 또는 결국 나를 구원하시든지 말든지, 그의 말씀에 충실히 서는 것이 내 의무였다; 그러므로 내가 생각하기를, 눈을 가린 채 사다리에서 뛰어내려 영

---

14   Ibid., 1:50.

15   Ibid., 1:57.

16   "Grace Abounding," in Bunyan, *Works*, 1:42.

17   Ibid., 1:41.

원으로 떨어져 빠져 들어가든지 또는 헤엄치든지, 어떻게 되더라도 주 예수여, 만일 나를 붙잡으시려면 그리하소서; 그렇지 않더라도 주의 이름을 위해 기꺼이 그리하겠나이다."[18]

1661년과 1668-1672년에 어떤 간수들은 번연이 때로 감옥을 떠나 설교하도록 허락했다. 조지 오포르(George Offor)에 의하면, "베드포드 지방에 있는 많은 침례교 회중들의 기원(origin)은 번연의 자정 설교 덕분이라고들 한다."[19] 그러나 수감시절은 어려운 시련의 시기였다. 번연은 그의 『천로역정』(Pilgrim's Progress)의 주인공 '크리스챤'과 '믿음'이 이후에 (순례자들을 "더럽고 냄새 나는, 매우 어두운 지하감옥"에 던져 넣는) 거인 '절망'의 손에서 당할 고난을 경험했다. 번연은 특히 그의 아내와 자녀들, 특히 메리("내 불쌍한 눈 먼 아이")로부터 분리되는 고통을 느끼면서, 이를 "내 뼈에서 살을 뜯어내는" 것으로 묘사했다.[20]

설교자로서 번연의 인기는 그의 말년에도 약해지지 않았다. 그는 종종 런던을 방문했는데, 로버트 수디(Robert Southey)에 의하면, "그곳에서 그의 명성이 매우 커서, 하루 전에만 공지가 붙으면 그가 보통 설교했던 장소 '사우스와크에 있는 회집소'에 참석한 사람들의 절반도 들어올 수가 없을 정도였다. 3천 명이 그곳에 함께 모였고, 주중이나

---

18   Cited by Hill, *A Tinker and a Poor Man*, 109.

19   George Offor, "Memoir of John Bunyan," in Bunyan, *Works*, 1:lix.

20   "Grace Abounding," in Bunyan, *Works*, 1:48.

한국교회를 위한 청교도 설교의 유산과 적실성

어두운 겨울 아침 일곱시에도 천이백 명 이상이 모였다."[21]

번연은 사람들의 정신뿐 아니라 마음에 설교했다. 물론 이것이 가능했던 이유는 그 자신이 유혹이나 죄, 두려움을 잘 알았을 뿐 아니라 예수 그리스도 안에서 하나님의 은혜를 놀라운 방식으로 경험했었기 때문이었다. 번연의 『몇몇 열린 복음 진리들』(*Some Gospel Truths Opened*)의 서문에서 존 버튼(John Burton)은 저자에 대해 이렇게 기록했다: "그는 은혜로 세 천상의 단계들 즉 그리스도와의 연합, 성령의 기름 부으심 그리고 사탄의 시험들에 대한 경험을 거쳤는데, 이것들은 대학의 모든 배움과 학위들보다 더욱 한 사람을 복음을 선포하는 강력한 사역에 적합하도록 만들 만한 것이다."[22]

번연은 설교자의 직분을 매우 존중했다. 『천로역정』의 '크리스챤'이 '해석자'의 집으로 여행할 때 그에게 설교자의 모습이 제시되는데, 그는 "매우 진중한 사람"이고 그의 눈은 "하늘을 향해 들려있고 그의 손에는 최고의 책이 들려있다." 번연에 의하면, "진리의 법은 그의 입술에 기록되어 있었고, 세상은 그의 등 뒤에 있었으며, 그의 머리에는 금관이 놓여있었다. 그는 사람들에서 호소하듯이 서 있었다." '해석자'는 '크리스챤'에게 이 그림이 의미하는 바를 이야기한다: "그의 사역이 암흑의 일들을 알고 죄인들에게 알려주는 것임을 당신에게 보여주

---

21   Robert Southey, "A Life of John Bunyan," in John Bunyan, *Pilgrim's Progress* (London: John Murray and John Major, 1830), lxxiii.

22   "Some Gospel Truths Opened," in Bunyan, *Works*, 2:141.

는 것이요...자신의 주인을 섬기면서 품은 사랑 때문에 현재의 것들을 멸시하고 경멸하면서, 다음에 오는 세상에서 영광을 상급으로 얻을 것을 그가 확신하고 있음을 보여주는 것이요."[23] 여기에서 번연이 제시하는 설교자의 이상형을 발견할 수 있다. 번연에게 설교자란 하나님이 권위를 부여하신 영적 안내자이다. 고든 웨이크필드(Gordon Wakefield)가 쓰기를,

> 신약의 은유들을 가지고 '해석자'가 설명하기를, 이 사람은 (영적) 자녀들을 임신하고 그들을 해산하기 위해 몸부림치며 그들의 유모가 된다. 그의 태도와 그의 성경적 자료와 그의 입술 위에 쓰인 진리는 "그의 사역이 암흑의 일들을 알고 죄인들에게 알리는 것임"을 명백히 한다. 그는 자비와 심판의 신적 비밀들을 개봉한다. 이 세상을 부인하고 그의 상급이 올 세상에 있음을 믿는 것으로부터 그는 이것을 행해야 하는데, 이는 마치 번연과 많은 이들이 스튜어트 왕조 하에서 그러했듯이 그가 이곳에서 치욕과 경멸과 박해를 당할 것이기 때문이다.[24]

번연이 설교에 대한 품은 사랑은 말에 국한되지 않았다; 그는 또한

---

23   "The Pilgrim's Progress," in Bunyan, *Works*, 3:98.

24   Gordon Wakefield, *Bunyan the Christian* (London: Harper Collins Religious, 1992), 34. "Obloquy" is contemptuous and reproachful speech.

그의 회중에 대해 뜨거운 열심을 품었다. 그는 설교하기를 사랑했을 뿐 아니라 그는 사람들의 영혼을 사랑했다. "내가 설교할 때 정말로 고통을 겪었는데, 마치 아이들을 하나님께 낳아드리기 위해 산고를 겪음 같았다; 열매가 내 사역에서 나타나지 않으면 나는 만족할 수 없었다"고 그는 말한 적이 있다.[25] 다른 곳에서 그는 기록하기를, "만약 누군가 내 사역을 통해 깨어났다가 (때로 다수가 그러했던 것처럼) 이후에 다시 실족한다면, 내 몸뚱아리에서 태어난 내 자식들 중 하나가 무덤에 들어가는 것보다 그들을 잃는 것이 내게 더 위중한 일이라고 진실로 말할 수 있다."[26] 번연은 또한 영혼의 위대함에 압도되었다: "영혼과 그것의 구원은 너무 위대하고 놀라운 일들이기에, 무엇도 당신들 한 사람의 영혼보다 관심을 가질 일이 없고 가져서도 안된다. 집과 토지, 직업과 명예, 지위와 승진, 그것들이 구원과 무슨 상관이 있는가?"[27]

만약 누군가가 복음 사역에 부름을 받았다면, 그것은 번연이었다. 성령은 그에게 신적 축복을 부여했고 양심을 심각히 거스르지 않는다면 그는 그 재능들을 그냥 놓아둘 수 없었다. 수감되었을 때조차 번연은 자신의 시간 중 많은 부분을 그가 설교한 설교들을 책으로 묶는데

---

25   "Grace Abounding," in Bunyan, *Works*, 1:43.

26   Ibid.

27   "The Greatness of the Soul and Unspeakable of the Loss Thereof," in Bunyan, *Works*, 1:105.

사용했다. 크리스토퍼 힐(Christopher Hill)은 이렇게 결론짓는다: "『죄인의 괴수에게 넘치는 은혜』(Grace Abounding) 이전에 출판된 그의 모든 글들 그리고 아마도 그가 이후에 출판한 것들 대부분은 그의 설교들에서 나온 것으로 보인다." 힐의 추정에 따르면, 아마도 번연의 구두 설교들이 그의 출판된 작품들보다 훨씬 친근했을 것이고 감정적이었을 것이다. 또한 "인쇄물의 품위 속에서도 살아남은 일상 용어들, 포근한 느낌들은 그의 구두 설교에서 큰 역할을 했을지 모른다."[28]

2. 마음 이해하기

웅변술이나 열정이 번연을 그토록 강력한 설교자로 만든 것이 아니다. 캠브릿지나 어떤 대학의 학위들이 그런 것도 아니다. 번연을 모든 범위의 종교적 난관과 감정에 익숙해지게 만든 생생한, 경험적 믿음이 그를 강력한 설교자로 만들었다. 그는 어떤 교과서에서도 배울 수 없고 오직 살아있는 믿음의 학생으로써만 배울 수 있는 것들을 경험했다. 이것이 번연을 하나님의 손에 잡힌 매우 강력한 무기로 만들어, 그로 하여금 요새들을 무너뜨리게 했다. 그가 스스로 인정하듯이 그는 자신이 느낀 것을 설교했다.[29] 비록 번연의 영적 개인사에 대해 힐

---

28 Hill, *A Tinker and a Poor Man*, 104–105.

29 "Grace Abounding," in Bunyan, *Works*, 1:42.

한국교회를 위한 청교도 설교의 유산과 적실성

씬 더 많은 것들을 이야기할 수 있지만, 몇 가지 영역에 제한하겠다. 자신의 정신과 마음을 소개하고 있는 그의 자서전 『죄인의 괴수에게 넘치는 은혜』(*Grace Abounding to the Chief of Sinners*)에서 번연에 대해 추가로 읽을 것을 제안한다.

1) 공포

자신의 영적 상태를 평가하면서, 어릴 때부터 그의 불의함은 "비할 자가 거의" 없었다고 번연은 진술한다.[30] "잠잘 때에도 마귀들과 악한 영들에 사로잡혀 매우 괴로웠다"고 번연은 아홉살 때를 회상한다.[31] 그러나 이러한 외적 흔들림에도 불구하고 그는 죄를 즐기고 불경건한 벗들과 사귀기를 지속했다. 젊은 유부남으로서, 번연은 죄에 대한 자각을 갖게 되었는데, 특히 자신이 안식일을 경시하는 것에 대해 그러했다. 그러나 이 자각이 진정한 개혁으로 이뤄지지 않았다. 오히려, 그의 마음을 은혜에 대해 강퍅하게 만들었다. "나는 내가 죄 중에 취할 것 이외에 다른 안위를 얻지 못할 것이라고 확신했다."고 그는 말했다.[32]

한 불경건한 여인의 꾸짖음과 종교적 신앙고백자와의 만남이 번연

---

30 Ibid., 1:6.

31 Ibid.

32 Ibid., 1:8–9.

에게 외적 변화를 가져왔다. 몇몇 사람들의 기준에 따라, 그는 자신을 둘러싼 죄들 중 일부를 멀리하면서 새롭게 되었다. 그러나 이를 통해서도 "그리스도도, 은혜도, 믿음도, 소망도" 알지 못했다고 그는 말했다. 타인의 칭찬에도 불구하고 번연은 그 자신의 위선을 알았고 두려움 특히 죽음의 두려움에 압도되었다. 그는 자서전에서 교회 종이 울리기를 보고 싶었던 때에 대해 말한다. 그가 종탑 밑에 서 있었지만, 그는 종이 떨어져 그를 깔아뭉개지 않을까 두려워하기 시작하게 되자 기둥 밑으로 자리를 옮겼다. 그때 기둥이 쓰러질까 두려워하기 시작하게 되자 그는 다시 첨탑 문으로 이동했다. 그때 그는 첨탑 전체가 그 위에 쓰러지리라고 믿게 되었고, 결국 건물에서부터 멀리 도망쳤다.

번연은 그의 회심 전날 베드포드에서 네 여인이 사탄의 유혹과 갱생의 소망에 대해 말하는 것을 들었을 때에 관해 말한다. 이 대화를 엿들으면서 번연은 그의 영혼에 깊은 고통을 경험했다: "종교와 구원에 대한 내 모든 사고에 있어서 갱생은 내 생각에 들어온 적이 없었고, 하나님의 말씀과 약속의 평안에 대해서도 내 자신의 악한 마음의 기만과 배신을 알지 못했다."[33] 번연은 사람들이 영적으로 교제하는 것을 듣기 위해 자주 베드포드를 방문했고, 이로 인해 "마음의 큰 포근함과 부드러움"을 얻었는데 이는 "나로 하여금 성경을 통해 그들이

---

33   Ibid., 1:10.

단언하던 확신에 이르게 했다."[34] 하지만 그때도 율법과 그 자신의 죄악으로 인한 죄책의 공포는 번연의 양심을 무겁게 짓눌렀다.[35]

2) 의심

많은 유혹들 가운데에서 번연은 주의 보호하시는 손길을 경험했다. 성경은 점차 그에게 소중하게 되었지만, 읽으면 읽을수록 그는 자신의 무지함을 인정하게 되었다. 이러한 불신의 상황에서 번연은 자신의 믿음 없음을 보는 것을 스스로 두려워하고 있음을 깨달았다. 그러나 그는 믿음에 대한 일정한 지식에 이르기 전까지는 만족할 수 없었다. 그가 말하기를, "이것이 항상 내 생각 속에 있었다."[36] 번연은 씨름하면서, 그의 사후의 영원한 상태에 대한 걱정에 사로잡혔다: "나는 내 미래의 행복에 대한 새로운 의심 특히 내가 택하심을 받았는지의 여부에 대한 염려로 내 영혼이 공격 당하는 것을 발견하기 시작했다. 그런데 만약 은혜의 날이 이미 지나갔다면 내가 어떻게 택함을 받을 수 있을까?"[37]

비록 은혜가 그의 영혼에 임했지만, 의심은 번연을 괴롭혔다. "하

---

34   Ibid., 1:11.

35   Ibid., 1:42.

36   Ibid., 1:12.

37   Ibid., 1:13.

나님께서 내게 자비를 베푸시도록 나는 극심한 고통 가운데 그에게 울부짖어야 했다; 그러나 그때 이것들 같은 허황된 생각들에 다시 낙담해야 했다: 하나님께서 이런 것들, 즉 내 기도들을 비웃으셨을 것이다. 그가 이렇게 말씀하시면서… 마치 내가 내 자비와 아무 상관없었는데 그와 같은 자에게 수여하는 것처럼, 이 불쌍하고 보잘 것 없는 놈이 나를 갈망하는구나."라고 번연이 썼다. "슬프다, 불쌍한 바보여! 얼마나 네가 속고 있는가!"[38]

3) 은혜

공포와 의심의 시간들에도 불구하고, 번연은 점차 하나님의 은혜를 경험하게 되었다. 그가 기록하기를, "주님은 더욱 풍성하고 은혜롭게 자신을 내게 보이셨다; 그리고 실로 이것들로 인해 내 양심을 짓누르던 죄책으로부터 뿐 아니라 그 더러움에서부터 나를 구원하셨다; 유혹이 제거되었기에 나는 다시 바른 생각을 하게 되었다."[39] 이때부터 그의 마음에 악독함과 신성모독적 생각이 찾아올 때면, 번연을 그와 하나님을 화목하게 하신 그리스도의 보혈을 향해 날개쳐 올라갔다.

　1651년 하나님을 경외하는 한 무리의 여인들이 번연을 그들의 베드포드 목사였던 존 기포드(John Gifford)에게 소개했다. 번연은 특별

38　Ibid., 1:19.

39　Ibid.

히 기포드가 아가 4:1 즉 "내 사랑 너는 어여쁘고도 어여쁘다"에 대해 선포한 설교에서 도움을 받았다. 그는 또한 루터의 갈라디아서 주석을 읽으면서 감명을 받았는데, 거기서 그는 "마치 [루터의] 책이 자신의 마음에서부터 기록된 것처럼" 자신의 경험이 "폭 넓고 심오하게 다루어짐"을 발견했다.[40] 어느 날 들판을 걷고 있던 중 그리스도의 의가 번연의 영혼에 계시되었고 그의 영혼을 지배하게 되었다. 번연은 이 잊을 수 없는 경험에 대해 이렇게 기록한다:

> 어느 날 내가 들을 지나가고 있을 때, 그것도 모든 것이 옳지 않을지도 모른다는 두려움으로 어떤 생각들이 내 양심에 밀려올 때, 갑자기 이 문장이 내 영혼에 떠올랐다. "네 의는 하늘에 있다." 그리고 내가 또한 생각하기를, 내 영혼의 눈으로 예수 그리스도께서 하나님의 우편에 계신 것을 보았다; 말하자면, 거기에 내 의가 있었다; 따라서 내가 어디에 있었든지 또는 내가 무엇을 하고 있었든지, 하나님께서 나의 의를 원하신다고 말씀하실 수 없었던 것은 그것이 바로 그의 앞에 있었기 때문이었다. 더 나아가 나는 내 의를 더 낫게 만드는 것이 내 마음의 좋은 관점이 아니고 내 의를 더 나쁘게 만드는 것도 나의 나쁜 관점이 아닌 것을 보았다; 이는 내 의가 어제도, 오늘도, 그

---

40   Ibid., 1:22.

리고 내일도 동일하신 예수 그리스도 자신이었기 때문이다.

이제 참으로 내 사슬은 내 발에서 풀어졌고, 나는 나의 괴로움과 쇠사슬에서 풀려났고, 내 유혹들도 사라졌다; 따라서 그 때부터 하나님에 관한 무시무시한 성경은 나를 떠나 더 이상 괴롭히지 않게 되었다; 그제서야 하나님의 은혜와 사랑으로 인해 나는 기쁨으로 집으로 갔다.

얼마동안 나는 그리스도를 통하여 하나님과 화목하며 달콤하게 살았다; 내가 생각하기를, 오 그리스도여! 그리스도여! 내 눈 앞에는 그리스도 밖에 없었다. 나는 이제 그의 보혈, 장사됨과 부활의 그것 같이, 그리스도의 이 혜택과 다른 혜택을 분리해서 바라보지 않았으며, 그를 그리스도 전체로서 여기게 되었다!...

그의 승귀, 그의 모든 혜택의 가치와 편만함을 보는 것이 내게 영광스러웠고, 그것은 다음 이유 때문이었다: 이제 나 자신에서부터 그를 볼 수 있게 되었고, 내 안에서 이제 막 싹을 틔운 하나님의 그 모든 은혜들이 부자들이 황금을 집에 있는 트렁크에 둔 채 지갑에 갖고 다니는 갈라진 은화들[그로트 = 4 펜스짜리 은화]과 4 펜스 반 페니와 같음을 깨닫게 되었다. 아, 내 황금이 집에 있는 트렁크에 있음을 보았다! 내 주요 구세주 그리

스도 안에서! 이제 그리스도가 전부였다.[41]

번연은 죄, 죄의 자각, 유혹, 의심, 두려움, 사탄, 용서와 은혜를 알았다. 그가 기록하기를, "하나님께서 한 사람에게 그가 지은 죄와 그에게 합당한 지옥과 그가 상실한 천국을 보여주실 때; 하지만 그리스도와 은혜와 죄사함이 주어질 수 있음도 [보여주실 때]; 이것이 그를 심각하게 만들 것이고, 이것이 그를 녹여버릴 것이고, 이것이 그의 마음을 고통스럽게 만들 것이다…그래서 이 사람의 마음과 인생과 대화와 모든 것이 그의 소중하고 불멸하는 영혼의 영원한 구원의 일들에 매진하게 될 것이다."[42] 번연의 경험은 그의 설교의 생명이었다. 그의 말들은 단지 수사적 행위가 아니었고, 죄의 지극히 죄악됨과 은혜의 복음의 영광스러운 진리를 본 자의 말들이었다. 번연은 하나님께 만지심을 받은 사람으로서 설교했다.

3. 마음에 설교하기

경험적 지식은 번연으로 하여금 그의 설교의 화살을 사람들의 마음에 조준하도록 만들었다. 사람이 마음으로 "이해하고, 결단하고, 감정을

---

41   Ibid., 1:36.

42   "The Acceptable Sacrifice," in Bunyan, *Works*, 1:719.

품고, 따지고, 판단하기" 때문에,[43] 번연은 그의 설교에서 이해와 의지와 감정과 이성과 판단을 "일깨우는 말"을 전하기를 의도적으로 추구했다.[44] 올라 윈스로우(Ola Wislow)는 기록하기를, "번연은 그의 말 뒤에 감정적 압박를 배치할 수 있는 재능을 소유했고, 그는 또한 그의 청중에게 이곳과 지금의 긴급성을 절실히 느끼게 하는 방법을 알았다."[45]

주로 성경과 용어색인(concordance)을 가지고 준비하고, 성경에 깊이 뿌리박은 설교를 하면서, 번연은 그가 느끼는 것과 그의 청중에게 열망하는 바를 설교했다. 그는 기록하기를, "내가 오늘 말하는 것을 듣는 이들이 죄와 죽음과 지옥과 하나님의 저주가 무엇인지, 또한 예수 그리스도를 통해 하나님의 은혜와 사랑과 자비가 무엇인지, 내가 본 대로 보게 된다면 얼마나 좋을까."[46] 그가 어떻게 마음을 움직이는 설교를 했는지를 다 잘 이해하기 위해서, 번연의 설교에서 다음 세 가지 특징을 살펴보자: 참여유도적(participatory), 호소적(pleading), 그리스도를 높이는(Christ exalting) 설교.

43　"The Greatness of the Soul," in Bunyan, *Works*, 1:108.

44　While only one treatise in Bunyan's works is labeled as a sermon, much of his writings elsewhere were either reworked sermons or at least mirrored the way he preached. Consequently, I have taken liberty to draw from many of his writings and apply it to the way he would preach.

45　Winslow, *John Bunyan*, 75.

46　"Grace Abounding," in Bunyan, *Works*, 1:42.

1) 참여유도적 설교(*Participatory Preaching*)

설교를 듣는 자들은 구경꾼들일 뿐 아니라 참여자들이 되어야 한다고 번연은 믿었다. 이를 위해서 그는 그의 청중을 2인칭을 사용하여 매우 친밀하게 불렀다. 그는 직설적이었는데, 종종 이름을 불러 다양한 경우의 양심을 요청하곤 했다. 그는 또한 예화를 사용하고 단순하게 설교하여 평민도 그의 설교 듣기를 좋아했다.[47] 웨이크필드가 말하기를, "그가 삶과 죽음, 천국과 지옥의 문제들을 가지고 그의 청중을 도전했을 때, 그는 서민적이었고 구어체를 사용했는데," 종종 허용가능하고 상상력이 풍부한 방식으로 성경을 확장하였다. 예를 들어, 그가 요한복음 6:37을 설교할 때, 아버지께서 그리스도께 주신 자들은 "그에게 나오리라(shall come to Him)는 표현에서, 번연은 '나오리라'(shall come)는 말을 그 이름의 인물로 변환시킨다. 떠는 의심자들[구원의 확신을 갖지 못한 자들]의 반론에 대해서는 염려하지 말라고 확신시킴을 통해 응답하는데, 이는 '*나오리라*(Shall-come)께서 이 모든 것에 응답하셨기 때문이오…. *나오리라*께서 그들을 이 죽음에서 일으키실 수 있습니다.'라고 그들에게 말한다."[48] 이러한 방식들과 다른 많은 방식으로 번연은 그의 청중을 설교에 끌어들여 그들이 참여자가 되게 하였다.

---

47   John Brown, *Puritan Preaching in England* (London: Hodder and Stoughton, 1900), 149.

48   Wakefield, *Bunyan the Christian*, 38–39.

설교에 있어서 번연의 단순명료함에 대한 예화는 차고 넘친다. 예루살렘 죄인들에 대한 설교에서 번연은 베드로의 설교를 이렇게 묘사한다:

회개하라, 너희 모든 자들아; 세례를 받으라, 너희 모든 자들아, 그의 이름으로, 죄사함을 위해, 그리하면 너희들이, 너희 모든 자들이, 성령을 선물로 받으리라.

반대자: '하지만 저는 그의 생명을 빼앗는 음모에 가담한 자들 중 하나였습니다. 제가 그에 의해 구원 받을 수 있겠습니까?'

베드로: '너희 모든 자들[이 구원 받으리라.]'

반대자: '하지만 저는 그에 대해 거짓 증언을 했던 자들 중 하나였습니다. 제게도 은혜가 주어지겠습니까?'

베드로: '너희 모든 자들에게 [은혜가 주어진다.]'

반대자: '하지만 저는 그를 십자가에 못박으라, 그를 못박으라고 외쳤고 그 보다는 살인자 바라바가 살기를 원했던 자들 중 하나였습니다. 제가 어떻게 되리라고 생각하십니까?'

베드로: '나는 회개와 죄사함을 너희 모든 자들에게 설교하려는 것이다'라고 베드로가 말합니다.

반대자: '하지만 저는 그가 고소자들 앞에 섰을 때 그의 얼굴에

침 뱉었던 자들 중 하나였습니다. 또한 저는 그가 나무 위에서 피흘리며 고통 중에 달려있을 때 그를 비웃던 자입니다. 제게도 가능성이 있을까요?

베드로: '너희 모든 자들에게'라고 베드로가 말합니다.

반대자: '하지만 저는 그의 극심한 고통 중에 그에게 쓸개 탄 포도주를 주어 마시게 하라고 말했던 자들 중 하나였습니다. 고통과 죄책이 제게 있을 때 왜 똑같이 되리라고 예상하지 않을 수 있습니까?

베드로: '네 악함들을 회개하라, 그러면 너희 모든 자들에게 죄 사함이 있다.'

반대자: '하지만 저는 그를 비난했고, 그를 욕했고, 그를 미워했고, 그가 다른 이들에게 모욕당함 보기를 즐거워했습니다. 제게도 소망이 있을까요?

베드로: 그렇다. 너희 모든 자들에게. '회개하라, 너희 모든 자들아; 세례를 받으라, 너희 모든 자들아, 그의 이름으로, 죄 사함을 위해. 그리하면 너희들이, 너희 모든 자들이, 성 령을 선물로 받으리라.'[49]

번연의 글들은 그가 그의 청중에게 죄와 은혜에 대한 강력한 증거

---

49   "The Jerusalem Sinner Saved," in Bunyan, *Works*, 1:71–72.

를 제시하고 나서 그들에게 판결을 내리라고 요청하는 방식으로 설교했다고 암시한다. 번연이 말씀 선포를 인간의 판단에 종속되는 것으로 여겼다는 것이 아니다; 오히려, 그는 그의 청중을 무장해제시켜 명백히 그들로 하여금 그 자신의 죄와 비참을 보게 하고 그리고 나서 은혜의 영광을 드러내려고 했다. 이에 있어서 번연은 그의 청중과 친밀한 연결점을 만들었다. 그가 기록하기를, "내가 하나님께 감사하는 것은 그가 내게 그들의 영혼들을 향한 어느 정도의 안타까움과 긍휼함을 주셔서, 나로 하여금 매우 부지런하고 열심히 애쓰게 하시고, 하나님께서 복 주시면, 양심을 사로잡고 일깨울 수 있을 단어를 발견하게 하셨다는 점이다."[50]

번연은 용서와 은혜뿐 아니라 죄와 심판의 진리에 대해 응답하라고 그의 청중과 열정적으로 논쟁했다. 그가 말하기를, "불쌍한 죄인이여, 깨어나십시오; 영원이 다가옵니다. 하나님과 그의 아들, 그 두 분께서 세상을 심판하러 오십니다; 깨어나십시오, 여전히 잠들어 있을 것입니까, 불쌍한 죄인이여? 나로 당신 귀에 다시 한 번 트럼펫을 설치하게 하십시오! 천국이 곧 타오르는 불꽃 위에 놓일 것이니; 세상과 그 모든 일들은 타버릴 것이고, 악한 자들은 지옥에 갈 것입니다; 듣고 있습니까, 죄인이여?"[51] 번연은 단지 진리를 단언하는 것에 만족하지 않았다; 그는 청중의 귀에 "트럼펫을 놓아" 반응하지 않을 수 없게 했

---

50   "Grace Abounding," in Bunyan, *Works*, 1:41.

51   "The Strait Gate," in Bunyan, *Works*, 1:386.

다. 그가 설교하기를, "죄인이여, 권고를 받으십시오; 당신 마음에 다시 한 번 물으십시오, '내가 예수 그리스도께 나왔는가?' 이는 '내가 나왔는가 아니면 그렇지 않는가?'라는 이 질문에 천국과 지옥이 달려 있기 때문입니다. 만약 당신이 '여기 있나이다'라고 말하면 하나님께서 그 말을 인정하실 것이니, 당신은 행복하고 행복하고 행복한 자입니다! 그러나 당신이 나오지 않으면, 당신을 행복하게 할 수 있을 것이 무엇이겠습니까? 그렇습니다. 어떻게 생명을 위해 예수 그리스도께 나오지 않아서 지옥에서 저주를 받을 사람이 행복할 수 있겠습니까?"[52]

번연은 마음-탐색(heart-searching)을 격려했다. 그는 청중이 말씀을 듣는 데에 만족하도록 내버려두지 않고, 마음으로 진리를 찾도록 했다. 그래서 그가 경고하기를, "아, 친구들이여, 지금은 자비의 소망이 있지만 앞으로 그렇지 않을 것임을 고려하십시오; 지금은 그리스도께서 당신들에게 자비를 베푸시지만 앞으로는 그러지 않으실 것입니다. 지금은 당신에게 그의 은혜를 받아들이라고 간청하는 그의 종들이 있지만, 만일 당신 손에 놓인 이 기회를 잃어버린다면, 당신이 나중에 직접 간청하더라도 당신에게 자비는 주어지지 않을 것입니다."[53]

그의 모든 설교에서 번연은 그의 회중이 선포된 말씀에 반응하도록

---

52   "Come and Welcome to Jesus Christ," in Bunyan, *Works*, 1:296.

53   "A Few Sighs from Hell," in Bunyan, *Works*, 3:702.

촉구하였다. 설교는 교실의 강의가 아니었다. 오히려, 그것은 죄인을 끌어들여 마음의 능력들과 조우하여 반응을 강제하기 위한 것이었다. 그의 설교에는 긴박함이 있었다. 번연에게는 단지 진리를 선포하고 미래에 반응이 있으리라고 소망하는 것은 충분치 않았다. 마치 대장장이가 철이 뜨거울 동안 내리쳐야 함을 아는 것처럼, 번연은 즉각적인 반응을 요구했다. 그는 그가 설교하는 모든 사람이 그 메시지에 반응하기 전까지는 편안히 쉴 수 없었다; 그는 자기의 회중이 마쳐야 할 일을 내려놓고 집에 돌아가기를 허락할 수 없었다. 그의 명령은, "오늘 당신들이 그의 음성을 듣거든 당신들의 마음을 완고하게 하지 마십시오."(히 4:7)였다.

2) 호소적 설교(Pleading Preaching)

사탄의 유혹의 권세를 알고 있기에, "오! 이 사자의 분노와 포효함, 주 예수 그리스도와 그의 보혈로 산 자들에 대항해 드러내는 증오여!"라고 번연은 기록했다.[54] 어떤 의미에서 목사들은 사탄의 궤계들로부터 배울 것이 있다. 마귀는 영혼을 괴롭히기 위해, 사람들의 마음을 유도해 그리스도를 버리도록 하기 위해, 그들을 꼬드겨 죄와 유혹을 감싸 안도록 하기 위해 산다. 번연에 의하면, 사탄의 호소에 대응하는 최고

---

54 "The Jerusalem Sinner Saved," in Bunyan, *Works*, 1:96.

의 방법은 설교자들이 "자신의 활에서 마귀보다 더 잘 쏘는 것"이다.[55] 그는 단지 사람들의 눈 앞에 삶과 죽음을 펼쳐 놓지 않았고, 죄를 버리고 그리스도 안에서 생명을 감싸안으라고 가능한 모든 방법을 동원해서 그들에게 호소했다. 번연이 말하기를, "나는 사슬에 묶여 있는 자들에게 설교하기 위해 내 자신을 사슬에 맸다; 그리고 그 불을 내 자신의 양심에 짊어지고 그들에게 정신 바짝 차리라고 설득했다."[56]

그의 호소에서, 번연은 영원한 정죄의 끔찍한 모습들을 묘사했다. 그가 말하기를, "내 말씀 선포에 있어서 나는 이 한 가지에 특별히 주목했는데, 즉 주님께서 그의 말씀이 죄인들을 대해서 시작하신 지점에서 내가 시작하도록 나를 인도하셨다는 사실이다; 말하자면, 모든 육체를 정죄하신 지점, 그들이 세상에 들어올 때 죄 때문에 하나님의 저주가 율법에 의해 모든 사람에게 속하고 그들을 소유한다고 공개적으로 주장하신 지점 말이다."[57] 번연이 호소하기를, "잃어버린 영혼은 다시는 발견되지 않을 것이고, 다시는 회복되지 않을 것이고, 다시는 구속되지 않을 것입니다. 하나님으로부터 그것이 버려짐은 영속한 것입니다; 영혼이 타고 괴로움을 당해야 할 그 불은 영원한 불, 영원히 타는 불입니다. 그것은 두려운 것입니다." 번연이 계속하기를, "이제 별들에게 말하십시오, 이제 물방울들에게 말하십시오, 이제 온 땅 위

55   "The Law and Grace Unfolded," in Bunyan, *Works*, 1:572.

56   "Grace Abounding," in Bunyan, *Works*, 1:42.

57   Ibid.

에 퍼져있는 풀의 끝부분들[아주 사소한 것들]에게 말하십시오, 만약 할 수 있다면; 하지만 저주받은 영혼이 지옥에 누워있을 수십 억, 수십 조년을 헤아리기 전에 빨리 그리하십시오."[58]

번연은 그리스도께 돌이켜 살라고 죄인들에게 호소하면서 종종 하나님, 그리스도 그리고 지옥으로 향하는 죄인의 역할을 대역했다. 특히 그리스도인이라고 주장은 하지만 열매를 맺지 않는 사람을 메마른 무화과 나무에 비유하는 그의 설교에서 특히 그러하다. 번연의 호소를 들어보라:

죽음아, 와서 나 곧 이 무화과 나무를 쳐라. 그러자 주께서도 이 죄인을 흔드시고 그를 병상에 던지시며 말씀하시기를, 죽음아 그를 데려가라. 그는 내 인내심과 자비가 그로 회개와 그에 합당한 열매에 이르게했어야 함을 기억하지 않고 이를 남용했노라. 죽음아, 이 무화과 나무를 들어다가 불에 던지라, 이 메마른 신자를 지옥에 던지라! 이에 죽음이 무자비한 모습으로 침실에 들어온다; 그렇다, 그리고 지옥이 그와 함께 침대 옆으로 따라와, 둘이 이 신자의 얼굴을 뚫어져라 본다. 그렇다, 그리고 그에게 손을 대기 시작한다; 하나가 그를 때려 그의 몸에 고통을 주니, 두통, 심통, 등의 통증, 가쁜 호흡, 기절, 현기

---

58   "The Greatness of the Soul," in Bunyan, *Works*, 1:124.

증, 마디 떨림, 소화불량, 그리고 회복할 가능성이 없어진 거의 모든 증상이 있구나. 이제, 죽음이 몸을 괴롭히는 동안, 지옥이 정신과 양심을 다루면서 그들을 쳐 고통을 주니, 이곳에서 불꽃을 던지고, 슬픔과 영원한 정죄의 두려움으로 이 불쌍한 피조물의 영을 상하게 한다. 이제 그는 스스로 생각하고 하나님께 자비를 구하며 울부짖기 시작한다; 주여, 나를 구하소서! 주여, 나를 구하소서! 하나님께서 말씀하시기를, 안된다, 너는 이 3년 동안 내게 골치거리였다. 몇 번이나 나를 실망시켰느냐? 몇 계절이나 헛되이 보냈느냐? 얼마나 많은 설교와 다른 자비들을 내 인내 가운데 네게 주었느냐? 하지만 아무 소용이 없었다. 죽음아, 그를 데려가라![59]

번연은 열매 없는 신자의 죽음을 매우 강력하게 묘사하여 마치 당신이 침대 옆에 서있는 것처럼 느끼게 한다. 에롤 헐스(Erroll Hulse)가 말하는 것처럼, "번연은 나무가 베어지는 예화를 매우 잘 끌고 가서, 결국에는 도끼질, 무시무시한 죽음의 딸랑거림, 회개치 않는 자의 숨 너머감의 메아리들이 남게 만든다."[60]

번연은 사람들에게 호소하여 죄와 지옥의 혹독함을 보게 했지만, 동시에 그는 하나님의 자비를 간절히 구했다. 그가 촉구하기를, "당신

---

59   "The Barren Fig Tree," in Bunyan, *Works*, 3:579–80.

60   Erroll Hulse, *The Believer's Experience* (Haywards Heath, Sussex: Carey, 1977), 64.

의 눈을 조금만 높이 들어 바라보십시오, 저기 당신이 나아가 구원을 구할 시은좌와 은혜의 보좌가 있습니다."[61] 그는 추가하기를, "나아오는 죄인이여, 그리스도의 말씀에서 무슨 약속을 발견하든지 그것이 소멸되지 않도록 할 수 있는 한 꼭 붙잡으십시오, 그러면 그의 보혈과 공로가 모든 것에 답하실 것입니다; 무슨 말씀이든지 또는 그것으로 인한 무슨 참된 결과든지, 우리가 담대히 맞닥뜨리기 위해서 [꼭 붙잡으십시오]⋯당신이 누구이든지 [주님께] 나오기만 하면 당신이 나오도록 허락받을 것임을 믿으십시오."[62]

만약 사탄이 사람들의 영혼에 호소하기를 한 순간도 쉬지 않는다면, 설교자들도 사람들의 영혼에 호소하는 위대한 책임으로부터 쉬어서는 안된다. 그리고 우리의 모든 호소함에 있어서, 우리는 죄악이 추하고 경멸할 만한 것임을 드러내고, 그리스도는 온전히 사랑스럽게(아 5:16) 보이도록 하기를 힘써야 한다. 이는 우리 대적이 그 반대로 애쓰기 때문이다. 마음에 호소하는 번연의 능력은 대부분 그 자신의 영적 여정에서 비롯되었다. 죄와 죄책의 무게에 대한 그의 경험 때문에, 번연은 죄의 자각하에 있는 자들에게 호소할 수 있었다; 그가 신적 은혜를 맛보았기 때문에, 그는 똑같이 하나님의 자비를 구할 수 있었다. 요약하자면, 번연이 기록하기를,

---

61   "The Saint's Privilege and Profit," in Bunyan, *Works*, 1:647.

62   "Come and Welcome," in Bunyan, *Works*, 1:263.

내가 2년 동안 지속해서 사람들의 죄들에 대해서 그리고 죄들로 인한 그들의 두려운 상태에 대해서 외쳤다. 이 이후에 주께서 내 영혼에 그리스도를 통해 고요한 평화와 평안으로 찾아오셨는데, 그리스도를 통한 그의 복된 은혜에 관해 많은 달콤한 것들을 발견하도록 내게 허락하셨기 때문이다…. 나는 여전히 내가 보고 느낀 것을 설교했다: 그러므로 나는 세상에 대한 그의 모든 직분들과 관계들과 은택들에 있어서 예수 그리스도를 상세히 소개하기 위해 애썼다.[63]

예를 들어보자. 번연은 큰 죄인을 대역하면서 기록하기를, "당신이 무릎을 꿇을 때, 이렇게 말하십시오: '주여, 여기 예루살렘 죄인이 있나이다! 초대형 죄인! 가장 큰 규모와 가장 무거운 무게의 짐을 진 자! 돕는 손길이 없다면 오래 버티지 못하고 지옥에 빠져들 수 밖에 없는 자'…. 막달라와 므낫세 죄인들이 성공했듯이 당신도 성공하려면, 당신의 이름에 막달라나 므낫세를 넣으십시오!"[64]

3) 그리스도를 높이는 설교(Christ-Exalting Preaching)

은혜의 지배를 받는 마음의 유일한 목표는 예수 그리스도를 계시된

---

63   "Grace Abounding," in Bunyan, *Works*, 1:42, emphasis mine.

64   "Jerusalem Sinner Saved," in Bunyan, *Works*, 1: 89.

말씀으로서 그리고 그 말씀에 기반하여 개인이 경험한 그리스도로서 높이고 찬양하는 것이다. 번연은 이 둘에 다 뛰어났다.[65] 그는 특히 그리스도와 그의 은혜의 풍성함에 초점을 맞추어, 그의 청중들로 하여금 그들의 구세주를 높이도록 감화하였다. 그가 설교하기를, "오 하나님의 아들이시여! 은혜가 모든 눈물에 있었고, 은혜가 주님의 보혈과 함께 주님 곁에서 부풀어 올랐으며, 은혜가 주님의 달콤한 입의 모든 말씀과 함께 나왔나이다. 채찍이 주님을 쳤던 곳에서, 가시가 주님을 찔렀던 곳에서, 못과 창이 주님을 꿰뚫었던 곳에서 은혜가 나왔나이다. 오 복된 하나님의 아들이시여! 은혜가 실로 여기 있나이다! 헤아릴 수 없는 은혜의 풍성함! 천사들로 경탄하게 할 은혜, 죄인들로 행복하게 할 은혜, 마귀들도 놀라게 할 은혜가 [여기 있나이다]."[66] 번연에게 있어서, 이 은혜는 지속되는 것인데, 이는 이것이 결코 소멸하지 않을 것이기 때문이다.[67]

번연이 제일 사랑한 일은 열정과 신학적 웅장함을 담아 교리적으로 그리스도를 선포함을 통해 그를 높이는 것이었다:

---

65   Austin Kennedy DeBlois, "England's Greatest Protestant Preacher," in *John Bunyan, the Man* (Philadelphia: Judson Press, 1928), 156–57.

66   "Saved by Grace," in Bunyan, *Works*, 1:346.

67   See Robert Alan Richey, "The Puritan Doctrine of Sanctification: Constructions of the Saints' Final and Complete Perseverance as Mirrored in Bunyan's *The Pilgrim's Progress* (Th.D. diss., Mid-America Baptist Theological Seminary, 1990).

나는 내 설교가 힘들지 않음을 알았는데, 특히 그리스도에 의한 생명의 교리를 다루었을 때에는 마치 하나님의 천사가 내 등 뒤에 서서 격려하시는 것 같았다. 내가 그것을 열어 보여주고 다른 이들의 양심에 촉구하려고 애쓰고 있는 동안에, 오, 그것은 내 자신의 영혼에 대단한 능력과 천상의 증거였기에 "나는 믿고 확신합니다"라고 말하는 것에 만족할 수가 없었다; 내가 생각하기에, (그렇게 표현하는 것이 적합하다면) 내가 단언하는 것들이 참되다는 것을 확신하는 것 이상이었다.[68]

번연의 설교는 믿음의 중대한 문제들을 다루는데 있어서 교리적이었을 뿐 아니라 또한 송영적(doxological)이어서, 일깨워진 마음들로부터 찬양을 이끌어 내었다. 그가 말하기를, "오 은혜여! 오 놀라운 은혜여! 왕자가 거지에게 구제금을 받으라고 간청하는 것을 보는 것은 이상한 장면일 것이다; 왕이 배신자에게 자비를 받아들이도록 간청하는 것은 더욱 이상한 장면이 될 것이다; 그러나 하나님께서 죄인에게 간청하시는 것을 보는 것, 그리스도께서 문을 여는 자에게 수여하실 은혜로 가득찬 마음과 천국을 품으시고, '내가 문에 서서 두드린다'고 말씀하시는 것을 듣는 것, 이것은 천사들의 눈을 부시게 할 만한 장면이

---

68 "Grace Abounding to the Chief of Sinners," in Bunyan, *Works*, 1:42; cited in DeBlois, "England's Greatest Protestant Preacher," 158.

다."[69] 이러한 송영적 강조는 오늘날의 설교에서도 특징이 되어야 한다. 윌리엄 퍼킨스(William Perkins)의 말을 빌자면, "그리스도 한 분만, 그리스도에 의해, 그리스도의 영광을 위해 설교하십시오."[70]

번연에게 그리스도를 높이는 것은 단지 그를 찬양하는 것 이상을 의미했는데, 이는 그가 우리를 회심시키셨기 때문이다. 궁극적으로 번연은 구원받은 자들은 영광 중의 예수 그리스도를 영원히 높여야함을 염두에 둔다:

> 그때[몸과 영혼이 천국에서 영광스럽게 될 때] 우리는 완전하고 영원한 하나님과 그 복된 이, 그의 아들 예수 그리스도의 환상들(visions)을 소유하게 될 것이다… 그때 우리의 의지와 감정들은 하나님과 그의 아들 예수 그리스도께 대한 사랑의 타오르는 불꽃 안에 영원히 있게 될 것이다… 그때 우리의 양심은 사람들이나 천사들의 언어나 펜으로 형용할 수 없는 평화와 기쁨을 얻게 될 것이다… 그때 우리의 기억이 확장되어 이 세상에서 우리에게 일어난 모든 일들을 저장하게 될 것이다…그리고 어떻게 하나님께서 모든 행사 전체를 (우리 마음들을 영원히 황홀하게 만드실 정도로) 그의 영광과 우리의 복을 위해 만

---

69   "Saved by Grace," in Bunyan, *Works*, 1:350.

70   William Perkins, *The Art of Prophesying* (Edinburgh: Banner of Truth, 2002), 79.

한국교회를 위한 청교도 설교의 유산과 적실성

드셨는지 [저장하게 될 것이다].[71]

번연은 그러한 존귀는 성령께서 신자들의 영혼에서 은혜로운 사역을 하심을 통해서만 가능하다고 가르쳤다:

이 성령에 의해서 우리는 그리스도의 아름다움을 보게 되는데, 이를 보지 않고서 우리는 결코 그를 갈망하지 못하고 반드시 그를 무시한 채 살아 멸망하게 될 것이다. 이 성령에 의해서 우리는 하나님께서 흠향하실 만한 찬양을 드리도록 도움을 받지만, 성령이 없이는 그 찬양이 [하나님 귀에] 들려 구원에 이르는 것이 불가능하다. 이 복된 성령에 의해서 하나님의 사랑이 우리 마음에 널리 주어지고, 우리 마음이 하나님의 사랑을 향하게 된다.[72]

마지막으로, 번연은 이 영광스러운 그리스도를 높이는 구원이 우리를 감화하여 하나님을 향한 갈망과 환희를 갖게 하는지 반복해서 강조한다. 이는 우리가 그분께 나아오고 그토록 영광스러운 구세주와 함께 하라고 초대하시는 따스함과 진정성을 보게 될 때 특별히 그러하다. 번연이 기록하기를,

---

71 "Saved by Grace," in Bunyan, *Works*, 1:341–42.

72 Ibid., 1:346.

오 죄인이여! 당신은 무어라 말하겠습니까? 당신은 구원 받음을 어떻게 좋아하겠습니까? 그대의 입이 물을 마시지 않으렵니까? 그대의 마음이 구원받음에 대해 소리치지 않으렵니까? 그렇다면, 오십시오: "성령과 신부가 말씀하시기를 오라 하시는도다. 듣는 자도 오라 할 것이요 목마른 자도 올 것이요 또 원하는 자는 값없이 생명수를 받으라 하시더라"(계 22:17).[73]

4. 결론

존 번연은 그리스도인의 삶의 실패들과 승리들을 경험했다. 그의 영혼은 죄로 눌려 있었지만 그는 또한 예수 그리스도의 은혜의 풍요를 깊이 마시는 것을 배웠다. 그의 영적인 여정은 그로 하여금 죄인들과 신자들을 그들이 처한 곳에서 만날 수 있게 만들었다. 우리는 이 유명한 청교도 설교자로부터 많은 것을 배울 수 있다. 비록 강단들이 유머강사들, 이야기꾼들, 대중 심리학자들의 무대가 되면서 미국의 교회가 약화하고 있지만, 베드포드 출신의 수리공은 나태함과 영적 사망의 시대에도 성령의 강력한 능력에 대한 놀랄만한 기념비로 남아있다. 하나님께서 어떻게 이 세상의 약하고 어리석은 것들을 사용하여

---

73   Ibid., 1:342.

지혜로운 자들을 부끄럽게 하시는 것을 보는 것은 놀랍다: 번연의 대학은 지하감옥이었다; 그의 도서관은 성경이었다; 에베소서 6장의 전신갑주로 무장한 채 그는 능력으로 나서서 어둠의 왕자와 전투를 벌였다.

하나님은 번연에게 순전히 인간적이고 자연적인 수준에서조차 특별한 능력들로 복주셨다. 당시 영국에는 다른 많은 수리공들이 있었고, 틀림없이 그들 중 매우 신실한 그리스도인들도 있었겠지만, 번연은 한 명뿐이었다. 스스로 깨우친 인물로서 그의 언어적 재능들, 상상의 능력들과 놀랄만한 성취들은 평균의 설교자를 한참 능가해 죄인들과 신자들의 정신과 마음에 도달하도록 그를 채우신 하나님의 섭리의 손길을 가리킨다. 이것이 설교자로서 그의 성공과 유능함을 전부 설명하지는 않지만, 전혀 중요하지 않다고 할 수도 없다.

번연의 적실한 설교는 보통 사람들이 매력적으로 느낄만큼 평이한 스타일이었지만 최고의 웅변가를 부끄럽게 할만큼 강력한 달변이었다. 그는 사람을 낚는 복음전도적 어부요 최고의 경험적 설교자로서 죄인들을 그리스도께 따스하게 초대했고 그리스도인들이 경험해야 할 것과 더불어 그들이 영적 순례에서 실제로 경험하는 것을 강하게 선포했다. 우리가 공부한 세 요소들―참여유도, 호소, 그리스도를 높임―은 사람들의 마음에 도달하기 위해 번연이 휘두른 강력한 무기들 중 일부에 불과하다. 그것들은 부분적으로 번연의 설교에 천상의 힘을 부여했고 성령의 복주심 아래서 위대한 열매를 맺게 했다.

번연의 설교의 결실에 관한 이야기들은 무궁무진하다. 놀랄만한 회심들이 그의 사역 하에서 일어났다. 앤 아놋(Anne Arnott)은 다음의 예를 든다: "번연이 어느 동네 교회에서 설교할 계획이었다. 다소 취한 상태에서 한 캠브릿지 학자가 '수리공이 떠벌이는 것을 듣기로' 결심했다고 말했다. 그래서 그는 비웃기 위해 교회 안으로 들어갔지만, 계속 듣게 되었고, 그 결과 회심하여 설교자가 되었다."[74]

비록 번연이 특출나게 재능있는 설교자였지만, 그가 의지했던 같은 성령께서 오늘날 예수 그리스도의 교회에서 여전히 역사하신다. 번연의 인생과 사역은 하나님의 손에서 말씀의 선포가 강력한 무기라는 사실을 우리에게 상기시킨다. 번연에게, "전투는 사람들의 마음을 위한 것이다—그들의 정신이 어둠 곳에 있는 이유는 그들의 마음이 사로잡혀 있기 때문이다. 번연에게는 그 끔찍한 상태의 실재가 그로 하여금 그의 무기고에 있는 모든 무기를 사용하여 요새를 공격하고 [그가 마음에 설교함을 통해서] 속사람을 관통하도록 만들었다." 스펄전이 말하는 것처럼, 만일 우리가 "오류의 숲들을 불사를 뜨거움을 일으키고 이 냉랭한 땅의 영혼에 온기를 주기를" 소원한다면,[75] 우리는 우리 뒤에 있는 지옥의 불과 우리 앞에 놓인 천국의 영광을 가지고 선포해야 한다. 우리는 모든 수단을 동원하여 청중을 초대하여 그들의 영

---

74   Arnott, *He Shall With Giants Fight*, 69.

75   C. H. Spurgeon, *Lectures to My Students*, 4 vols. in one (Pasadena, Tex.: Pilgrim Publications, 1990), 1:83.

혼을 사랑하시는 하나님의 드라마에 그들이 참여하도록 애써야 하고, 그들이 그리스도와 가까워지도록 호소하는데 애써야 하며, 왕 되신 예수를 영원히 높이도록 해야 할 것이다. 자유롭고 주권적인 은혜에 지배를 당하면서 신적 진리로 빛나고 그리스도를 위해 기꺼이 바보로 여김을 받고 옥에 갇히기를 서슴치 않는 존 번연 같은 자들을 성령께서 우리에게 주시기를 소망한다.

5

청교도 교리 설교: 토마스 왓슨
(Thomas Watson, 1620-1686)

안상혁

1. 서론

본고는 『신학의 체계』(*A Body of Divinity*, 1692)의 저자 토마스 왓슨과 그의 교리 설교를 연구한다. 왓슨의 사후에 출간된 『신학의 체계』는 『웨스트민스터 소요리문답』에 대해 왓슨이 강해한 약 176편 분량의 교리 설교를 포함한다.[1] 왓슨은 웨스트민스터 총회 시기와 그 이후의

---

1   『신학의 체계』는 1692년 스터트(Sturt)에 의해 최초로 출간되었다. 이후 십계명과 주기도문에 해당하는 부분을 제외한 축약된 형태의 『신학의 체계』가 출간되어 왔다. 국내에서도 『신학의 체계』 (혹은 『웨스트민스터소요리문답해설』), 『주기도문 해설』, 『십계명 해설』 등 세 권으로 구분되어 번역 출간되었다. 본고는 1692년에 출간된 책과 함께 1807년과 1859년 판본을 서로 비교하며 사용한다. 서지 사항은 다음과 같다. Thomas Watson, *A Body of Practical Divinity Consisting of above One Hundred Seventy Six Sermons on the Lesser Catechism Composed by the Reverend Assembly of Divines at Westminster with a Supplement of Some Sermons on Several Texts of Scripture* (London: Printed for Thomas Parkurst, 1692); 1807년 판본은 두 권으로 출간되었다. 서명은 거의 동일한다. *A Body of Practical Divinity, Consisting of Above One Hundred and Seventy Six Sermons on the Shorter Catechism composed by The Reverend Assembly of Divines at Westminster with A Supplement of Some Sermons on Several Texts of Scripture*, A New Edition, 2 vols (London: W. Baynes, 1807); 1692년 이래 출간된 『신학의 체계』에서 실제 176편의 독립된 설교가 수록된 경우는 없었다. 출간물 안에서 사용된 구분을 기준으로 합산하면 대략 112편의 설교로 구성되었다고 말할 수 있다. 물론 176이라는 숫자는 왓슨이 실제로 설교한 횟수에 따른 것일 수도 있다. 1859년 판본의 서명에서는 176개의 설교라는 부분이 생략되었다. *A Body of Practical Divinity In A Series of Sermons on the Shorter Catechism of The*

청교도 운동을 이끌었던 대표적인 신학자이고, 개혁주의 신학을 쉽고 평이하게 설교에 담아 확산시킨 영향력 있는 설교자였다. 에롤 헐스 (Erroll Hulse)의 표현을 빌자면, 왓슨의 글은 "청교도 가운데 가장 쉽게 읽히는" 장점을 가지고 있다.[2] 지금까지 국내에서 왓슨이 남긴 저작들 가운데 열 두 편의 출간물이 약 이십 여개의 한글 번역서로 출판되었다.[3] 한글로 번역된 청교도 저작물의 수효를 기준으로 볼 때, 이

Westminster Assembly (Edinburgh & London: Blackie & Son, 1859).

2   Erroll Hulse, *Who Are the Puritans?* (Auburn: Evangelical Press, 2000), 97.

3   국내에서 번역 출간된 왓슨 저작의 원서명과 한글 제목(번역자, 출판사, 출판년도)은 다음과 같다. ① *A Body of Divinity: Contained in Sermons upon the Westminster Assembly's Catechism.*『설교로 엮은 소요리문답 강해』. (서춘웅. 세종문화사, 1982);『신학의 체계』(이훈영. 크리스챤다이제스트, 1996/2002);『웨스트민스터소요리문답해설』(이훈영. CH북스, 2019) ② *The Ten Commandments*『십계명』(김기홍. 양문출판사, 1982);『십계명 해설』(이기양. 기독교문서선교회, 1984/2007) ③ *The Lord's Prayer*『주기도문 해설』(이기양. CLC, 1989/2003) ④ *The Beatitudes: An Exposition of Matthew 5:1-12*『팔복해설: 마태복음 5:1-12해설』(라형택. CLC 1990/2012) ⑤ *Doctrine of Repentance*『회개』(이기양. CLC 1991/2001);『회개』(김동완. 복있는 사람, 2015);『회심』(강현민. 컴파스북스, 2018) ⑥ *All Things For Good Or A Divine Cordial*『고난의 현실과 하나님의 섭리』(목회자료사 번역, 1991);『모든 것이 협력하여 선을 이룬다』(김기찬. 생명의말씀사, 1997);『안심하라』(조계광. 규장, 2009);『고난의 참된 의미』(임세일. 목회자료사, 2013) ⑦ *The Godly Man's Picture*『경건을 열망하라』(생명의말씀사 편집부, 1999/2018);『거룩한 열정』(문석호. 솔로몬, 2000);『경건』(김동완. 복있는 사람, 2015) ⑧ *Gleanings from Thomas Watson*『묵상』(이기양. CLC 2002/2005) ⑨ *The Great Gain of Godliness Or Religion Our True Interest*『하나님을 경외하는 사람』(조계광. 규장, 2008);『거룩한 두려움』(정시용. 프리스브러리, 2017) ⑩ *The Christian On the Mount*『묵상의 산에 오르라』(조계광. 생명의말씀사, 2013) ⑪ *Heaven Taken by Storm*『천국을 침노하라』(조계광. 생명의말씀사, 2014) ⑫ *Act of Divine Contentment*『자족하는 법』(정시용. 프리스브러리, 2017). 왓슨의 번역된 출간물을 에드워즈, 번연, 오웬, 백스터 등의 번역물과 비교하기 위해서는 다음 자료를 참고하라. 안상혁, "부록: 청교도 연구 한글자료 목록, 1950-2019년," 212-285,『청교도 신학』(수원: 합신대학원출판부, 2019).

한국교회를 위한 청교도 설교의 유산과 적실성

는 왓슨이 조나단 에드워즈, 존 번연, 존 오웬, 리처드 백스터 등과 더불어 국내에서 가장 널리 읽히는 청교도 저작자들 가운데 한 명임을 보여준다.

아쉽게도 왓슨의 일차 자료에 비해 왓슨과 그의 저작물을 연구한 이차문헌은 상대적으로 매우 빈약하다. 지금까지 왓슨만을 연구 주제로 삼은 박사논문급 이상의 주목할 만한 연구물은 출간되지 않았다. 학술 대회에서 발표되었거나 학술지에 실린 논문으로는 크리스 젠킨스(Christ Jenkins), 제니퍼 나이마이어(Jennifer Neimeyer), 피터 베크(Peter Beck) 등의 연구물이 있다.[4] 젠킨스는 경건한 삶에 대한 왓슨의 성경 주해(시 32:6)와 가르침을 통해 청교도의 경건을 탐구한다. 왓슨에게 있어 경건은 전적인 하나님의 은혜의 사역이며, 신자로 하여금 율법주의나 율법폐기론의 오류에 빠지지 않으면서 신랑이신 그리스도를 사랑하고 왕이신 그분께 자발적으로 순종하는 기쁨의 삶이다.[5] 나이마이어는 '묵상'에 관한 왓슨의 가르침을 분석한다. 특히 시편 1편 2절과 32편 6절에 대한 왓슨의 주해 설교와 『신학의 체계』를 통해

---

4 Chris Jenkins, "Thomas Watson and How To Live a Godly life?" in *The Power of God in the Life of Man* (London: The Westminster Conference, 2005): 27-36; Jennifer C. Neimeyer, "Thomas Watson: The Necessity of Meditation," *Puritan Reformed Journal* 2/1(2010):166-181; Peter Beck, "Worshiping God with Our Minds: Theology as Doxology among the Puritans," *Puritan Reformed Journal* 5/2(2013):193-203.

5 젠킨스가 주로 분석하는 일차자료는 왓슨의 시편 32장 6절 설교 "The Godly Man's Picture" (경건한 자의 모습, 1666)이다. 이 설교는 왓슨의 다음 설교 선집에 수록되어 있다. Watson, *Discourses or Important and Interesting Subjects, Being the Select Works*, 2 vols (Glasgow & Edinburgh: Fullarton, 1829).

신자의 삶과 경건에서 묵상이 차지하는 비중이 얼마나 핵심적인지를 부각시킨다.[6] 신자의 묵상은 반드시 말씀과 기도 그리고 실천을 포함해야 한다. 또한 왓슨에 따르면 『신학의 체계』가 중요하게 다루고 있는 교리적 주제들 역시 개인적인 묵상의 재료가 되어야 한다. 일례로 하나님의 속성과 약속, 그리스도의 사랑, 죄, 은혜의 아름다움, 우리의 영적인 상태, 배교, 죽음, 최후 심판, 지옥, 천국, 영원 등이 언급될 수 있다.[7] 베크는 청교도의 "송영(Doxology)으로서의 신학"을 연구 주제로 삼은 논문에서 짧게나마 왓슨의 신학과 실천을 분석한다. 그리고 왓슨에게 있어 신학과 예배는 서로 유기적으로 통합되어 있음을 부각시킨다.[8] 왓슨은 『신학의 체계』 첫 장에서 신자가 하나님께 영광을 돌리는 열일곱 가지 방법을 기술한다. 이는 일찍이 윌리엄 에임스가 강조한 "하나님께 대하여 사는 삶"과 일맥상통하는 것이라고 베크는 지적한다.[9]

한편 국내 연구자로서는 류연석이 2014년에 발표한 학술 논문에서 왓슨의 십계명 이해를 연구 주제로 삼았다. 그의 박사 논문 "그리스도

---

6 나이마이어가 분석하는 왓슨의 시편 1편 2절 주해서는 다음과 같다. "The Saint's Spiritual Delight" (신자의 영적인 기쁨, 1657) 앞서 소개한 설교 선집 *Discourse*에 수록되어 있다.

7 Neimeyer, "Thomas Watson: The Necessity of Meditation," 178-179. 비키에 따르면 『신학의 체계』는 신학적 지식과 경건이 통합되어 있기 때문에 개인 묵상의 도구로 활용될 수 있다. Joel R. Beeke & R. J. Pederson, *Meet the Puritans* (Grand Rapids: RHB, 2006), 608.

8 베크 역시 왓슨의 "The Godly Man's Picture" (경건한 자의 모습, 1666)와 『신학의 체계』를 분석한다.

9 Beck, "Worshiping God with Our Minds," 200.

한국교회를 위한 청교도 설교의 유산과 적실성

인 성화의 지침으로서 십계명 이해"(2016)에서도 그는 에임스와 루더
포드와 함께 왓슨의 십계명 이해를 분석한다.[10] 저자는 17세기 영국
청교도의 도덕법 논쟁과 왓슨의 십계명 이해의 관련성을 탐구하고,
특히 왓슨의『십계명 이해』를 통해 청교도의 율법 이해를 조명한다.
류연석에 따르면 인간의 전적 무능력과 하나님의 불가항력적 은혜의
교리가 왓슨의 십계명 이해에 있어 핵심적인 토대가 된다. 또한 신자
가 율법에 순종하는 것은 하나님께서 베풀어주신 은혜에 대한 사랑과
감사의 반응으로서 신자가 행해야 할 의무이며, 이 또한 성령의 도우
심으로 이루어진다.[11]

　　지금까지의 연구는 주로 경건과 실천 그리고 성화에 관한 왓슨의
가르침을 분석하는데 초점을 두어왔다. 이를 통해 왓슨과 청교도 신
학과 목회가 과연 '삶을 위한 신학'을 지향했음을 잘 부각시켰다.[12] 그
러나 아쉽게도 왓슨의 교리 설교와 그의 주 저작인『신학의 체계』을
소개하는 개론적인 연구는 생략된 채, 그의 몇몇 저작들에 기초한 특

10　　류연석, "개혁주의 생명신학적 관점에서 본 토마스 왓슨의 십계명 이해,"「생명과 말씀」
　　　10(2014): 191-224; idem, "그리스도인 성화의 지침으로서 십계명 이해: 윌리엄 에임스,
　　　사무엘 러더포드, 토마스 왓슨의 십계명 이해를 중심으로," 박사학위 청구논문(백석대학
　　　교, 2016).

11　　류연석, "토마스 왓슨의 십계명 이해," 221-222; idem, "그리스도인 성화의 지침으로서 십
　　　계명 이해," 88-142. 제5장과 제6장을 보라.

12　　'삶을 위한 신학'은 본문에서 언급된 에임스와 왓슨의 신학적 특징이면서, 비키와 존스가
　　　공동 집필한『청교도 신학의 모든 것: 삶을 위한 교리』(부흥과개혁사, 2015)의 제목이기도
　　　하다. Joel R. Beeke & Mark Jones, *A Puritan Theology: Doctrine for Life* (Grand Rapids:
　　　RHB, 2012).

정 주제에 대한 연구만이 제한적으로 수행된 것이 사실이다. 본고는 왓슨의 생애와 저작을 소개한 후에, 그의『신학의 체계』전반에 걸쳐 나타난 교리 설교의 특징을 분석한다. 이 과정에서『신학의 체계』에 수록된 대표적인 설교와 그의 다른 설교들을 비교하면서, 과연 교리 설교가 실제적으로 어떤 차별성을 갖는지에 대해서도 평가하고자 한다.

2. 왓슨의 생애와 저작

1) 왓슨의 생애

왓슨은 1620년 영국 요크셔 지방에서 출생했다. 케임브리지 임마누엘 칼리지에서 문학사(1639)와 문학 석사학위(1642)를 취득했다. 1646년 런던 왈브룩의 세인트 스데반 교회의 설교자가 되어 10년 동안 사역했으며, 6년 동안 교구목사로 봉사했다. 에섹스에서 사역하는 목사의 딸과 결혼하여 일곱 자녀를 두었으나, 세 명의 자녀만이 생존하였다. 청교도 혁명 기간 중 장로교주의를 지지했으나, 찰스 1세의 처형에 대해서는 반대했다. 한걸음 더 나아가 1651년에는 찰스 2세의 왕정복고를 추진하는 일에 참여했다가 일 년간 투옥되기도 했다. 왕정복고가 이루어진 후, 1662년 8월 24일, 왓슨은 찰스 2세의 통일법(Act of Uniformity, 1662)에 의해 목사직을 박탈당하고 다른 비국교도 설교

한국교회를 위한 청교도 설교의 유산과 적실성

자들과 함께 쫓겨났다. 통일법 이후로도 하나님의 섭리를 따라 기회가 주어질 때마다 왓슨은 사역할 수 있었다. 그러다가 1672년 관용법 이후 정식으로 설교허가증을 받아 크로스비 홀에서 설교사역을 지속하였다. 1675년부터는 스티븐 차녹(Stephen Charnock, 1628-1680)과 함께 공동 목회를 하며 비국교도 회중에게 풍성한 말씀의 꼴을 제공하며 신실하게 섬겼다. 이 사역은 1680년에 차녹이 사망할 때까지 지속되었다. 왓슨은 1686년 에식스 반스터에서 홀로 기도하던 중 사망하였다.

뛰어난 신학자인 왓슨은 또한 열정적인 설교자이자 사랑이 많은 경건한 목회자였다. 1646년부터 1662년까지 그는 16년 동안 스데반 교회를 신실하게 섬겼다. 목회자로서의 왓슨이 어떻게 사역을 했는지에 대해서는 그의 고별설교를 통해 어느 정도 짐작해 볼 수 있다. 왓슨은 네 편의 고별 설교를 남겼다. 1662년 8월 17일 오후 설교에서 왓슨은 고린도후서 1장 7절을 본문으로 사도바울과 고린도 교회 사이의 사랑에 대해 설교했다.[13] 왓슨은 바울을 목회자의 이상적인 모델로서 제시한다. 목회자의 머리는 성경을 열심히 연구하여 회중에게 말씀을 풀어주고, 목회자의 마음은 성도를 향한 열정적인 사랑으로 가득 차 있어야 한다. 사도는 고린도 교회를 자신의 생명보다 더욱 사랑했다. 그

---

13   Thomas Watson, *A Pastor's Love Expressed to a Loving People in a Farwell Sermon Preached at Stephens Walbrook, London, August 17, 1662* (London, 1662). 나머지 세 편은 다음 본문에 대한 설교이다. 요 13:34(Aug.17, 1662), 이사야 3:10-11(Aug.19, 1662), 빌 4:9(On the eve of ejection, Aug. 23?, 1662).

럼에도 사도가 성도를 사랑하면 할수록 오히려 바울은 교회로부터 그 만큼 사랑을 받지 못했다. 이와 대조적으로 왓슨은 스데반 교회에서 16년 사역하는 동안 교인들로부터 큰 사랑을 받았음을 고백한다.

> 이제 제가 여러분 가운데서 목회 사역을 한지 거의 16년이 되었습니다. 제 경우에는 제가 여러분을 사랑할수록 저는 그만큼 사랑을 받지 못했다고 말할 수 없다는 사실에 대해 저는 하나님을 기뻐하여 그분을 찬양합니다. 저는 지금까지 여러분이 수없이 입증해 주신 고귀한 사랑을 받았습니다 ⋯ 설사 앞으로 여러분을 섬기는 제 목회 사역이 중단되고, 여러분께 설교하는 것이 허락되지 않을 지라도 저는 결코 여러분을 사랑하는 것과 여러분을 위해 기도하는 것을 멈추지 않을 것입니다.[14]

과연 사도 바울은 왓슨 자신의 모델이었다. 이러한 목회자 왓슨의 모습은 비국교도는 물론 국교도에게도 적지 않은 영향력을 미치고 있었다. 에드먼드 칼러미(Edmund Calamy, 1671-1732)는 통일법으로 축출된 비국교도 성직자의 생애와 저작을 소개한 저서 『비국교도 전기』(*The Nonconformist's Memorial*)[15]에서 왓슨에 관한 흥미로운 일화를 소

---

14   Watson, *A Pastor's Love*, 6.

15   원서명은 다음과 같다. Edmund Calamy, *The Nonconformist's Memorial: Being An Account of The Ministers, Who were Rejected or Silenced after the Restoration, Particularly by the Act of Uniformity, Which Took Place on Bartholomew Day, Aug. 24, 1662*, edited by

개한다. 어느 날. 국교회의 리처드슨 감독은 왓슨의 설교를 듣기 위해 몸소 스데반 교회를 찾아 왔다. 왓슨의 설교는 그의 마음에 기쁨을 주었다. 설교뿐만이 아니었다. 리처드슨 감독은 왓슨의 기도에 의해 큰 감명을 받았다. 그날 리처드슨 감독은 왓슨의 집까지 따라가 기도문의 사본을 달라고 부탁했다. 왓슨은 그의 청을 들어줄 수 없다고 대답했다. 왜냐하면 왓슨의 기도는 미리 준비한 기도문 없이 하나님의 인도하심을 따라 현장에서 즉흥적으로 드린 기도이기 때문이었다. 리처드슨 감독은 놀란 모습으로 발길을 돌리며, 과연 그 어떤 사람이 즉흥적으로 왓슨과 같은 기도를 할 수 있을까 감탄했다.[16] 오늘날 왓슨의 생애를 자세하게 말해주는 자료는 거의 없지만, 짧게나마 전해지는 이러한 일화는 목회자로서의 왓슨이 어떤 모습으로 사역했는지를 잘 예시해준다.

2) 왓슨의 저작

왓슨의 저작은 대부분 설교와 성경 주해이다. 주지하다시피 왓슨의 사후에 출간된 『신학의 체계』(1692)가 그의 대표작이다. 이외에 왓슨은 수많은 설교와 주해 그리고 논문들을 남겼다. 아쉽게도 아직까지 왓슨의 저작들을 체계적으로 정리하여 전집을 만드는 시도는 이루어

Samuel Palmer, vol.1(London: W. Harris, 1727), 148.

16　　Calamy, *The Nonconformist's Memorial*, vol.1: 148

지지 않고 있다. 다만 여러 형태의 설교 모음집이 출간되어 왔다. 이 과정에서 동일한 설교가 중복되거나 특히 번역서의 경우 서로 다른 제목으로 출간되는 경우가 반복되어 왔다. 이러한 단점을 보완하기 위해 『신학의 체계』에 수록된 설교 이외에 지금까지 출간된 왓슨의 설교와 주해를 성경 구절에 따라 다음과 같이 정리해 보았다.[17]

---

17 각 설교가 수록된 책의 약자와 원서명은 다음과 같다. *Duty*(1995): *The Duty of Self-Denial and Ten Other Sermons by Thomas Watson*(Morgan: Soli Deo Gloria, 1995); *Cordial*(1846): *A Divine Cordial; The Saint's Spiritual Delight; The Holy Eucharist; and Other Treatises* (London: Religious Tract Society, 1846); *Plea*(1993): *A Plea for the Godly and Other Sermons by Thomas Watson*(Pittsburgh: Soli Deo Gloria, 1993); *Closet* (1842): *The Bible and the Closet: Or, How We May Read the Scriptures with the Most Spiritual Profit* (Boston: Gould, Kendall & Lincoln, 1842); *Discourses* (1829): *Discourses or Important and Interesting Subjects, Being the Select Works*, 2 vols (Glasgow & Edinburgh: Fullarton, 1829); *Soldier*(1816): *The Christian Soldier: Or, Heaven Taken by Storm, Shewing the Holy Violence a Christian is to Put Forth in the Pursuit After Glory.*(New York: R. Moore, 1816); *Select*(1855): *The Select Works of the Rev. Thomas Watson, Comprising his celebrated Body of divinity, in a Series of Lectures on the Shorter Catechism, and Various Sermons and Treatises* (New York: R. Carter, 1855); Thomas Watson et als., *Farewell Sermons: Addresses from Some of the Most Eminent Nonconformist Ministers of the Great Ejection of 1662* (London: Gale and Fenners, 1816), edited and reprinted by Solid Ground Christina Books in 2011. 이 외에 출간된 왓슨의 설교집으로는 다음을 보라. *The Doctrine of Repentance* (London, 1688); *The Mischief of Sinne It Brings a Person Low* (London, 1671).

한국교회를 위한 청교도 설교의 유산과 적실성

(1) 구약 본문

창 15:1	How God Is His People's Great Reward (어떻게 하나님은 자기 백성의 큰 상급이신가?)	in *Duty*(1995)
민 21:6-9	The Fiery Serpents(불뱀)	in *Cordial*(1846); *Plea*(1993)
신 17:19	How We May Read the Scriptures with the Most Spiritual Profit (어떻게 성경을 읽어야 최고의 영적인 유익을 얻을 수 있을까?)	in *Closet*(1842)
욥 14:14	Till My Change Comes (변화가 내게 임할 때까지)	in *Duty*(1995)
시 1:2	The Saint's Spiritual Delight (신자의 영적인 기쁨)	in *Discourse* I(1829); *Cordial*(1846)
시 1:2	A Christian on the Mount (or A Treatise Concerning Meditation) (산 위의 신자 혹은 묵상에 관한 논문)	in *Discourses* 1(1829)
시 2:12	Kiss the Son (그 아들에게 입맞추라)	in *Duty*(1995)
시 23:4	The Comforting Rod (위로의 막대기)	in *Duty*(1995)
시 32:6	The Godly Man's Picture (경건한 자의 모습)	in *Discourses* 1(1829)
시 37:37	The Upright Man's Character (의인의 성품)	in *Discourses* 1(1829)
시 46:5	Comfort for the Church (교회를 위한 위로)	in *Plea*(1993)
시 73:28	The Happiness of Drawing Near to God (하나님을 가까이함의 복)	in *Soldier*(1816); *Plea*(1993)
시 112:4	Light in Darkness (어둠 속의 빛)	in *Duty*(1995)
시 112:7	His Heart Is Fixed (그의 마음이 견고하여)	in *Duty*(1995)
시 139:18	A Christian on Earth Still in Heaven (이 땅에서도 천국에서 사는 신자)	in *Discourse* I(1829); *Cordial*(1846)
잠 8:21	The Substantial Excellency of Spiritual Things (영적 유산의 탁월성)	in *Plea*(1993)
잠 12:26	A Plea for the Godly (경건한 자를 위한 변호)	in *Plea*(1993)
아 5:16	Christ's Loveliness (그리스도의 사랑스러움)	in *Discourses* 1(1829)
사 3:10-11	Farewell Sermon (고별설교, 1662. 8)	in *Farewell*(2011)
말 3:16-18	Religion Our True Interest (신앙은 우리의 진정한 소득이다) The Great Gain of Godliness	(London, 1682)

(2) 신약 본문

마 5:1-10	The Beatitudes, Or Christ's Sermon on the Mount. (산상수훈)	in *Discourses* II(1829)
마 10:16	On Christian Prudence and Innocency (신자의 지혜와 순결함)	in *Select*(1855); *Plea*(1993)
마 11:12	The Christian Soldier, or Heaven Taken by Storm (기독교인 군사 혹은 침노하여 취하는 천국)	in *Soldier*(1816)
마 16:26	The Preciousness of the Soul (영혼의 귀함)	in *Select*(1855); *Discourses* II (1829)
마 26:26 -28	The Holy Eucharist or the Mystery of the Lord's Supper (성만찬 혹은 주님의 만찬의 신비)	in *Cordial*(1846)
눅 2:49	How Must We Make Religion Our Business? (어떻게 우리는 신앙을 우리의 일로 삼아야만 하는가?)	in *Duty*(1995)
눅 5:31	The Soul's Malady and Cure (영혼의 질병과 치료)	in *Select*(1855); *Discourses* II(1829)
눅 9:23	The Duty of Self-Denial (자기부정의 의무)	in *Duty*(1995)
요 10:14	The Good Shepherd (선한 목자)	in *Duty*(1995)
요 13:34	Farewell Sermon: Morning Sermon (오전 고별설교, 1662. 8)	in *Farewell*(2011)
요 13:17	The Good Practitioner (실천하는 선인)	in *Plea*(1993)
요 15:1	The Spiritual Vine (영적인 포도나무)	in *Cordial*(1846)
요 16:33	The Peace of Christ (그리스도의 평강)	in *Duty*(1995)
행 17:31	The Day of Judgment Asserted (확언된 심판의 날)	in *Duty*(1995)
롬 8:28	A Divine Cordial (or All Things for Good) (하나님이 주시는 강심제 혹은 모든 일이 합력하여 선을 이룸)	in *Cordial*(1846)
갈 6:9	Not Being Weary in Well-Doing (선을 행하다가 낙심하지 말 것)	in *Select*(1855); *Plea*(1993)

한국교회를 위한 청교도 설교의 유산과 적실성

고전 3:17	The Mystical Temple (신비한 성전)	in *Plea*(1993)
고전 3:21 -23	The Christian's Charter of Privileges (신자의 특권헌장)	in *Discourses* 1(1829)
고전 9:24	The Heavenly Race (천국의 경주)	in *Plea*(1993)
고후 7:1	Farewell Sermon: Afternoon Sermon (오후 고별설교, 1662.8)	in *Farewell*(2011)
고후 5:17	On Becoming a New Creature (새로운 피조물)	in *Select*(1855); *Plea*(1993)
빌 1:11	The Trees of Righteousness Blossoming and Bringing Forth Fruit (꽃 피고 열매 맺는 의의 나무)	in *Select*(1855); *Discourses* II (1829)
빌 1:23	The Saint's Desire to Be with Christ (그리스도와 함께 있기를 바라는 신자의 갈망)	in *Select*(1855); *Discourses* II (1829)
빌 2:12	The One Thing Necessary (필요한 한 가지)	in *Discourses* 1 (1829)
빌 4:9	Farewell Discourse on His Ejection (고별 강설)	in *Select*(1855)
빌 4:11	The Art of Divine Contentment (자족하는 비결)	in *Select*(1855)
골 3:11	Christ is All in All (만유 안에 계신 그리스도)	in *Select*(1855); *Plea*(1993)
딤후 4:7-8	The Fight of Faith Crowned (면류관을 얻는 믿음의 선한 싸움)	(London, 1678)
딛 2:13	The Sacred Anchor (거룩한 닻)	in *Plea*(1993)
히 4:12	God's Anatomy Upon Man's Heart (하나님이 보시는 마음의 해부학)	In *Discourses* 1(1829)
약 3:6	On the Evil Tongue (The Tongue a World of Iniquity) (악한 혀, 불의의 세계인 혀)	in *Select*(1855); *Plea*(1993)
약 4:17	On Knowing Good and Not Doing It (선을 알면서도 행하지 않는 것에 대해)	in *Select*(1855); *Plea*(1993)
벧전 1:2	The Beauty of Grace (은혜의 아름다움)	in *Select*(1855); *Discourses* II (1829)
벧전 1:22	The Perfume of Love (사랑의 향기)	in *Plea*(1993)

위의 목록에 『신학의 체계』에 수록된 설교들을 더해 놓고 살펴보면, 왓슨은 신약과 구약의 다양한 본문을 골고루 설교했음을 알 수 있다. 비록 왓슨에 대한 연구서의 수효는 매우 적지만, 찰스 스펄전이 옳게 지적한 대로, 왓슨이 남겨 놓은 수많은 저작들을 통해 독자들은 왓슨을 기억할 수 있다.[18] 스펄전에 따르면 왓슨의 모든 저작들 안에는 건전한 교리와 마음을 성찰하는 경험, 그리고 실천적인 지혜 등이 "행복한 연합"을 이룬다. 또한 그는 계속하여 조지 로저의 말을 다음과 같이 인용한다. "이와 동일한 분량의 책 안에서 이만큼 많은 설교의 주제들을 포함하고 있는 저작을 나는 알지 못한다. 하우(John Howe), 차르녹(Stephen Charnock), 그리고 오웬(John Owen)을 읽을 때 종종 우리는 상당 부분을 읽고 난 후에야 책을 덮고 설교 전체를 구상하려는 유혹을 느낀다. 그런데 왓슨은 단지 짧은 분량만으로도 우리가 이를 수행할 수 있도록 가르친다."[19] 물론 로저의 진술은 일차적으로 『신학의 체계』에 대한 것이다. 그러나 로저의 평가는 왓슨이 남긴 대부분의 설교에 적용될 수 있다고 말해도 지나친 과장이 아닐 것이라고 생각한다.

---

18   C. H. Spurgeion, "Brief Memoir of Thomas Watson," in *A Body of Divinity* (Edinburgh: The Banner of Thrust, 1986), vii.

19   *Ibid*, vii, xii.

3. 토마스 왓슨의 교리 설교

1) 교리 설교의 정의

오늘날 교회 안에서 '교리 설교'는 다양한 연구자들에 의해 다양한 의미로 사용되고 있다. 교리 설교가 무엇인지에 관한 논의는 설교의 형식이나 혹은 내용에 따라 구분지어 생각할 수 있다. 첫째, 설교의 형식과 관련하여 교리 설교는 조직 신학이나 교리적 주제로부터 출발한다는 측면에서 주해 설교와 차별화된다. 로널드 알렌(Ronald Allen)에 따르면 주해 설교의 전형적인 형식은 본문 주해로부터 시작하여 본문과 회중을 연결하는 신학적인 작업으로 나아간다. 이는 그가 규정한 "조직 신학 형태의 설교"와 좋은 대조를 이룬다.[20]

둘째, 어떤 연구자들은 교리 설교의 내용이 무엇인지를 중점적으로 논의한다. 일례로 로버트 스미스(Robert Smith Jr.)는 교리 설교를 다음과 같이 정의한다. 교리 설교는 "기독교 신앙의 기초적인 진리들을 설명하고 적용함을 통해 예수 그리스도를 크게 찬미하는 것"이다.[21] 이와 유사한 맥락에서 조엘 비키는 교리 설교의 목적을 규정한다. 그에 따르면 명료한 교리 설교는 하나님께서 이를 통해 그리스도에 대한

---

20   Ronald J. Allen, *Preaching Is Believing: The Sermon As Theological Reflection* (Louisville & London: Westminster John Knox Press, 2002), 64.

21   Robert Smith Jr. *Doctrine That Dances: Bringing Doctrinal Preaching and Teaching to Life* (Nashville: B & H Publishing Group, 2008), 25.

구원 얻는 믿음을 일으키는 강력한 수단이다. 설교자는 인간의 지혜를 버리고 하나님의 말씀을 신실하게 선포한다. 이 때 죄인의 상처 입은 양심은 그리스도의 보혈을 통해 치유를 경험하고 십자가에 못 박히신 그리스도를 통해 의로우신 하나님과 더불어 평화를 누릴 수 있다.[22]

사실 이와 같은 설교의 내용과 목적에 따라 교리 설교를 정의할 경우, 교리 설교의 범위는 매우 확대될 수 있다. 특별한 형식을 따르지 않더라도 만일 어떤 설교가 복음적이고 그리스도를 지향하고 있다면, 이 설교는 교리 설교의 목적에 부합한다고 말할 수 있기 때문이다. 또한 알렌이 옳게 지적한 대로 성경 주해로부터 시작하는 모든 설교들 역시 넓은 의미에서는 '신학적 설교'이고 마땅히 그렇게 되어야 한다. 왜냐하면 우리는 신학이라는 렌즈를 통해 성경을 해석하기 때문이다.[23] 이런 맥락에서 볼 때, 왓슨이 『신학의 체계』와 다른 설교집을 통해 우리에게 전해준 대부분의 설교는 교리 설교로 분류될 수 있다. 우리는 『신학의 체계』에 수록된 설교를 왓슨의 다른 설교들과 비교함을 통해 이를 어렵지 않게 확인할 수 있다.

---

22 교리 설교의 목적에 대한 비키의 정의에 대해서는 본서의 제6장을 보라.

23 *Ibid,* 63-64.

2) 『신학의 체계』(*A Body of Divinity*, 1692)

(1) 교리의 중요성 − 왓슨은 『신학의 체계』의 서론적 설교에서 기독교 교리의 중요성을 강조한다. 골로새서 1장 23절 상반절("만일 너희가 믿음에 거하고 터 위에 굳게 서서")로부터 왓슨은 두 가지 사항을 도출한다. 첫째, 신앙의 교리 안에 굳게 서는 것은 신자의 의무다. 왓슨은 믿음에 굳게 서지 못하는 모습을 유다서 13절의 "유리하는 별들"로 비유한다. 신자들로 하여금 신앙 안에 굳게 설 수 있도록 말씀을 선포하는 것이 설교의 위대한 목적이다. 오직 믿음 위에 굳게 서는 신자들만이 신앙 안에서 성장하며 거짓 교사의 유혹을 극복하고, 한 걸음 더 나아가 박해와 같은 고난을 감수한다.[24] 둘째, 신자가 믿음에 굳게 설 수 있는 최선의 방법은 터를 견고하게 하는 것이다(벧전 5:10). 여기서 '터'는 신앙의 본질적인 조항들이다. 신자는 "말씀의 초보"(히 5:12) 혹은 신앙의 근본적인 조항들에 대한 지식을 갖추어야 한다. 바로 이런 이유에서 교회는 신자들에게 요리문답을 가르치는 것이다. 이 때문에 만일 요리문답을 통해 신앙의 터를 견고하게 세우지 않은 채 설교만 한다면 이는 마치 기초 공사를 하지 않은 채 건물을 세우는 것과 같다고 왓슨은 주장한다.[25]

왓슨에 따르면 이처럼 요리문답을 강조하는 것은 전혀 새로운 것이

---

24   Watson, *A Body of Practical Divinity*, I.7-9.

25   Watson, *A Body of Practical Divinity*, I.7-11.

아니다. 초대 교회의 풀겐티우스, 아우구스티누스, 테오도레, 락탄테우스 등과 같은 교부들은 예비 신자들(catechumenoi)에게 기독교의 기본 교리를 가르치기 위해 저술했다는 사실을 왓슨은 지적한다. 무엇보다 디모데후서 1장 13절의 "바른 말"(the form of sound word)과 히브리서 5장 12절의 "하나님의 말씀의 초보"는 신약 성경에 등장하는 초대교회 안에서 기본적인 교리 교육이 존재했음을 중요하게 암시한다고 왓슨은 주장한다.[26]

사실 이러한 왓슨의 지적은 정당한 것이다. 초대교회의 선례를 따라 종교개혁자들은 거의 예외 없이 신앙교육서를 통한 교리 교육을 강조했다. 일례로 칼빈은 1537년 1월 16일 시의회에 제출한『제네바 교회의 조직과 예배에 관한 시안』(Articles concernant l'organisation de l'église et du culte à Genève)에서 초대 교회 때부터 실천해왔던 교리 교육의 필요성을 역설한다.[27] 얼마 후, 칼빈은 1537년에는 제1차『신앙교육서』를, 1542년에는 제2차『신앙교육서』를 출판하였다. 특히 후자는 373개의 질문과 대답으로 구성된 문답식으로 작성되었고, 55주 분량으로 구분하여 매 주일 체계적인 교리 교육이 실행될 수 있도록 편집되었다.[28]

---

26   Watson, *A Body of Practical Divinity*, I.11-12

27   Calvin, "Articles concernant l'organisation de l'eglise de Geneve (1537)," 5-14 in *CO*. 10:12-13. CO = *Joannis Calvini opera quae supersunt omnia* (Brunsvigae: Schwetschke, 1863).

28   칼빈의『신앙교육서』에 대해서는 다음을 참고하라. 안상혁, "제네바 교회와 신앙교육: 칼

칼빈의 제네바에 제1차, 제2차 『신앙교육서』가 있었다면, 왓슨은 그의 시대에 작성된 『웨스트민스터 소요리문답』이 신앙의 근본적인 조항들을 훌륭하게 요약하여 제시한다고 믿었다.[29] 그는 소요리문답의 항목에 따라 일련의 교리 설교를 행했는데 『신학의 체계』 안에 포함된 설교들을 제목(주제)과 성경 본문, 핵심 내용, 그리고 소요리문답의 항목을 따라 다음과 같이 정리할 수 있다.[30]

	주제(설교제목)	주요 성경구절	내용(핵심어)	소요리문답
1	서론적 설교 (Preliminary Discourse To Catechising)	골 1:23	교리의 필요성	
2	사람의 주요한 목적은 하나님을 영화롭게 하고 영원히 즐거워하는 것	벧전 4:11; 고전 10:31 시 73:25	하나님을 영화롭게 하는 17가지 방법	Q#1
3	성경	딤후 3:16	성경의 신적권위 논증	Q#2
4	한 분 하나님이 존재하신다	히 11:6	하나님이 계신 증거들	Q#3

뱅의 제1차, 제2차 《신앙교육서》를 중심으로," 「신학정론」32/2(2014):9-65.

29 차드 반 딕스후른(Chad B. Van Dixhoorn)에 따르면, 웨스트민스터 『대요리문답』과 『소요리문답』(이하 대소요리문답)은 『제네바 신앙교육서』로부터 세 가지 면에서 차별화되었다. 첫째, 『제네바 신앙교육서』와 달리 대소요리문답은 사도신경 주해를 배제했다. 요리문답은 오로지 성경 본문에 기초해야한다는 생각에서 비롯된 변화다. 둘째, 대소요리문답은 그리스도의 죽음과 부활뿐만 아니라 그리스도의 삶과 능동적 순종을 강조했다. 셋째, 『제네바 신앙교육서』의 대답이 종종 선행하는 질문에 의존하는 방식으로 작성된 것과 달리, 대소요리문답의 답은 독립적인 내용으로 기술되었다. 이는 교육상의 편의를 도모하는 차원에서 시도된 것으로 보인다. Cha. B. Van Dixhoorn, "The Making of the Westminster Larger Catechism," *Reformation & Revival,* 10/2(Spring 2001): 97-113.

30 도표는 『신학의 체계』 1692년 원본을 근거로 하고, 누락되었거나 교정 및 미흡한 부분에 대해서는 1807년과 1859년 판본을 사용하여 보완하여 작성하였다.

5	하나님은 영이시다	요 4:24	영으로 예배한다는 것	
6	하나님은 무한하시다	왕상 8:27	하나님의 편재성	
7	하나님의 지식	삼상 2:3	하나님의 전지성	Q#4
8	하나님의 영원성	시 90:2	하나님의 영원성	
9	하나님의 불변성	말 3:6	본성과 작정의 불변성	
10	하나님의 지혜	욥 9:4	지성과 행위에서의 지혜	
11	하나님의 능력	욥 9:19; 창 17:1	하나님의 전능성	
12	하나님의 거룩	출 15:11; 시 111:9	하나님의 거룩성	
13	하나님의 공의	신 32:4	공의로우신 하나님	Q#4
14	하나님의 자비	시 33:5; 119:64	12가지 명제	
15	하나님의 진리	신 32:4; 시 57:10 시 86:5	하나님의 약속의 진실성	
16	오직 유일하신 하나님	신 6:4; 4:39; 사 45:21; 고전 8:6	하나님의 유일성	Q#5
17	삼위일체	요일 5:7 (KJV)	삼위일체 교리 변증	Q#6
18	창조	창 1:1	하나님의 작정과 창조	Q#7 Q#9
19	하나님의 섭리	요 5:17; 시 103:19	7가지 명제	Q#11
20	행위 언약	창 2:16-17	아담과 맺은 행위 언약	Q#12
21	죄	요일 3:4	죄의 속성과 결과	Q#14
22	아담의 죄	창 3:6	아담의 타락	Q#15
23	원죄	롬 5:12	원죄 교리 해설	Q#16
24	타락으로 인한 사람의 비참함	엡 2:3	원죄의 결과	Q#19
25	은혜언약	사 55:3; 겔 37:26	하나님과 택자 사이에 맺어진 새로운 은혜언약	Q#20
26	그리스도, 언약의 중보자	히 12:24	신-인 중보자의 존재	[Q#21-22]

27	선지자 그리스도	신 18:15	삼중직: 선지자	[Q#23-24]
28	제사장 그리스도	히 9:26	삼중직: 제사장	Q#25
29	그리스도의 중보	롬 8:34		
30	왕 그리스도	계 19:16	삼중직: 왕	Q#26
31	성육신 안에 나타난 그리스도의 낮아지심	딤전 3:16	그리스도의 성육신	Q#27
33	그리스도의 높아지심	빌 2:9	그리스도의 승귀	Q#28
34	구속주 그리스도	히 9:12; 엡 1:7	그리스도의 구속과 성령에 의한 구속의 적용(믿음)	Q#30
35	믿음	갈 2:20		
36	효과적 부르심	롬 8:30	적용: 유효적 부르심	Q#31
37	칭의	롬 3:24	칭의	Q#33
38	양자삼음	요 1:12	양자삼음	[Q#34]
39	성화	살전 4:3	7가지 특징과 6가지 표지	[Q#35]
40	확신	벧후 1:10	성화의 첫째 열매	Q#36
41	평강	벧전 1:2	성화의 둘째 열매	
42	기쁨	갈 5:22	성화의 셋째 열매	
43	은혜 안에서 자라감	벧후 3:18	성화의 넷째 열매	
44 / 45	견인	벧전 1:5	성화의 다섯째 열매	
46 / 47	죽음에서의 신자의 특권	빌 1:21	신자의 죽음에서 그리스도로부터 받는 유익	[Q#37]
48	죽음 이후 신자의 특권			
49	부활	요 5:28-29	부활 때 신자가 그리스도로부터 받는 유익	Q#38
50	심판의 날	고후 5:10		
51	하나님의 계시된 의지에 대한 순종	신 27:9-10	계시된 말씀에 순종할 의무	Q#39 [~#41]
52	사랑에 대하여	신 6:5	사랑, 십계명의 요약	Q#42

53		서문의 서문: 말씀하여		도덕법을 말씀하신 하나님	
54	십계명: 서문	나는 네 하나님 여호와	출 20:1-2	"네 하나님 여호와," "애굽 땅, 종 되었던 집에서 인도하여 낸" 등의 의미와 적용	Q#43 [-#44]
55					
56		애굽 땅			
57		종 되었던 집에서			
58		종 되었던 집에서 인도하여			
59					
60	십계명: 제1계명		출 20:3	도덕법과 복음의 차이	Q#45 [-#47]
61				우리의 하나님	
62				'내 앞에' 의미	[Q#48]
63	십계명: 제2계명		출 20:4	잘못된 방식의 예배	Q#49 [-#51]
64			출 20:5	제2계명의 논리: 질투하시는 하나님, 은혜 베푸심, 하나님사랑과 계명 순종 등	Q#52
65			출 20:6		
66					
67					
68	십계명: 제3계명		출 20:7	여호와의 이름을 망령되이 일컫는 것	Q#53 [-#56]
69	십계명: 제4계명		출 20:8	안식일 준수 명령	Q#57 [-#62]
70			출 20:9-10	안식일 지키는 방법	
71					
72			출 20:8	안식일을 거룩히 지킬 의무	
73	십계명: 제5계명		출 20:12	네 아비를 공경하라	Q#63 [-#66]
74				부모 공경	
75				하늘 아버지 공경	
76	십계명: 제6계명		출 20:13	살인 금지 명령	Q#67 [-#69]
77				타인과 자신을 해하지 말 것	
78				타인과 자신을 위해 행할 선	
79	십계명: 제7계명		출 20:14	간음죄에 대하여	Q#70 [-#72]
80	십계명: 제8계명		출 20:15	도적질에 대하여	Q#73 [~#75]
81	십계명: 제9계명		출 20:16	거짓 증언에 대하여	Q#76 [~#78]
82	십계명: 제10계명		출 20:17	탐욕에 대하여	Q#79 [~#81]
83				이웃의 것을 탐내지 말라	

84	도덕법을 지킬 수 없는 사람의 무능력	약 3:2; 전 7:20	인간의 무능력과 계명	Q#82
85	모든 죄가 똑같이 가증한 것은 아니다	요 19:11; 렘 16:12	죄의 등급	Q#83
86	죄가 마땅히 받을 보응	마 25:41	하나님의 진노	Q#84
87	믿음	롬 3:25	그리스도를 믿는 믿음	Q#85-[#86]
88	회개	행 11:18	생명에 이르는 회개	Q#87
89	말씀: 읽고 선포되는 말씀, 어떻게 유효적이 되는가?	살전 2:13		
90	세례	마 28:19-20	구속을 전달하는 외적 수단: 말씀, 성례, 기도	Q#88 [~#98]
91		막 14:22		
92	성찬	막 14:22-24		
93		막 14:22		
94	기도	시 109:4		
95	주기도문: 서론	마 6:9	우리 아버지	Q#99-100
97			하늘에 계신	
98	주기도문: 첫 번째 간구	마 6:9	이름이 거룩히 여김을 받으시오며	Q#101
99	주기도문: 두 번째 간구			
100	적용#1. 하나님 나라에 대한 정보			
101	적용#2. 책망: 은혜와 영광의 왕국을 간과하는 자들		나라가 임하시오며 (다섯 가지 기도)	Q#102
102	적용#3. 점검: 과연 예비된 나라에 들어갈 것인가?	마 6:10		
103	적용#4. 모든 이를 위한 일반적 권면			
104	적용#5 권면			
105	적용#6 하나님의 백성에 대한 위로			
106	주기도문: 세 번째 간구	마 6:10	뜻이 하늘에서 이룬 것 같이 땅에서도 이루어지이다	Q#103
107	주기도문: 네 번째 간구	마 6:11	오늘날 우리에게 일용할 양식을 주옵시고	Q#104
108		마 6:12	우리가 우리에게 죄지은 자를 사하여 준 것같이 우리 죄를 사하여 주옵시고	Q#105
109	주기도문: 다섯 번째 간구	눅 11:4		
110		마 6:12		

| 111 | 주기도문: 여섯 번째 간구 | 마 6:13 | 우리를 시험에 들게 하지 마옵시고 | Q#106 [~#107] |
| 112 | | | 다만 악에서 구하옵소서 | |

(2) *교리 설교의 특징* – 과연 왓슨의 소요리문답 설교의 특징은 무엇일까? 첫째, 대부분의 경우 왓슨은 소요리문답의 각 항목과 더불어 주요한 성경 본문을 제시한다. 일례로 왓슨은 소요리문답의 제1문("인간의 첫째 목적은 무엇입니까?")과 더불어 베드로전서 4장 11절("범사에 하나님이 영광을 받으시게 하려 함이니") 및 고린도전서 10장 31절("그런즉 너희가 먹든지 마시든지 무엇을 하든지 하나님의 영광을 위하여 하라")을 서두에서 제시하고 이를 간략히 주해한다. 계속하여 왓슨은 '유일한 규범'인 성경을 다루는 소요리문답 제2문을 디모데후서 3장 16절("모든 성경은 하나님의 감동으로 된 것으로")과 함께 시작한다. 또한 적지 않은 경우, 왓슨은 소요리문답의 질문과 답을 소개하기 전에 성경 구절을 먼저 제시하기도 한다. 일례로 그리스도의 낮아지심에 대한 제27문에 앞서 디모데전서 3장 16절("크도다 경건의 비밀이여, 그는 육신으로 나타난바 되시고")을 그리스도의 높아지심에 대한 제28문에 앞서 빌립보서 2장 9절("이러므로 하나님이 그를 지극히 높여 모든 이름 위에 뛰어난 이름을 주사")을 제시하고 간략히 주해한다. 왓슨에게 있어 성경 말씀은『신학의 체계』가 가르치는 교리의 기초이자, 주해와 논증의 근거이며, 설교의 주제에 해당한다. 이 면에서 왓슨은『웨스트민스터 예배모범』의 권고를 반영하고자 노력한 것으로 보인다. 『웨스트민스터 예배

모범』에 따르면 설교자는 반드시 성경 본문을 가지고 설교해야 하고, 본문으로부터 교리를 도출할 경우 그 진리가 "[성경] 본문에 포함되어 있거나 혹은 그 본문에 기초해야 한다."[31]

둘째, 왓슨은 소요리문답의 신학적 주제들을 전반적으로 고르게 다루었지만, 특히 몇 주제들은 좀 더 세분화하여 강해하였다. 예를 들어, 왓슨은 소요리문답 제4문("하나님은 누구십니까?)을 한 편의 설교로 다루지 않는다. 소요리문답이 제시하는 열 가지 속성(영, 무한, 영원, 불변, 지혜, 능력, 거룩, 공의, 선, 진리)에 한 가지를 덧붙여(하나님의 지식), 각 속성을 주해하는 열 한 편의 설교문을 작성하였다. 이와 유사한 맥락에서 소요리문답 제36문에 대해서는 다섯 편의 설교를(성화의 열매), 십계명의 서문에 해당하는 제43-44문에 대해서는 일곱 편 분량의 설교를, 그리고 주기도문의 두 번째 간구에 해당하는 제102문에 대해서는 역시 일곱 편으로 구분되는 설교문을 작성한다. 이는 왓슨이 소요리문답을 기계적으로 따라가기보다는 자신의 강조점을 설교 일정에 유연성 있게 반영하였음을 보여준다.

셋째, 논쟁적 정황을 고려하여 왓슨은 적정한 수준에서 교리를 변증적으로 제시한다. 왓슨이 주로 논박하는 대상은 교황주의자(성경, 성례, 기도, 자유의지, 그리스도의 속죄, 칭의, 확신, 예배 등), 소키누스주의자

---

31 *A Directory for the Publique Worship of God throughout the three Kingdomes of England, Scotland, and Ireland*(London: T.R. & E.M. for the Company of Stationers, 1651), 19-21. 인용은 21쪽을 보라.

(삼위일체, 기독론, 원죄, 자유의지, 칭의), 아르미니우스주의자(자유의지, 선택, 소명, 칭의, 견인, 불가항력적 은혜), 율법폐기론자(율법, 구약, 칭의, 은혜, 회개, 용서) 등이다. 이 외에도 재침례파와 퀘이커의 오류도 언급한다. 왓슨의 논박은 사변적이지 않다. 대부분의 경우 쉽고 짧은 문장으로 이들의 핵심적 오류를 지적하며 기독교 신앙의 기초적인 교리를 진술하고, 진리를 위협하는 이들의 위험성에 대한 경각심을 일깨우며 그의 시대의 논쟁적 이슈를 비교적 단순한 수준에서 설교에 반영하였다.

넷째, 각 교리 설교에는 거의 예외 없이 실천적 적용이 포함되어 있다. 하나님의 존재를 논의한 후에 왓슨은 그분을 예배하자고 권면한다. 하나님의 불변성을 설명한 후에는 피조물의 허무함을 직시하고 영원히 변치 않으시는 하나님을 신뢰하자고 말한다. 하나님의 지혜에 대해 강해한 다음에는 인생의 생사화복 속에서 하나님의 지혜를 믿고 안식하자고 격려한다. 하나님의 거룩하심을 닮기 위해서는 그리스도의 보혈을 믿음으로 의지하고, 거룩한 마음을 달라고 기도하며, 성도와 더불어 교제할 것을 권면한다. 이는 왓슨이 교리를 명제적으로 진술하는데 그치지 않고 이를 신자의 삶에 실천적으로 적용하고자 노력했다는 사실을 잘 보여준다.

(3) 교리 설교의 실제: 소요리문답 제6문 −삼위일체 − 이러한 네 가지 특징이 왓슨의 교리 설교에 어떻게 반영되는지 확인하기 위해 요리문답 제6문의 주제인 삼위일체에 관한 그의 설교를 다음과 같이 요약하

여 살펴보기로 한다.

[텍스트 주해] 왓슨은 소요리문답 제6문과 요한일서 5장 7절(KJV) 말씀으로 시작한다.

[질문 6] 하나님께는 몇 위가 있습니까? **[답]** 삼위가 계십니다. 그러나 한 분 하나님입니다.

(요일 5:7) 하늘에 증언하는 세 분이 계시니 곧 아버지와 말씀과 성령이시라. 또 이 세 분은 하나이시니라.

하나님은 오직 한 분이시지만 한 분 하나님 안에 서로 구분되는 세 위격이 존재하신다. 이는 거룩한 신비이다. 마치 호도껍데기 안에 바닷물을 담지 못하듯이 우리의 좁은 생각으로 삼위일체의 신비를 파악할 수 없다.

[교리] 왓슨은 삼위일체를 두 부분으로 나누어 설명한다. 먼저 '삼위이심 가운데 하나이심'(Unity in Trinity)를, 그 다음으로 '하나이심 가운데 삼위이심'(Trinity in Unity)를 설명한다.

1. 삼위이심 가운데 하나이심

삼위 하나님은 본질에 있어 하나이시다. 신성에 있어 차등이 없다. 삼위께서는 상호내주하신다(요 17:21).

2. 하나이심 가운데 삼위이심

1) 성부 - 삼위의 제1격은 성부 하나님이시다. 위엄이나 우월성에 있어

서 차별성이 아니라 질서와 순서에 따라 첫 번째 위격이시다.

2) 성자 - 성부로부터 나신 예수 그리스도는 창세전에 낳으신바 되셨다 (잠 8:23-25). 성경은 하나님의 아들의 영원한 출생을 선포한다. 하나님의 아들이 우리의 예수가 되셨으며, 성경은 그를 '다윗의 가지'(렘 23:5)라고 부른다. 그를 믿는 자는 의롭다 하심을 얻는다(행 13:39)

3) 성령 - 성령님은 성부와 성령으로부터 나오신다. 신자는 성령님에 의해 기름부음을 받는다(요일 2:20). 성령님은 그리스도께서 값주고 사신 것을 우리 안에서 확신하도록 하고 구속의 날까지 인치신다. 마태복음 3장 16절은 삼위의 성호를 기록하며 삼위 하나님에 대해 증언한다.

[적용] 왓슨은 삼위일체 교리의 적용점을 제시한다. 적용은 논박과 권면의 두 부분으로 구성된다.

1. 논박

1) 삼위일체 교리는 오로지 제1위격만을 믿는 유대인과 투르크인들을 논박한다. 삼위일체를 믿지 않으면 구원은 불가능하다. 제2위이신 구속자와 제3위이신 보혜사가 사라지기 때문이다.

2) 삼위일체 교리는 예수 그리스도의 신성을 부인하는 소키누스주의자들의 가증한 견해를 논박한다. 이들은 예수 그리스도를 단지 높은 신분의 피조물이라고 주장한다.

3) 삼위일체 교리는 성령님이 하나님이심을 부인하는 아리우스주의자들을 논박한다. 나는 성령님의 신성을 부인하느니 차라리 성령님이 있음도 알지 못하는 사람의 경우가 더 낫다고 생각한다(행 19:2). 의도적으로 성령님을 제거하는 자들의 이름은 생명책에서 지워지게 될 것이다.

2. 권면

1) 삼위일체 교리를 믿으라. 이 교리는 순수한 믿음의 대상이다. 이 교리는 초자연적인 것으로서 이성에 위배되는 것이 아니라 이성을 초월한다. 삼위일체 교리를 믿지 않으면서 결코 좋은 그리스도인이 될 수 없다. 퀘이커교도는 예수 그리스도를 평가절하하면서도 여전히 그리스도인이라는 이름을 사용하는 혐오스러운 잘못을 범한다.

2) 삼위일체의 하나님, 곧 세 위격으로 존재하시는 한 하나님께 동일한 경배를 드리자. 성부를 공경하는 것과 같이 아들을 공경해야 한다 (요 5:23).

3) 삼위일체의 모든 위격에게 순종하라.
   ① 성부 하나님께 순종하라. 인간으로서 그리스도께서도 성부께 순종하셨다(요 4:34).
   ② 성자 하나님께 순종하라. 우리는 성자 하나님께 순종의 입맞춤으로 복종해야한다(시 2:12). 장로들도 면류관을 그리스도의 발아래 던지고 어린 양 앞에 엎드린다(계 4:10-11).
   ③ 성령 하나님께 순종하라. 성령님은 우리의 복종을 받기에 합당하시는 그분은 하나님이시기 때문이다.

삼위일체에 관한 설교에서 우리는 앞서 필자가 소개한 왓슨의 교리 설교가 가지고 있는 네 가지 특징들 가운데 적어도 세 가지를 발견할 수 있다. 첫째, 왓슨은 설교의 서론에서 소요리문답 제6문과 함께 요한일서 5장 7절("하늘에 증언하는 세 분이 계시니 곧 아버지와 말씀과 성령이시라. 또 이 세 분은 하나이시니라")과 함께 강해를 시작한다. 둘째, 왓슨은 삼위일체 교리를 부정하거나 훼손하는 유대교, 이슬람교, 소키누스주의, 아리우스주의, 퀘이커교도의 교리를 사변적이지 않은 방식으로 논박한다. 셋째, 왓슨은 삼위일체 교리를 해설한 후에 두 배 이상의 지면을 이 교리의 적용에 할애하여 설명하며 강해를 마무리한다.

3) 『신학의 체계』 이외의 설교와의 비교

과연 소요리문답 제6문에 대한 교리 강해는 왓슨의 다른 설교들과 어떤 차이가 있을까? 왓슨의 설교 선집(*Select*, 1855; *Discourses* II 1829)에 실린 누가복음 5장 31절에 대한 주해 설교와 왓슨의 또 다른 고별설교(요 13:24)를 아래와 같이 요약한 후에 서로 비교하면서 공통점과 차이점을 찾아보도록 한다.[32]

(1) 왓슨의 누가복음 5장 31절 설교: "영혼의 질병과 치료"[33]

[텍스트 주해] 왓슨은 주님께서 세리 레위를 제자로 부르신 것과 세리들과 식탁 교제를 나누시는 그리스도를 향해 바리새인의 비난, 그리고 주님의 응답을 중심으로 본문을 주해한다.

---

32 이 고별 설교는 1662년 8월 17일 오전에 요한복음 13장 24절을 본문으로 설교한 것이다. 서지 사항은 각주 32번을 참고하라.

33 Watson, "The Soul's Malady and Cure," in *The Select Works of the Rev. Thomas Watson*(1855): 738-755. 설교문의 구조를 따라 필자가 요약한 것이다. 중간의 이탤릭으로 표기한 부분은 필자의 말이다.

(눅 5:31) 예수께서 대답하여 이르시되 건강한 자에게는 의사가 쓸 데 없고 병든 자에게라야 쓸 데 있나니

주님께서 응답하신 말씀은 크게 두 부분으로 구성되어 있다.

1. 죽어가는 환자들
2. 치료하는 의사

[교리와 적용] 왓슨은 본문으로부터 두 가지 교리적 진술(교훈)을 도출한다. 각 교리로부터 세분화된 논의를 전개해 나간다.

교리#1. 죄는 영혼의 질병이다(시 103:3; 사 53:4).
1. 창조와 타락 – 인간이 처음 창조되었을 때는 건강한 상태였으나 아담의 타락으로 말미암아 병든 상태로 전락했다. 하나님께서 마련해 주신 길이 아니고서는 회복이 불가능하다.

2. 세 가지 고려할 내용

1) 어떤 의미에서 질병이 죄와 유사한지에 대해
   ① 질병에 걸리는 것과 죄에 빠지는 방식의 유사성 - 부주의, 과잉, 무절제
   ② 질병과 죄의 속성 – 감염으로 전파됨(사 1:5-6), 죄는 이해력, 기억, 의지, 감정, 양심 등을 병들게 한다. 또한 몸의 기능, 아름다움, 식욕, 삶의 위로 등을 앗아가고 결국 죽음으로 이끌어 간다.
2) 영혼의 질병이란 무엇인지에 대해
   ① 아담은 원의를 파괴하고 영혼 전체를 질병으로 가득 채웠다.

② 영혼의 질병 수가 몸의 경우보다 많다. 교만, 정욕, 오류, 불신앙, 위선, 완악함, 분노, 악, 탐욕, 영적 나태함, 배교.

3) 죄로 인한 질병이 최악이라는 사실에 대해 – 왜 죄로 인한 질병이 더 악한 것인가?
　① 몸이 병들었어도 양심은 죄사함으로 인해 평강을 누릴 수 있다(사 33:24, cf. 사57:21)
　② 하나님은 몸이 병든 자도 사랑하신다(왕하 15:23).
　③ 몸의 질병은 친한 사람들의 교제권으로부터 우리를 분리시킬 뿐이다. 그런데 죄는 우리를 하나님과의 교제로부터 분리시킨다.

적용

1) 지식
　① 죄가 우리에게 가져온 비참한 상황을 직시하라.
　② 죄가 영혼의 질병이라면 자신의 죄를 숨기는 것이 얼마나 어리석은가! (욥 31:33)
　③ 죄가 영혼의 질병이라면 하나님 밑에서 병든 영혼을 치료하는 의사가 되어야 한다.

2) 권면
　① 죄가 영혼의 질병이라면, 이 사실로 인해 우리는 겸손해져야 한다. 내 영혼에 질병이 있다는 사실은 나로 하여금 교만하지 못하도록 만든다.
　② 죄가 영혼의 질병이라면, 우리는 죄를 두려워해야 한다.
　③ 죄가 영혼의 질병이라면, 이에 대해 가까운 지인들에게 말하고

충고를 들으라. 의사는 환자에게 병에 대해 말하고 이를 치료해
준다.

④ 죄가 영혼의 질병이라면, 이 병을 키우지 마라.

⑤ 죄가 영혼의 질병이라면, 이 병을 감각하도록 노력하라. 사람은
자신이 병에 걸린 사실을 감각하지 못하는 경우가 많다(계 3:17).

⑥ 죄가 영혼의 질병이라면, 이 병을 치료받도록 노력하라(시 41:4;
약 5:14).

[문] 과연 어떻게 질병을 치료받을 수 있는가?

[답] 본문은 그 답으로 '치료하시는 의사'를 소개한다.

교리#2. 예수 그리스도는 영혼의 의사이시다

1. 그리스도는 의사이시다.

1) 그리스도의 이름들 가운데 하나이시다. 출 15:26 "나는 너희를 치료
하는 여호와임이니라"

2) 치료하시는 그리스도의 모습을 다음에서 확인할 수 있다.

① 광야에서 모세가 들었던 놋뱀(민 21:9)

② 선한 사마리아인의 비유(눅 10:33-34)

③ 에스겔 환상에서 기록된 성소 안의 나무들(겔 47:12)

2. 그분은 왜 의사이신가?

1) 성부께서 주신 소명이다(눅 4:18).

2) 의사를 요구하는 우리의 필요로 인해 그리스도께서 치유 사역을 담

당하셨다.

3) 그리스도는 그분의 선하신 성품으로 인해 의사로서 우리에게 오셨다(눅 10:33; 호 14:4).

3. 그분은 유일한 의사이시다.

1) 오직 그리스도만이 구원하신다(행 4:12).
2) 교황주의자들은 그리스도 이외에 천사와 자신의 공로를 치료자로 만든다.

4. [문] 그분은 자신의 환자들을 어떻게 치료하시는가?
   [답] 그리스도 안에 있는 네 가지가 치료한다.

1) 그 분의 말씀이 치료한다(시 107:20).
2) 그리스도께서 받으신 상처가 치료한다(사 53:5).
3) 그리스도의 영이 치료하신다(사 61장).
4) 그리스도의 막대기가 치료하신다(사 27:9).

5. 그분은 최고의 의사이시다.

1) 그리스도는 모든 질병을 고치시는 가장 능숙한 의사이시다(시 103:3).
2) 그리스도는, 몸의 질병만 치료하는 사람과 달리, 영혼까지 치료하신다(히 9:14).
3) 그리스도는 우리로 하여금 우리의 죄를 감각하게 만드신다.
4) 그리스도는 자신의 환자들에게 최고의 사랑을 보여주신다.

① 하늘에서 지상까지의 먼 거리를 마다하지 않고 오셨다.

② 의사를 요청을 하지 않은 환자들에게 직접 찾아오셨다.

③ 그분 자신의 보혈로 환자들을 치료하신다(사 53:5).

④ 우리가 그분을 거절했음에도 우리를 떠나지 않으신다(사 65:2).

⑤ 그분 자신이 우리가 마셔야 할 쓴 잔을 마시셨다.

5) 그리스도는 값없이 우리를 치료하신다(사 40:1).

6) 그리스도는 가장 쉽게 치료하신다. 말씀 한마디로 귀신을 쫓아내신
   다(막 9:25).

7) 그리스도는 가장 부드러운 마음을 가진 의사이시다(호 11:8).

8) 그리스도는 부작용이 전혀 없는 치료를 행하신다.

9) 그리스도는 결코 실패하는 법이 없다.

10) 그리스도는 죽은 자까지도 치료하신다.

11) 그리스도는 우리의 질병뿐만 아니라 우리 신체의 기형도 치료하신다.

12) 그리스도는 환자를 풍요롭게 하신다. 환자는 의사를 부자로 만들지
    만, 그분은 치료하실 뿐만 아니라 우리에게 관을 씌우신다(계 2:10).

적용

*[1. 반론과 답변] 왓슨은 적용의 전반부에서 먼저 그리스도의 복음을 선
포한 후 우리 영혼의 의사이신 그리스도를 사용하자고 말한다. 곧이어
일곱 개의 반론과 이에 대한 답변을 기술한다. 대부분 목회 현장에서
신자들이 고민하는 질문들에 대한 복음적인 응답을 제시한다.*

오늘날 우리에게는 좋은 소식이 있다. 바로 죄로 인해 병든 영혼을 치
료할 수 있는 의사가 계신다는 사실이다. 독을 마신 자에게 해독제가
있다는 것보다 더 좋은 소식이 있겠는가? 그리스도께서 의사이시라면,

우리 영혼의 질병을 치료받기 위해 그분을 사용하자.

반론#1. 나는 너무 무가치하기 때문에 치료받기 위해 그리스도께 나아
갈 수 없다.

답변

1) 그리스도께서는 무가치한자들을 위해 보혈을 흘리셨다(딤전 1:14).
2) 율법으로 우리는 무가치하지만 복음적으로 우리는 가치가 있다(사
61:14).
3) 비록 우리는 무가치하지만, 그리스도께서는 가치 있는 분이다.
4) 구원받은 자 중에 그 누가 가치 있는 자였겠는가?
5) 먼저 가치 있는 사람이 된 후에 그리스도께 나아오고자 원한다면,
우리는 결코 그분께 나아갈 수 없을 것이다.

반론#2. 나는 그리스도가 수행하실 임무의 대상, 곧 구원하실 수효에 들
지 못했을까 두렵다. 그렇다면 비록 그리스도가 의사이실지라도 나는
치료받지 못할 것이다.

답변

1) 천사들도 택자와 유기에 대한 질문에 답을 하지 못한다. 이에 대해
판단하는 것은 스스로를 천사보다 지혜롭게 간주하는 것이다.
2) 그리스도는 "마음이 상한 자"를 치료하시는 임무를 부여받으셨다(눅
4:18).

반론#3. 내가 지은 죄의 수효가 너무 많아서 한 번에 치료받을 수 없다.

답변

베드로도 그리스도를 향해 "나를 떠나소서 나는 죄인이로소이다"(눅
5:8)라고 말했다. 과연 환자가 의사를 향해 나는 질병에 걸렸으니 나를

떠나달라고 말하는 것이 합당한 말이겠는가?

반론#4. 내 질병은 불타올라 발작의 수준에 이르렀다.
답변
그리스도의 보혈이라는 치료제는 당신의 상처부위를 덮고도 남는다(요일 1:7).

반론#5. 내 질병은 너무나 오래되어 치료되기 힘들다.
답변
비록 만성화된 질병이라도 그리스도는 치료하실 수 있다. 예수님은 삭개오와 인생의 황혼기에 있는 환자들도 치료하셨다.

반론#6. 내 질병은 재발한다. 나는 동일한 죄에 반복하여 빠진다. 나는 구제불능인 것 같아 두렵다.
답변
신자라도 동일한 죄에 반복해서 빠질 수 있다. 그러나 진심으로 회개하면 주님께서 치료하신다. 주님은 다윗과 크랜머(Thomas Cranmer, d.1556)를 치료하셨다. 요한일서 2장 1절을 보라. "만일 누가 죄를 범하여도 아버지 앞에서 우리에게 대언자가 있으니 곧 의로우신 예수 그리스도시라."

반론#7. 나는 성령님을 거스르는 죄를 범했기 때문에 치료를 받지 못할까 두렵다.
답변
1) 범죄를 두려워하는 것은 당신이 이 죄를 범하지 않는다는 표이다.
2) 성령을 근심케 하는 모든 죄가 성령 모독죄는 아니다.

[2. 권면] 왓슨은 적용의 후반부에서 네 가지를 권면한다.

1. 모든 반론을 버리고 무슨 영혼의 질병에 걸렸든지 그리스도께 나아와 그를 믿고 치료함을 받으라. 그리스도의 피를 믿는 믿음 이외에 다른 방법은 없음을 기억하라(롬 3:25). 믿음은 우리를 그리스도와 하나로 연합시키고 그리스도의 공로를 나에게 적용한다.

2. 바로 지금이 치료받을 수 있는 은혜의 때이다(고후 6:2). 미루지 말고 서둘러 주님께 나아와 치료함을 받으라.

3. 이미 정죄 받을 죄에서 치료함을 받은 신자들에 드리는 네 가지 권면
   1) 당신을 치료하신 하나님께 감사하라. 그분에 당신 영혼에 행하신 일을 말하라.
   2) 또다시 감염되지 않도록 악인들과 어울리지 말라.
   3) 동일한 죄에 또 다시 빠지지 않도록 주의하라.
   4) 죽음에 이르는 죄에 걸린 친구들을 불쌍히 여기라. 이들을 위해 간구하라.

4. 우리 모두 그리스도께 나아가 죽어가는 영국을 치료하도록 간구하자. 영국은 병든 나라이다. 관료들과 의사의 역할을 감당해야할 성직자들도 모두 병들었다. 그 결과 분열과 압제와 피 흘림이 일어났다. 하나님께서는 영국을 치셔서 병들게 하셨다(미 6:13). 우리 모두 그리스도께서 우리를 치료하시도록 눈물로 기도하자. 모세와 같이 주님 앞에 나가 그분의 진노를 돌이키시도록 간구하자(시 106:23).

(2) 왓슨의 고별 설교: 요한복음 13장 34절[34]

[텍스트 주해] 왓슨은 오늘날 이 계명이 지켜지지 않는 문제점을 지적하고 본문의 핵심적인 내용을 주해한다.

(요 13:34) 새 계명을 너희에게 주노니 서로 사랑하라 내가 너희를 사랑한 것 같이 너희도 서로 사랑하라

기독교의 사랑은 우리가 논의할 가장 적합한 주제이다. 예수 그리스도는 우리를 향한 사랑의 증거를 보여 주셨다. 그분을 닮아가야 하는 신자가 서로 사랑하는 것은 마땅하다. 그리스도를 많이 사랑하는 것같이 보이는 신자도 막상 신자들끼리 사랑하지 않는 경우가 많다. 우리는 주님께서 주신 새로운 명령("새 계명을 너희에게 주노니")에 의해 묶여 있다. 또한 주님은 자신의 모범을 통한("내가 너희를 사랑한 것 같이") 명령으로 우리를 강제하신다. 사랑의 계명은 사람의 본성에 새겨진 옛 계명이다. 그런데 이제 "그리스도의 새로운 모범에 의해" 이는 새로운 계명으로서 우리의 마음에 깊이 각인되었다.

[교리] 왓슨은 본문으로부터 하나의 교리를 이끌어 낸 다음에 이를 두 부분으로 나누어 설명한다.

교리(Doctrine): 기독교인은 반드시 서로 사랑해야만 한다.

---

34 Watson, "Mr. Watson's Forenoon Sermon: Preached August 17th, 1662: John 13:34," in *Farewell Sermons* (1816): 182-190.

1. 사랑에 관한 진리 – 우리가 서로 사랑할 때 우리는 순수하고 신실하게 그리고 전심으로 사랑해야한다고 그리스도께서 말씀하신다(요일 3:18).

2. 사랑의 범위 – 세 방향으로 흘러가야 한다.
1) 우리는 *모든 사람*을 사랑해야 한다. 우리는 똑같이 지음 받은 존재이기 때문이다. 물론 죄를 사랑해서는 안 된다.
2) 우리는 특히 *모든 믿음의 가족*(성도)을 사랑해야 한다. 성도는 하나님께서 특별한 사랑하시는 새 피조물이다.
   ① 우리는 신자의 환경과 조건을 따지지 말고 무조건적으로 사랑해야 한다.
   ② 비록 많은 약점을 가진 신자라도 우리는 사랑해야 한다.
   ③ 우리는 하나님의 어린 자녀들을 이들의 약점을 감수하며 사랑해야 한다.
   ④ 우리는 하나님의 성도가 신앙의 기본을 지키고 머리이신 그리스도에 붙어있는 한 비록 덜 중요한 것들에서 우리와 다를지라도 이들을 참아주고 사랑해야 한다.
   ⑤ 비방과 박해를 당하는 하나님의 성도를 사랑해야 한다.
   ⑥ 나의 은사보다 덜하거나 혹은 더욱 빛나는 은사를 가진 대상을 사랑해야 한다.

우리는 이 모든 성도를 존대하고(시 15:4), 변호하며, 이들을 위해 기도하고, 이들의 필요를 채워주는 방식으로 사랑을 표현해야 한다.

3) 우리의 사랑은 우리의 원수에게까지 미쳐야만 한다.(눅 6:27 "너희 원수를 사랑하며 너희를 미워하는 자를 선대하며")

[적용] 왓슨은 교리 강설을 마친 후에 적용으로 나아간다. 적용은 책망과 권면의 두 부분으로 구성되어 있다.

1. 책망

본문은 그리스도를 사랑한다고 말하나 하나님의 성도를 사랑하지 않는 자들을 책망한다. 마음에 사랑이 없는 자는 은혜도 없고 구원하는 복음을 알지 못하는 사람이다. 하나님은 사랑이시기 때문이다. 아우구스티누스는 믿음과 사랑은 결코 분리될 수 없다고 말했다. 그러므로 형제에 대한 사랑 없이 성만찬에 참여할 수 없다.

2. 권면

1) 주님의 만찬에 참여하러 나올 때 오늘 본문 말씀을 읽으라. "새 계명을 너희에게 주노니 서로 사랑하라 내가 너희를 사랑한 것 같이 너희도 서로 사랑하라."

2) 마치 위장이 막혀 있을 때 음식을 소화할 수 없듯이 우리의 마음에 분노와 화, 그리고 악이 있을 때에는 생명의 떡이 우리의 영혼에 영양분을 공급하지 못한다. 그러므로 성찬으로 나올 때 모든 악을 속에서부터 꺼내버리고 나아오라. 그리스도의 보혈이 당신을 치료하고 새롭게 할 것이다.

3) 우리는 구원의 수장이신 예수 그리스도의 군대이고, 한 포도나무의 가지들이며, 그리스도의 한 몸이다. 우리 안에 분열과 몸을 찢어 분리하는 일은 있을 수 없다.

4) 비교 및 평가

왓슨의 교리 설교가 가진 특징을 살펴보기 위해 우리는 『신학의 체계』
에 수록된 소요리문답 제6문 '삼위일체'에 대한 그의 설교를 분석적으
로 읽고 요약하였다. 그리고 이를 『신학의 체계』에 수록되지 않은 다
른 설교와 비교하기 위해 누가복음 5장 31절과 요한복음 13장 34절을
주해한 두 편의 설교를 요약적으로 제시하였다. 먼저 세 편의 설교 모
두 '텍스트 주해–교리–적용'의 세 가지 구성 요소를 공유하고 있다는
점에서 공통점을 가지고 있다. 또한 적용이 크게 논박(혹은 책망)과 권
면의 두 부분으로 구성된다는 점에서도 유사하다. 다만 '삼위일체' 교
리를 다루는 소요리문답 제6문 강해에서 왓슨은 주로 삼위일체 교리
의 신학적 논적들을 논박하는데 비해, 나머지 두 편의 설교에서는 목
회적 적용에서 제기될 수 있는 문제점들을 논박하거나 책망한다는 차
이점을 드러낸다. 세 편의 설교를 세 가지 구성 요소에 따라 간략히
요약하여 비교하면 다음과 같다.

한국교회를 위한 청교도 설교의 유산과 적실성

	『신학의 체계』 삼위일체	"영혼의 질병과 치료"	고별 설교 (1662.8.17)
텍스트 주해	소요리문답 제6문 요일 5:7	눅 5:31	요 13:34
교리	1. 삼위이심 가운데 하나이심 2. 하나이심 가운데 삼위이심	1. 죄는 영혼의 질병이다. 2. 예수 그리스도는 영혼의 의사이시다.	1. 기독교인은 반드시 서로 사랑해야만 한다. 2. 전심으로 사랑하며 모든 사람, 성도, 원수까지 사랑해야 한다.
논박, (반론) 책망	삼위일체를 반대하는 유대인, 투르크인, 소키누스주의자 아리우스주의자, 퀘이커교도 등을 논박함	의사이신 예수께 나아가 치료받을 수 있다는 좋은 소식에 대한 일곱 개의 반론과 이에 대한 목회적 답변	그리스도를 사랑한다고 말하나 성도를 사랑하지 않는 자들을 책망함
적용 / 권면	1. 삼위일체 교리는 이성을 초월하는 오직 믿음의 대상이다. 이 교리를 믿으라 2. 삼위일체 하나님을 예배하라. 3. 삼위일체 하나님의 모든 위격께 순종하라	1. 죄가 영혼의 질병임을 직시하고, 감각하며, 겸손하고, 죄를 두려워하며, 충고를 듣고, 병을 키우지 말라. 2. 그리스도께 나아와 치료를 받으라. 3. 지금 은혜의 때에 나오라. 4. 치료받은 신자에게 권면함. 5. 영국을 치료해달라고 간구하자.	1. 주님의 성만찬에 나올 때, 새 계명의 본문 말씀을 읽으라. 2. 마음속의 분노, 화, 악을 꺼내 놓고 그리스도의 보혈로 치료를 받으라 3. 그리스도의 한 몸을 분리시키지 말라.

교리 설교의 형식과 내용에 대한 앞에서의 논의를 고려할 때 우리
가 고찰한 세 편의 설교는 *넓은 의미에서* 모두 교리 설교로 분류될 수
있다. 먼저 『웨스트민스터 소요리문답』에서 출발하는 『신학의 체계』의
설교들은 앞서 알렌에 의해 정의된 교리 설교의 *형식*을 분명히 따르
고 있다. 이와 달리 나머지 두 편의 설교는 각각 누가복음 5장 31절과
요한복음 13장 34절에 대한 주해로 시작한다. 만일 형식에 따라 교리
설교의 범위를 좁게 규정할 경우, 이들 설교는 교리 설교로 분류되지
않는다. 그러나 설교의 *내용*에 따라 교리 설교의 범위를 폭 넓게 규정
한다면, 이 두 편의 설교 역시 교리 설교의 특징에 부합한다고 말할
수 있다. 이 설교들에서 왓슨은 청교도 설교의 일반적 특징을 따라 먼
저 성경을 주해하고, 본문으로부터 복음적, 혹은 그리스도 중심적인
교리(혹은 교훈)를 이끌어 내며, 이를 실천적으로 적용하기 때문이다.

사실 필자가 검토한 바에 따르면 앞서 '왓슨의 저작'을 소개한 곳에
서 구약과 신약의 성경 구절별 목록에 있는 왓슨의 다른 설교들 역시
이러한 교리 설교의 내용을 잘 반영한다고 말할 수 있다. 성경 본문에
기초하여 복음적인 교리 혹은 교훈을 제시하는 특징은 『신학의 체계』
는 물론 심지어 고별설교에서도 예외 없이 발견되었다. 물론 『신학의
체계』는 『웨스트민스터 소요리문답』의 순서를 따라 작성되었다는 형
식에서 다른 설교들과 차별화되는 것이 사실이다. 그럼에도 『신학의
체계』 안에 수록된 개별 설교들은 그 내용과 목적에 있어, 또한 성경
으로부터 교리와 적용을 이끌어 낸다는 데 있어 그의 다른 일반 설교

들과 본질적으로 다르지 않다는 점을 기억해야 한다. 요컨대, 왓슨에게 있어 모든 설교는 교리 설교의 특징과 목적을 지향하고 있는 것이다.

4. 결론: "교리 설교, 어떻게 적용할 것인가?"

R. 앨버트 몰러(Albert Mohler, Jr.), 로버트 휴즈(Robert G. Hughes), 로버트 카이저(Robert Kysar), 그리고 조엘 브라이덴보(Joel Breidenbaugh) 등이 관찰한 바에 따르면 오늘날 많은 설교자들은 더 이상 교리를 가르치고 설교하는 일에 관심을 기울이지 않는다. 1980년 이래 현재까지 목회자들의 주해 설교를 돕기 위한 책은 방대한 분량으로 출간되어 온 데 비해 교리 설교에 관한 책은 찾아보기 힘든 형편이다. 설교자들의 무관심 속에 강단에서 교리 설교는 점차 사라져버렸고, 그 결과 회중은 교리에 무지하게 되었다고 연구자들은 지적한다.[35] 일찍이

---

[35] R. Albert Mohler, Jr. "The Primacy of Preaching," in *Feed My Sheep: A Passionate Plea for Preaching*, ed. Don Kisler (Morgan: Soli Deo Gloria, 2002), 23; Robert G. Hughes and Robert Kysar, *Preaching Doctrine For the Twenty-First Century* (Minneapolis: Fortress Press, 2009), 18-19; .Joel Breidenbaugh, *Preaching for Bodybuilding: Integrating Doctrine and Expository Preaching in a Postmodern World* (Bloomington: Crossbooks, 2010), 1-3. 브라이덴보에 따르면 1980년 해돈 로빈슨(Haddon W. Robinson)의 『강해 설교: 강해설교의 원리와 실제』 박영효 역 (CLC, 2007)[원제: *Biblical Preaching; The Development and Delivery of Expository Message*]가 출간된 이래 목회자들의 주된 관심은 주해 설교이지 교리 설교가 아니다.

이런 상황을 우려한 왓슨의 표현을 빌자면, 오늘날 적지 않은 수의 신자들은 '터'를 견고히 세우는 일에 실패하고 있는 것이다.[36]

그렇다면 오늘날의 정황에서 설교자들은 어떻게 교리를 효과적으로 설교할 수 있을까? 과연 설교자들이 『웨스트민스터 소요리문답』이나 『하이델베르크 요리문답』과 같은 신앙교육서를 들고 강단에 올라가 이를 강해한다면 현 상황을 효과적으로 개선할 수 있을까? 흥미롭게도 웨스트민스터 총회에 참여했던 많은 목회자들과 신학자들은 이러한 시도에 대해 매우 신중한 태도를 취하였다. 웨스트민스터 총회의 회의록을 연구한 차드 반 딕스후른(Chad B. Van Dixhoorn)에 따르면, 과연 설교자가 성경 본문 대신에 교리적 명제로부터 설교할 수 있는지에 관해 총회 내에서 활발한 논의가 진행되었다. 많은 이들은 교리적 진술로부터 시작하는 설교가 자칫 성경 본문에 대한 주해를 생략할 수 있지 않을까 우려했다. 결국 설교자는 오직 성경 본문을 가지고 설교해야 한다는 데 의견 일치를 보았다고 딕스후른은 말한다.[37]

---

36   Watson, *A Body of Practical Divinity*, I.7-11.

37   Dixhoorn, "The Making of the Westminster Larger Catechism," 101-102. 딕스후른은 『웨스트민스터 대요리문답』의 저술 목적 가운데 하나가 설교를 위한 것이었다고 주장한 필립 샤프(Phip Schaff)와 J. R. 피트먼(Pitman)의 견해를 논박한다. 이런 맥락에서 웨스트민스터의 신학자와 목회자들은 대륙의 개혁교회가 『하이델베르크 요리문답』 설교를 허용했던 것과 좋은 대조를 이룬다고 딕스후른은 주장한다. 이 주제와 관련하여 다음 연구물도 참조하라. W. Robert Godfrey, "The Westminster Larger Catechism" in *To Glorify and Enjoy Him*, ed. John L. Carson and David W. Hall (Carlisle, PA: Banner of Truth Trust, 1994), 131; John R. Bower, *The Larger Catechism: A Critical Text and Introduction* (Grand Rapids: RHB, 2010), 8-11. 특히 각주 34번을 보라.

조엘 비키 역시 이러한 웨스트민스터 총회의 입장을 지지한다. 공예배에서 선포되는 설교는 언제나 성경 본문을 주해하고 적용하는 방식으로 이루어져야 한다고 비키는 주장한다. 조직신학은 단지 '말씀의 종'일 뿐이다. 주객이 전도되어서는 안 된다고 비키는 강조한다.[38]

웨스트민스터 총회의 많은 신학자들과 비키의 충고에 귀를 기울이면서, 오늘날 회중에게 교리를 효과적으로 설교하고 가르치기 위해서는, 주해와 교리를 올바른 방식으로, 또한 효율적으로 통합하는 시도가 필요하다. 첫째, 가장 쉬운 방식은 주해 설교와 교리 교육을 분리하여 진행하는 것이다. 칼빈이 사역했던 제네바의 교회들에서 주일 오전에는 강해설교가, 오후에는 신앙교육서를 활용한 교리 교육이 진행된 것과 유사한 방식이다. 둘째, 특정한 신앙교육서를 직접 강해하지 않으면서 주해와 교리를 설교로 통합할 경우, 설교자는 성경 본문의 주해에서 교리로 나아가는 원리를 유지하면서 다양한 방식을 시도해 볼 수 있다. 신론, 기독론, 성령론, 구원론, 교회론, 종말론 등과 같은 조직신학의 각 주제에 따라 성경 본문을 선택하여 주해 설교를 시행하면서 성경 본문으로부터 핵심 교리를 도출할 수 있다. 혹은 성경을 강해하면서 특정한 교리적 주제를 부각시킬 수도 있다. 일례로 요한복음 강해에서 기독론을, 로마서 강해에서 구원론을, 에베소서 강해에서 교회론 등을 중점적으로 설교하는 방식이다. 셋째, 주일 오

---

38 본서의 제8장에서 비키가 이 주제를 논의한 부분("설교의 틀을 신학이 아니라 주해로 구성하라")을 보라.

후나 평일에『웨스트민스터 소요리문답』과 같은 특정한 신앙교육서를 교리 설교의 방식으로 설교할 경우,『신학의 체계』에서 왓슨이 시도한 방식, 곧『소요리문답』의 항목과 성경 본문을 통합시키는 방식을 긍정적으로 검토할 수 있다. 특히 성경본문을 먼저 제시하여 주해한 후에 구체적인 문답의 항목으로 나아가는 방식을 시도할 만하다.

끝으로 우리는『신학의 체계』의 저자인 왓슨이 남긴 모든 설교가 본문으로부터 추출해 낸 기독교 복음의 기초적인 교리(교훈)을 포함한다는 사실을 잊어서는 안 될 것이다. 이 때문에 왓슨의 모든 설교는 넓은 의미에서 교리 설교에 해당한다는 사실을 우리는 이미 확인하였다. 물론 이는 왓슨에게만 해당되어서는 안 될 것이다. 하나님의 성경 말씀을 가지고 교회와 세상을 향해 좋은 소식을 선포하는 모든 설교는 *본질*에 있어 이미 성경과 기독교의 교리를 설교하는 교리 설교인 것이다.

6

청교도 교리설교의
변화시키는 능력:
웨스트민스터 예배모범과
오늘날 적용점

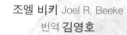

조엘 비키 Joel R. Beeke
번역 **김영호**

나는 몇 년 전 과거 웨스트민스터 총회가 있었던 런던 웨스트민스터 대성당 회의실을 방문했다. 나에게는 특권이었다. 회의실은 별로 크지 않은 방이었다. 그 안에서 다닥다닥 모여서 수십 명이 벌였던 열띤 논쟁을 상상할 수 있었다. 1643년 7월 1일 웨스트민스터 신학자들이 처음 모였을 때, 총회가 그렇게 길어지리라고는 아무도 예상하지 못했다. 영국 의회가 그들을 부른 것은 단지 국교회의 39개조 신조를 수정하기 위함이었다. 총회 파견 신학자들은 영국과 스코틀랜드가 맺은 "동맹언약"(Solemn League and Covenant)에 따라 좀더 신학적으로 통일성을 이룩해 보고자 했다. 하지만 실제로 총회는 거의 육년 동안이나 계속되었고, 천 번 이상 회기를 가졌으며, 그 결과 완전히 새로운 신앙고백과 대요리문답, 소요리문답, 교회정치, 예배모범을 내놓았다.[1]

---

1   이 문서들은 모두 『웨스트민스터 신앙고백』(*Westminster Confession of Faith*) (Glasgow: Free Presbyterian Publications, 1994)에서 찾을 수 있다. 이 책에는 또한 웨스트민스터 총회와 관련이 있지만 총회가 작성하지 않은 다른 문서들도 포함한다. 예를 들어, 가정예배를 위한 스코틀랜드 예배모범(Scottish Directory for Family Worship)이 있다. 이 문서 앞에는 저자가 누구인지 알 수 없는 『가정예배 또는 가정에서 하나님께 드리는 예배』(*Familie Exercise, or The service of God in Families*) (Edinburgh: Robert Bryson, 1641)이란 글이 있다. 아마도 알렉산드 헨더슨(Alexander Henderson)이 작성한 것 같다. 이 예배모범은 스코틀랜드 교회에서 1647에 채택되었다. 공예배를 위한 예배모범과 가정예배를 위한

이 문서들을 함께 묶어 "웨스트민스터 표준문서"라고 부른다. 이 문서들은 특별한 하나님의 축복을 누렸다. 지난 375년 동안 웨스트민스터 표준문서는 영어권 기독교 세계에서 일어난 국제적 운동을 이끌었다. 워필드(Benjamin Breckinridge Warfield, 1851-1921)는 이렇게 말했다. 웨스트민스터 표준문서는 "복음에 뿌리내린 종교의 본질이 빛나는 결정체"이다. 신학적인 관점에서 볼 때, 웨스트민스터 표준문서는 "복음에 뿌리내린 종교가 세상에 존재해야 한다면, 그 종교에 있어야 할 모든 것과 지켜야 할 모든 것 중에서 인간에게 있었던 가장 부요하고 가장 정확하며 가장 안전한 진술이다." 경건의 관점에서 볼 때, 웨스트민스터 표준문서는 "생명력 있는 종교의 본질 그대로이다."[2]

이 강의에서 우리는 이 문서들 중 하나에 주의를 기울일 것이다. 즉 웨스트민스터 예배모범이다.[3] 이 모범은 스코틀랜드 위원 네 명과

예배모범은 예배를 위한 미국 장로교 예배모범의 기초가 되었다(1788). Stanley R. Hall, *The American Presbyterian 'Directory for Worship': History of a Liturgical Strategy* (PhD Dissertation, University of Notre Dame, 1990), 80–83을 참조하라.

2   Benjamin B. Warfield, *The Significance of the Westminster Standards as a Creed* (New York: Scribner, 1898), 36.

3   공예배를 위한 예배모범에 대해서는 Ian Breward, ed., *The Westminster Directory Being a Directory for the Publique Worship of God in the Three Kingdomes* (Bramcote: Grove Books, 1980); J. A. Caiger, "Preaching—Puritan and Reformed," in *Puritan Papers: Volume Two, 1960-1962*, ed. J. I. Packer (Phillipsburg, N.J: P & R Publishing, 2001); Alan Clifford, "The Westminster Directory of Public Worship (1645)," in *The Reformation of Worship* (S.l.: Westminster Conference, 1989), 53–75; Mark Dever and Sinclair B. Ferguson, *Westminster Directory of Public Worship* (Ross-shire, UK: Christian Heritage, 2008); Hall, "The American Presbyterian 'Directory for Worship,'" 31–80; "The Westminster Directory and Reform of Worship," in *Calvin Studies VIII: The Westminster Confession in*

영국의 신학자 다섯 명으로 구성된 소위원회가 초안을 잡은 것인데, 영국 신학자들 중 한 사람은 스코틀랜드 태생이었다. 1644년 12월 27일 이들은 예배모범 작성하는 일을 마쳤다. 이것이 웨스트민스터 총회가 내놓은 첫 번째 문서였다는 것을 아는 사람은 별로 없다. 1645년 초 영국 의회와 스코틀랜드 총회, 스코틀랜드 의회는 차례로 이 모범을 받아들였다. 1645년 4월 17일 영국 의회는 이 모범을 공동기도서 대신 공예배를 위한 공식적인 지침으로 삼았다. 1660년 군주제가 다시 부활하고 1662년 영국 국교회의 기도 방식의 통일령이 다시 발령됨으로써 이런 변화는 폐지되고 말았지만, 1690년대 예배모범은 영국 비국교도들 사이에서 간소하고 성경적인 예배를 위한 지침으로 다시금 영향력을 발휘했다.[4]

이 강의에서 나는 변화를 일으키는 설교를 위한 예배모범의 지침이 무엇인지 면밀히 조사해 보고자 한다. 예배모범이 어떻게 설교의 중심에 교리 요소를 강조하는지 살펴보고, 이런 설교를 통해 오늘날에

Current Thought (S.l.: Colloquium on Calvin Studies, 1996), 91–105; Thomas Leishman, The Westminster Directory. Edited, with an Introduction and Notes by T. Leishman. (Edinburgh: Blackwood and Sons, 1901); Frederick W. McNally, "The Westminster Directory: Its Origin and Significance" (PhD Dissertation, University of Edinburgh, 1958); Richard A. Muller and Rowland S. Ward, Scripture and Worship: Biblical Interpretation and the Directory for Public Worship (Phillipsburg, N.J.: P&R Publications, 2007); Iain H. Murray, "The Directory for Public Worship," in To Glorify and Enjoy God: A Commemoration of the 350th Anniversary of the Westminster Assembly, ed. John L. Carson and David W. Hall (Edinburgh: Banner of Truth, 1994), 169–191를 보라.

4   Muller and Ward, Scripture and Worship, 90–92.

도 성령의 변화하는 능력을 생각해 보도록 하겠다.

1. 변화시키는 설교를 위한
웨스트민스터 총회의 지침

먼저 내란과 신학적인 대격변 속에서 웨스트민스터 청교도 성직자들이 신앙고백서와 두 요리문답서를 작성하기 전에 예배 문제에 우선순위를 두었다는 것은 놀라운 점이다. 웨스트민스터 성직자들은 이 작은 예배모범을 작성하려고 칠십 회기 이상을 열었고, 더하여 수많은 소위원회 모임을 가졌다.[5]

청교도 신학자들은 근본적으로 예배는 오직 성경의 지도를 받아야 한다는데 관심을 쏟았다. 사람이 고안해 낸 것들이 아니라 하나님의 뜻이 중요하다는 것이다(마 15:9). 그래서 예배모범의 서두에 이런 말이 있다. "여기서 우리는 모든 항목에서 하나님의 제도에 속한 것들을 붙들려고 마음을 기울였고, 다른 것들은 그리스도인의 신중함에 일치하게, 하나님의 말씀의 일반적인 규칙과 일치하게 제시하려고 노력했다."[6]

---

5   Hall, "The Westminster Directory and Reform of Worship," 91.

6   "The Directory for Public Worship," in *Westminster Confession of Faith*, 374; Murray, "The Directory for Public Worship," 176–178를 보라; Muller and Ward, *Scripture and Worship*, 96–98.

그러면 예배에서 말씀이 얼마나 중심적인 위치에 있는가? 이것은 예배모범이 설교를 대해서 얼마나 다양하고 풍부한 지침을 제시하는 지 보면 알 수 있다. 스텐리 홀(Stanley Hall)은 예배모범의 체계에서 설교는 "예배를 통합하는 센터"라고 말한다.[7]

예배모범은 총 열다섯 주제를 담고 있지만, 그 중 십분의 일을 "말씀을 설교함"에 할애했다. 예배 순서에서 예배모범은 설교를 예배부름, 시작기도, 성경읽기[8], 찬송(시편), 목회기도[9] 다음에 두었다. 설교를 마친 후 다시 한번 기도, 찬송(시편), 성례가 뒤따른다. 이러한 지침들에는 모두 지혜가 풍부하게 담겨 있지만, 여기서 우리는 설교에 집중할 것이다.

웨스트민스터 성직자들은 설교에 대한 안내를 성경에서 끌어온 아주 인상적인 진술로 시작한다. "말씀을 설교하는 것은 구원을 주시는 하나님의 능력이다. 이것은 복음 사역에 속하는 가장 위대하고 탁월한 사역 중에 하나이다. 사역자가 말씀을 선포할 때, 사역자는 부끄러워할 필요가 없고, 자신뿐만 아니라 듣는 사람들을 구원할 수 있도록 이 일을 수행해야 한다."[10]

---

7   Hall, "The Westminster Directory and Reform of Worship," 98.

8   스텐리 홀(Stanley Hall)은 성경읽기가 설교 본문과 별개라는 것에 주목한다. 이것은 아마도 성경읽기가 설교와는 구별된 특별한 의식으로 생각했기 때문일 것이다. Hall, "The Westminster Directory and Reform of Worship," 98.

9   직역하면, "목사의 긴 기도"이다. 이 기도는 목사가 목회 제반을 위해 기도하는 부분이다. 역자 주.

10   "The Directory for Public Worship," in *Westminster Confession of Faith*, 379. 로마서

나아가 예배모범은 짧은 문단에 하나님의 말씀을 공적으로 선포할 때 필요한 놀라운 원리들을 모아 제시한다. 이 원리모둠을 예배모범에 따라 분류하면 다음 일곱 가지이다. 1) 설교 준비, 2) 서론, 3) 교리, 4) 적용, 5) 청중 고려, 6) 설교자의 헌신, 7) 설교자와 교사의 협력. 이제 설교의 일곱 가지를 하나씩 살펴보자.

1) 설교 준비

설교가 준비되기 전에 사람이 준비되어야 한다. 예배모범은 설교라는 무거운 일을 위해서 갖추어야 할 은사들을 나열한다. 설교자는 헬라어와 히브리어 지식을 비롯하여, "신학을 섬기기 위한 인문과학"에 조예가 있어야 하고, 오늘날 조직신학이라 부를 수 있는 "신학의 전체계(全體系)"를 구비해야 한다. 크래이거(J. A. Craiger)는 신학의 체계에 대해 이렇게 말한다. "청교도는 하나님의 뜻을 신학의 체계로 보는데, 이 특징에 주목하라. 모든 지체는 적합하게 지어졌고, 비율이 맞으며, 관계가 있다. 복음 사역자들은 이것을 전체로 볼 수 있어야만 한다."[11]
　다음으로 공예배에 대하여 예배모범은 임직규칙을 언급한다. 이 규칙들은 목사 후보자들에게 절실히 요청되는 것이었다. 특히 건전한 교리를 정립하기 위해서는 성경 원어와 라틴어에 토대를 두어야 한

1:16; 디모데후서 2:15; 디모데전서 4:16를 보라.

11　Caiger, "Preaching—Puritan and Reformed," 167.

다. 예배모범과 같은 해에 출판된 교회정치규범을 보면, 장로회는 임직 후보자에게 헬라어 히브리어 성경을 읽고, 한 부분을 라틴어로 번역하게 했으며, 후보자는 논리학과 철학에 조예가 있다는 것을 증명해야 한다는 점을 알 수 있다. 후보자는 반드시 주요 신학자들의 저작에 익숙하다는 것을 보여주어야 했고, 정통 교리를 설명할 수 있어야 했다. 당시 [신학과 교회에 유행하는] 잘못된 주장들을 반박할 수 있어야 했고, 성경 본문을 주해할 줄 알아야 했고, 양심의 문제들(확신과 윤리에 관한 질문들)에 대답할 수 있어야 했으며, 성경 역사의 연대에 조예가 있어야 했으며, 기독교 역사를 알아야 했다.[12] 여기서 17세기에 라틴어가 목회와 학교, 과학, 정치에서 공식언어였다는 점을 기억해야 한다.[13]

후에 임직 후보자는 교회 앞에서 그리스도를 믿는 자신의 믿음과 성경에 따른 개혁신앙, 자신의 신실성, "기도와 통독, 묵상, 설교, 성례집행, 권징, 그 밖에 모든 의무를 수행하기 위해 자신이 얼마나 진실한지 부지런한지 고백해야 했다. 나아가 진리와 [교회의] 하나됨을 위한 자신의 열심과 신실함, 자신과 가족이 양 떼들의 모범이 되도록 돌보는 것, [교회의] 훈계에 겸손히 복종하는 일과 "고난과 박해"에도 자신의 소명을 완수하겠다는 결심을 고백해야 한다.[14] 이러한 것들은

---

12 "The Form of Church-Government," in *Westminster Confession of Faith*, 413.

13 라틴어는 1066년부터 1733까지 의회문서를 작성할 때 쓰던 공식언어였다.

14 "The Form of Church-Government," in *Westminster Confession of Faith*, 414.

학문적으로도 영적으로도 잘 훈련되고 은사를 받은 사람을 엄격하게 요구하고 있다. 후보자는 자신의 숭고한 부르심에 어울리는 방식으로 성경적 개혁파 교리에 든든히 뿌리를 내리고 있어야 했다.

예배모범에 따르면, 하나님의 사람은 끊임없이 자신을 훈련해야 하며, "말씀을 읽는 일과 연구하는 일"을 계속하고, "기도와 겸손한 마음으로" 개인적으로 준비할 때, 더 나은 지식과 조명을 계속 "구해야" 한다. 설교자는 항상 자신의 교과서인 성경과 자신의 스승이신 성령으로 교리적 진리를 배우는 학생이어야 한다. 공기도를 할 때, 말씀사역자에 대한 성령의 도움을 구하는 기도를 해야 한다. 하지만 이것은 말씀사역자 자신이 개인적으로 하는 기도의 뒷받침이 있어야 한다.

각 설교의 주제는 반드시 성경 본문에 근거한 성경적 교리여야 한다. 설교자는 자신이 설교할 성경본문을 몇 가지 교리에 따라 선택할 수 있다. 또 특별한 상황에서는 주제별로 고를 수도 있고, 성경 한 책의 장이나 책을 따라 설교할 수도 있다. 예배모범은 [이 중] 어떤 방식을 써야 하는지 명령하지 않았다. 설교자가 보기에 "가장 적합한" 것을 선택하도록 재량권을 준다. 여기서 우리는 목회자에게 자신이 설교할 주제나 시리즈를 선택할 자유가 있다는 점에 주목한다. 하지만, 크래이거가 본 것처럼, "특별한 상황을 위한 설교 또한 여전히 성경 강해가 필요하다"는 점에 주목해야 한다.[15]

---

15   Caiger, "Preaching—Puritan and Reformed," 168.

이제 설교를 구성하는 내용을 생각해 볼 단계에 이르렀다. 예배모범은 이것을 서론, 교리, 적용이라는 용어로 표현한다.

2) 서론

웨스트민스터 총회는 [설교의] 서론을 길고 복잡하게 하지 못하게 하고, 성경 본문에 초점을 맞추어 짧고 분명하게 작성하도록 했다. 목회자는 이 서론을 본문이나 본문의 배경, 병행본문, 성경의 일반적인 교리적 가르침에서 찾아서 작성할 수 있다. 다시 말해 서론은 건전한 교리에 토대를 둔 성경적인 서론이어야 한다.

설교자는 본문의 내용을 청중들이 볼 수 있도록 제시해야 한다. 만일 (역사나 비유처럼) 긴 본문이면 요약해서 제시하고, 짧은 본문이면 풀어서 제시한다. 이때 설교자는 본문의 "의도"를 또렷이 드러내야 한다. 즉 본문이 속한 문맥에서 본문에 어떤 목적이 있는지 밝히는 것이다. 그다음에 설교자는 그 본문에서 발견한 교리의 주요 요점을 회중들에게 말해야 한다. 서론은 설교자가 성경의 그 부분에 들어 있는 교리적 교훈을 선포하는 무대를 놓는 것이라 볼 수 있다.

3) 교리

설교의 뼈대는 성경의 본질적인 교리에서 끌어온 것이어야 한다. 즉 설교의 뼈대는 성령께서 자신의 구원하는 능력으로 청중들의 삶에 변화하는 능력을 지닌 교리에서 와야 한다. 설교자가 설교하는 각 교리에 대해서 다음 세 가지를 시험해 보아야 한다. 첫째 그것이 "하나님의 진리"인가? 다시 말하면, 성경의 가르침인가 하는 것이다. 둘째 그것이 본문에 근거하고 있는가? 즉 "청중들은 하나님이 그 교리를 가르치신다는 것을 그 본문에서 알아볼 수 있는가" 하는 것이다. 설사 주제별 설교라 하더라도 강해설교일 수밖에 없다. 왜냐하면 모든 교리는 그 교리를 분명히 가르치는 본문에 의거하기 때문이다. 셋째 이 교리가 본문이 의도하는 주된 교리이며, 청중들을 세우는 것인가? 설교자는 이것에 집중해야 한다. 다시 말하면 성경 본문과 사람들의 필요가 설교에서 제시할 교리를 위한 의제가 된다. 이 때문에 설교자는 성경 본문과 단지 스칠 듯 말듯 관련 있는 교리를 설교해서는 안 되는 것이다. 설교자는 본문의 핵심 요점을 설교해야 한다. 이 때문에 설교자는 학회에서는 논의될 수 있는 주제이지만, 회중들의 영적인 필요와는 무관한 사변적인 주제를 설교하는 것 또한 경계해야 한다.

예배모범은 "교리를 설명할 때는 쉬운 용어를 써야 한다"고 말한다. 설교자들은 명확하지 않은 것을 설명해야 한다. 만일 자신이 설명하는 교리가 본문 말씀에서 추론해야 하고 본문이 분명하게 진술하지 않는 것이라면, 어떻게 그 분문에서 그 교리가 나오는지 설득력 있게 보여주어야 한다. 이렇게 하는 것은 그 교리가 성경이 말하는 요점임을 청중들이 깨닫고 그들의 양심이 하나님의 권위 있는 교리로 붙잡아[16], 점점 더 그리스도를 닮은 자들로 변화하게 하기 위함이다.

　설교자는 그 교리가 본문에 있다는 것을 진술한 다음, 이제 그 진술을 진전시켜 성령의 축복으로 청중의 영혼을 감동으로 가득 채우고 마음을 강하게 붙잡게 해야 한다. 웨스트민스터 신학자들은 이 일을 위해 수많은 방편을 제안했다. 현재 교리를 확증해 줄 더 "쉽고 적절한 병행 구절들"을 보여줄 수 있다. 하지만 웨스트민스터 신학자들은 여기서 지혜롭게 충고한다. 그것은 그 교리를 둘러싸고 있는 많은 본문을 나열하는 것보다 그 교리를 직접 언급하고 있고 분명하게 보여주면서 확증해 주는 몇 가지 본문을 제시하는 것이 더 낫다는 것이다.

　교리 내용을 전개할 때, 때로 "논증과 추론"을 해야 할 때가 있다. 이때는 "견고하고 설득력이 있어야" 한다. 이를 위해 설교자는 "청중의 마음에 빛을 주고, 영적인 즐거움과 함께 진리를 전달해 줄 수 있는 예화"를 사용할 수 있다. 하지만 예화는 즐거움만을 제공해서는 안 된다. 오히려 [예화는] 겸손한 종처럼 손님이 앉아 있는 식탁에 [교리라는] 맛있는 영적인 음식을 전해주어야 한다.

　또한 성경에는 외견상 모순으로 보이는 것이 있을 수 있고, 인간 이성과 충돌하는 것처럼 보이는 것도 있다. 여기서 "의심"이 일어날 수 있는데, 설교자는 이런 의심에 대해서 유용한 대답을 줄 수 있어야 한다.

16　직역하면, "끌어안다"(embrace)이다.

[하지만] 반대의견에 대답하는 것은 유익할 수 있지만, 덕이 되지 않는 끝없는 논쟁이 될 수도 있다. 따라서 반대의견을 언급하는데 절제가 필요하다.

청교도는 교리설교에서 성경적 진리를 찾아내는데 탁월했다. 하지만 어떤 교리를 풀이할 때, 성경 본문을 놓치는 경우도 있다. 따라서 본문에 밀착하여 본문에서 설교의 핵심 요점을 전개하는 것이 더 안전하다. 우리가 설교할 때, 성경을 의제로 삼아야 하는 것이다. 청교도는 이 일을 때로 잘한다. 예컨대 윌리엄 퍼킨스의『갈라디아서 주석』이나 토마스 맨턴의 야고보서 설교가 있다. 하지만 때로 청교도는 자신들의 설교에서 성경 본문과 연관성을 잃을 때도 있었다. 예컨대 토마스 후커가 사도행전 2:37을 본문으로 아주 긴 설교를 했고, 자신의『구속의 적용』이라는 책의 10권에 실었는데, 몇 백 쪽에 달한다. 특정 교리에 대한 신학 논문이라면 모를까 이런 일은 성경을 균형 있게 설교하는 일이라고 할 수는 없다.

4) 적용

예배모범은 "설교자는 아무리 분명하고 확증된 것이라도 일반적인 교리에 만족하지 말고, 청중들에게 적용점을 줌으로써 구체적으로 실천해야겠다는 확신을 심어야 한다"고 충고한다. 이것은 [설교자에게] 어려운 일이며, "많은 지혜와 열심, 묵상"을 요구한다. 설교자의 육은 영적인 적용 앞에서 뒤로 물러나려 한다. 또 타락한 죄인들은 자주 그런 설교를 꺼려한다. 하지만 성령께서는 설교와 설교에 결합된 적용을 사용하여 죄인을 구원하시고, 적용된 교리로 강력하게 변화시키신다. 그러므로 예배모범에 따르면, 목회자는 "마치 청중들이 하나님의 말씀이 예리하고 강력하며, 마음의 생각과 뜻을 감찰하신다고 느끼도록 자신의 사역을 수행하도록 노력해야 한다."[17]

적용은 예배모범의 설교부분의 40퍼센트를 차지한다. 이것을 보면 웨스트민스터 총회는 [적용에] 지대한 관심을 기울였던 것이 분명하다. 총회는 총 여섯 가지 형태의 적용 또는 "유익들"(uses)을 제시한다:

1. 교훈 또는 정보. 설교자는 "자신이 설명한 교리에서 몇 가지 논리적 결론"을 이끌어낼 수 있고, "몇 가지 확고한 논거로 그 교리를 확증할" 수 있다. 이렇게 함으로써 설교자는 회중이 각 교리를 하나님의 교리 체계 전체에 있는 가지로 볼 수 있도록 돕는다. 우리는 여기서 설교가 한 진리를 다른 진리로 강화하고, 사람들에게 삶 전체에 대한 통일되고 포괄적인 관점을 갖도록 돕는다는 점을 주목한다.

2. 거짓된 교리 반박. 웨스트민스터 신학자들은 "오래된 이단을 무덤에서" 되살리는 일이나 쓸데없이 사람들을 악에 노출시키는 것을

---

17 히브리서 4:12을 보라.

경고했다. "하지만" 그들은 말한다. "만일 사람들이 오류의 위험에 처해 있다면, 설교자는 건전하게 반박하고, 반대이론에 맞서 그들의 판단과 양심을 풀어주어야 한다." 마크 데버는 이렇게 썼다. "설교자들은 단지 논쟁적인 문제들을 접해야 한다고 격려를 받는 것뿐만 아니라 그 일을 할 때 목회에 대한 청교도의 개념을 따라야 한다."[18]

3. 의무에 대한 권면. 설교자는 청중들에게 하나님의 명령을 부과할 뿐만 아니라, "그 명령을 수행하는데 도움이 되는 방편"을 설명해야 한다. 다시 말해서, 설교자는 청중들에게 행해야 할 것을 명령하고, 그리스도와 그리스도께서 우리에게 은혜로 주신 방편들을 통해 그것을 어떻게 행할 지 가르쳐야 한다. "'의무'는 오늘날 문화에서 많은 오해를 불러 일으키며, 율법주의의 냄새를 풍긴다. 이와 대조적으로 청교도 사역자는 은혜는 항상 의무로 인도하고 의무를 명령한다"는 점을 알았다. 이런 점에서 그는 바울주의자이다. 모든 명령은 은혜라는 사실에 뿌리박고 있다. 하지만 청교도 설교에서 모든 은혜는 은혜로 충만해진 순종이라는 명령을 낳는다."[19]

4. 죄에 대한 훈계. 목회자는 구체적인 죄에 맞서는 설교를 해야 한다. 여기에는 "특별한 지혜"가 필요하다. 목회자는 "죄의 본성과 심각

---

18 Dever and Ferguson, *Westminster Directory of Public Worship*, 45.

19 Dever and Ferguson, *Westminster Directory of Public Worship*, 29.

한국교회를 위한 청교도 설교의 유산과 적실성

성을 거기에 수반되는 비참함을 함께" 폭로해야 한다. 목회자는 사람들을 도와 어떻게 이 유혹이 사람들을 사로잡고, 그 유혹에 함께 하는 위험이 무엇인지 볼 수 있게 해야 한다. 또한 목회자는 그들에게 "그 죄를 피하는 치료책과 최선의 길"은 무엇인지 보여주어야 한다.

5. 위로. 목회자는 일반적으로 위로할 수 있다. 또는 "특별한 고통이나 공포에 맞서 특수하게" 위로할 수도 있다. 여기서 목사는 성경에서 배우고 마음의 고통을 경험한 능숙한 영혼의 의사여야 한다. 이 능숙함은 고통에 맞는 위로를 하기 위해서 필요할 뿐만 아니라 "고통받는 마음과 역경 중에 있는 영혼이 반대하는 반대에 대답하기 위해서 필요하다. 죄책을 느끼는 죄인은 하나님의 위로에 저항하므로 하나님의 위로를 붙들도록 도울 필요가 있다.

6. 청중들의 자기 살핌. 이러한 적용을 하면, 사람들은 스스로 묻게 된다. '내가 이 의무를 행했는가? 나에게는 저런 죄에 대한 죄책은 없는가? 나는 이런 심판을 받은 위험에 있는 것은 아닌가? 나에게는 이런 위로를 요청할 자격이 있는가?' 성경을 깊이 연구한 지혜로운 설교자가 이런 점검을 사용하면, 적용은 매우 유익하다. 청중은 처음에 진리를 추상적으로 생각하지만, 이렇게 적용하면 나중에는 자신의 상황에서 절실히 느낀다. 그 결과 성령이 주시는 은혜로 청중은 분발하여 순종하게 되고, 죄 때문에 겸손하게 되며, 위험을 깨닫고 괴로워하며,

위로로 힘을 얻는다. 이런 적용은 추론과 논리로 교리와 연결되어 있다. 이들은 다음과 같은 구조를 갖는다. 이 교리는 참이다. 그러므로 (1) 이 교리가 내포하는 진리들을 추가로 확신하라. (2) 이 교리에 모순되는 다음 오류들을 버리라. (3) 이 교리가 요구하는 좋은 것은 무엇이든지 행하라. (4) 이 교리가 금지하는 나쁜 것은 무엇이든지 하지 말거나 피하라. (5) 이 교리가 제공하는 권면은 당신 스스로에게 적용하라. (6) 당신이 영적으로 이 교리의 빛 가운데 서 있는지, 얼마만큼 이 교리대로 살기로 결심했는지 당신 자신에게 물어보라.

웨스트민스터 총회는 설교를 생각할 때, 교리적 적용에 상당한 시간을 투자했던 것이 분명하다. 청교도는 몇 시간이나 되는 긴 설교를 했다. 심지어 이런 긴 설교에서도 방금 개관한 것과 같은 두 세 종류의 교리적 적용이 메시지의 상당부분을 차지했다.

5) 청중 고려

예배모범에는 성경 교리 가르침과 영적인 적용을 하는데 아주 자세하고 요구 사항이 많은 지침이 있다. 그런데 이 지점에서 총회는 현명하게도 유연성에 대한 메모를 덧붙였다. 설교자는 이 방법을 엄격하게 따라서는 안되고, 자신의 양 떼를 먹이는데 필요한 만큼만 받아들여야 한다.

예를 들어, 예배모범은 설교자는 항상 "자신이 설교하는 본문에 있는 교리"를 진술해야 한다고 말한다. 설교자는 또한 "자신이 양 떼와 함께 머물고 대화하면서" 얻은 개인적인 지식에 근거하여 적용할 것을 선택해야만 한다. 여기서 우리는 설교 사역과 관계 사역이 본질적으로 연결되어 있음을 알게 된다. 설교자가 양 떼를 알지 못하면, 양 떼에게 "가장 필요하고 적절한 것"이 무엇인지 어떻게 알 수 있겠는가? 특히 설교자는 "양 떼의 영혼을 빛과 거룩, 위로의 근원이신 그리스도께 가장 잘 이끄는" 그런 적용의 달인이 되어야 한다. 그리스도가 성경의 중심이요, 우리의 필요에 대한 답인 것을 믿는다면, 설교자는 사람들에게 생명의 양식을 제공하고, 성령이 축복을 받은 강력한 교리를 적용함으로써 그들을 변화시는 적용을 위해 땀을 흘려야 한다.

설교 방법보다 훨씬 중요한 것은 설교하는 사람이다. 설교자는 "그리스도의 종"이다. 그러므로 다음 단락에서 경건한 사역자의 자격을 개관해 보자.

6) 설교자의 헌신

웨스트민스터 신학자들은 경건한 교리 설교자의 "모든 사역"을 특징 짓는 일곱 가지 특성에 대해 말한다. 설교자는 그리스도를 이렇게 섬겨야 한다.

1. 설교자는 수고를 아끼지 않아야 한다. 웨스트민스터 신학자들의

어법으로 페인풀("수고로운")이란 말은 "노동과 수고, 힘든 일"을 의미한다. 오늘날 우리는 이것을 페인스테이킹리("수고와 정성을 드리는")이라 부른다. 웨스트민스터 신학자들은 태만하거나 게으른 사역자들에게 관용이 없었다.

2. 설교자는 평이하게 말해야 한다. 설교자는 진리를 단순하고 명료하며 솔직하게 말해야 한다. 그래서 설사 배우지 못한 사람이라도 설교자가 설명한 교리를 이해할 수 있어야 한다. 청교도는 이것을 단지 교육적인 목적으로만 보지 않고, 사도 바울이 모범을 보인 영적인 법칙으로 보았다. 웨스트민스터 신학자들은 바울의 말을 인용해 말한다. "[바울은] 사람들이 쓰는 지혜로운 미혹의 말로 진리를 전하지 않고, 오히려 성령과 능력의 나타남으로 전했다. 그것은 그리스도의 십자가가 무효하게 되지 않게 하기 위함이었다."[20] 이렇게 하기 위해서 설교자는 설교단에서 "불필요하게" 외국어를 쓰지 말아야 한다. 비록 자신의 연구 중에는 히브리어와 헬라어, 라틴어를 사용해야만 하지만 말이다. 설교자는 귀족계층에서 유행하는 설교형식을 따라서는 안된다. 말과 의미, 소리로 멋을 내고 자신의 영리함을 나타내려고 해서는 안 된다. 다른 작가들이 누구든 그들의 글을 인용하는 일을 되도록 "삼가 해야" 한다.

---

20   고린도전서 1:17; 2:1-5를 보라.

3. 설교자는 충성스럽게 섬겨야 한다. 웨스트민스터 신학자들은 사역자가 순수한 동기에서 설교할 것을 요청한다. 사역자는 그리스도의 영광과 사람들의 구원과 성화를 구해야 한다. "자신의 이익이나 영광"을 구해서는 안 된다. 사역자는 하나님의 모든 뜻을 전해야 한다. 이때 "거룩한 목적을 이루는 것이라면 아무것도 감추어서는 안 된다." 사역자는 강단에서 편파성을 보이면 안되며, 모든 사람에게 "그들 몫"을 주어야 한다. 가난하고 약한 자라고 무시해서는 안되며, 큰 사람들이라고 해서 책망을 멀리해서도 안 된다. 다시 말해서 사역자는 설교할 때, 그리스도의 종으로 설교해야 하며, 사람을 기쁘게 하는 자여서는 안 된다(갈 1:10).

4. 설교자는 지혜롭게 섬겨야 한다. 설교를 할 때 교리와 적용의 틀을 짤 때, 설교자에게는 능숙한 솜씨가 필요하다. 그래서 전달하는 바가 "가장 좋은 효과가 날 수 있게" 해야 한다. 이 능숙함은 특별히 죄를 꾸짖을 때 결정적인 역할을 한다. 하지만 무언가 가르치거나 꾸짖거나 바로잡거나 의를 훈련하게 할 때, 사역자는 성경만 연구해서는 안되며, 자신의 청중도 연구해야 한다. 사역자는 끊임없이 '저들에게 와 닿는 것은 무엇이며, 저들의 마음을 얻을 수 있는 것은 무엇인가?' 물어야 한다.

5. 설교자는 진중함을 지녀야 한다. 이 말은 과거에는 문제의 무게

에 맞는 진지함과 엄숙함을 가리켰다. 이것은 문제를 가볍고 사소하게 취급하는 경박함의 반대 의미이다. 메시지와 교리가 선포될 때, 거기에는 신적 권위가 있다. 따라서 전하는 자에게도 위엄이 있어야 한다. 사역자는 궁정 어릿광대나 코미디언, 연예인이 되어서는 안 된다. 오히려 사람들에게 자신의 권위를 멸시하게 할 수 있는 몸짓, 소리, 표현 무엇이든지 피해야 한다.

6. 설교자는 애정을 품고 사람들을 대해야 한다. 사람들은 그들의 사역자가 하는 모든 일이 "그의 거룩한 열의에서" 왔는지, "선을 행하고자 하는 진심어린 열망에서" 왔는지 분별할 수 있어야 한다. 교인들이 어떤 일에 대하여 자신들의 사역자와 의견이 맞지 않더라도, "나는 알아. 우리 목사님은 나를 사랑하셔. 진정으로 내가 잘 되기를 바라시지. 특별히 영원에 관련된 일에서는 말이야"하고 말할 수 있다면 아름다운 일이다. 이것이 선한 목자의 특성이다. 자신의 양이 그의 목소리를 알고 따르는 것은 당연한 일이다(요한복음 10장).

7. 설교자는 성실히 살아야 한다. 설교자는 공적이든 사적이든 간절한 열망으로 섬기고, 정직한 영으로 섬겨야 한다. 마치 "하나님께 가르침을 받아 자신이 가르치는 것은 모두 그리스도의 진리라는 것을 마음에 확신을 가지고 살며, 자신의 양떼를 앞서 가며 모범을 보여주어야 한다."

7) 설교자와 교사의 협력

예배모범은 이 부분을 끝맺으면서, 한 교회에서 여러 사역자들이 일할 때, 일을 조정하여 각자가 가장 큰 열매를 낼 수 있는 분야에 자신의 힘을 쏟도록 격려한다. 어떤 사람은 "교리"에, 다른 사람은 "권면"에 더 은사가 있다는 점을 인식한 것이다. 한 사람 이상의 사역자가 한 교회에 있을 때, 그들의 은사를 어떻게 사용하는 것이 최선인지 협의하라.[21]

웨스트민스터 신학자들은 지혜롭게 "목사와 교사"의 협업을 제시하여 목사와 교사가 "그리스도의 몸을 세우는데"(엡 4:11-12) 서로 함께 일하도록 했다. 교리적 가르침과 권면을 결코 분리할 수 없지만(딤후 4:12), 각 사람에게 다른 방식으로 은사를 주시는 것은 성령의 뜻이다(고전 12:11). 각자가 섬겨야 할 자기 자리가 있어야 한다.

2. 설교를 통한 성령의 변화시키는 능력

웨스트민스터 총회는 성경적인 개혁파 교리설교가 무엇인지 탁월하게 진술했다. 그리고 이것을 이후 세대에 전달했다. 이 진술들은 어떻

---

21   Cf. "The Form of Church Government," in *Westminster Confession of Faith*, 401–402.

게 성령께서 변화시키는 능력으로 축복하시는 방식으로 하나님의 교회에 교리설교를 하는지 지혜를 담고 있다. 이 진술에는 설교에 대한 높은 관점이 있는데, 그것은 하나님의 말씀에 대한 높은 관점을 가지고 있었기 때문이다. 성령께서는 진리의 말씀을 통해 그리스도를 영혼에 적용하고, 택함 받는 죄인들의 살아 있는 교회를 세우신다. 웨스트민스터 신학자들은 하나님의 뜻의 신비 속에서 설교가 하나님의 말씀이 죄인들에게 이르는 다양한 방식 중에서 탁월한 위치를 차지한다는 것을 인식했다. 이것은 죄인들뿐만 아니라 성도들에게도 마찬가지이다. 그래서 웨스트민스터 신학자들은 소요리문답 90문에서 이렇게 말한다. "말씀이 어떻게 구원하는데 효과적인가? 하나님의 성령은 말씀을 읽는 것을 [수단으로 삼으신다], 하지만 특히 말씀을 설교하는 것을, 죄인에게 확신을 주고 회개하며, 거룩함과 위로로 세우며, 믿음을 통해 구원에 이르게 하는 효과적인 수단으로 삼으신다."[22]

　이런 이유로 웨스트민스터 신학자들은 사람들에게 설교를 소중히 여기고 양심적으로 대할 것을 요청한다. 대요리문답 160문을 보자. "설교 말씀을 듣는 사람들에게 요청되는 것은 무엇인가? 설교를 듣는 사람들은 부지런함과 예비함, 기도로 받들며, 들은 것을 성경에 비추어 검토하고, 진리를 믿음과 사랑, 온유함과 준비된 마음으로 하나님의 말씀으로 받으며, 묵상하고 참조하며, 마음에 간직하고, 삶에서 열

22　"The Shorter Catechism," in *Westminster Confession of Faith*, 312, 강조는 필자.

매를 맺어야 한다."[23]

이 모든 것을 오늘날 우리에게 어떻게 적용할 것인가? 이러한 교리 설교는 성령께서 사람들의 영혼에 변화시키는 능력을 역사하는 하나님의 일상적인 수단이다. 진리의 말씀을 평이하게 설교하는 것은 하나님의 손에 들린 강력한 도구이다. 바울은 이 방식으로 그리스도를 전하면서 "너희 믿음이 사람의 지혜에 있지 않고, 하나님의 능력에 있게 하려 함이라"(고전 2:5)고 말했다. 바울은 복음이 "구원을 주시는 하나님의 능력"임을 진심으로 믿었다(롬 1:16). 그렇다. "십자가의 말씀이 멸망당할 자들에게는 어리석은 것이다". 그들은 조롱할 것이다. 하지만 "구원받은 자들에게는 하나님의 능력"이다(고전 1:18).

설교에 삶을 변화시키는 하나님의 능력이 없고 설교가 단지 정보를 퍼트리는 것에 지나지 않는다면 만족할 수 있겠는가? 결코 그럴 수 없을 것이다. 만일 바울이 사람의 정신 교육을 위해 교리를 가르치는 것을 강조했다고 생각한다면 그것은 오해다. 바울은 "하나님의 나라는 말에 있지 않고 능력에 있다"(고전 4:20)고 말했다. 또 바울은 "우리의 복음이 너희에게 말로만 이른 것이 아니라 능력으로 이르렀다"(살전 1:5)고 말하면서 기뻐했다. 성실한 설교자는 어깨를 의쓱하며, "글쎄 내 설교로 누군가 구원을 받는다든지, 성화를 이루든지 않든지 나는 상관없어"하고 말하지 않는다. 도리어 [설교자의] 마음 깊은 곳에

---

23   "The Larger Catechism," in *Westminster Confession of Faith*, 253.

서 끓어오르는 갈망이 무엇인가? 하나님의 능력이 하늘에서 내려와 자신이 설교하는 제단에 불을 붙이고, 사람들이 성경의 교리적 진리들을 적용하여 하나님께 돌아오고 "여호와는 하나님이시다!"(cf. 왕상 18:37-39)고 외치는 일이 일어나는 것 아닌가?

또 하나님의 능력은 설교자와 설교자의 설교 방식에서 분리할 수 없다. 이 점을 잘 들어보라. 나는 설교자가 능력을 제공한다고 말하고 있는 것이 아니다. 설교자에게 하나님의 축복을 받을 자격이 있다고 말하는 것도 아니다. 이러한 것들은 모두 [하나님의] 주권적인 은혜에서 온다. 하지만 하나님은 설교자가 하나님의 교리를 선언할 때, 설교자를 통해 능력을 보내신다. 이때 청교도는 하나님이 일반적으로 설교자에게 능력을 보내신다고 말한다. 바울과 바나바가 이고니온에서 설교할 때, 누가는 그들이 말할 때, "허다한 무리가 … 믿었다"(행 14:1)고 보도한다. 그들이 설교하는 방식은 청중에게 강한 충격을 주는 것이었다. 누가는 계속해서 말한다. 바울과 바나바는 "담대하게 말했다"(파레지오마이). 바울도 말한다. "우리가 우리 하나님 안에서 담대함을 가지고 많은 싸움 중에도 하나님의 복음을 전하였노라"(살전 2:2*).[24] 바울이 자신의 사역을 말할 때, "우리는 아주 평이한 말을 썼다"(고후 3:12; KJV)고 한다. 헬라어 본문을 문자적으로 번역하면, "우

---

24 비키 교수는 "살후 2:2"이라고 하는데, "살전 2:2"이다. 그런데 개역개정과 번역이 약간 다르다. 비키 교수가 인용한 역본은 KJV인데 다음과 같다: "We were bold in our God to speak unto the gospel of God with much contention" 개역개정은 "우리가 … 우리 하나님을 힘입어 많은 싸움 중에 하나님의 복음을 전하였노라"이다. 역자주.

리에게 담대함이 있었다"(πολλῇ παρρησίᾳ χρώμεθα; ESV)이다. 초자연적 담대함과 자유, 권위(행 4:18, 13, 31), 이것이 바로 성령으로 충만한 설교의 특징이다. 청교도는 이것을 "신적 기름부음"이라고 불렀다.

이렇게 능력 있는 기독교 설교는 인간적인 담대함이나 교만한 자기 확신에 근거한 것이 아니다. 그것은 하나님과 하나님의 진리의 말씀에 뿌리내린 담대함이며, 바울이 말한 것처럼, "내가 약하고 두려워하며 심히 떨며"(고전 2:3) 설교하는 것과 결코 상충되는 것이 아니다. 성령의 능력을 받은 담대함은 사람을 겸손하게 하고 하나님만을 높인다. 바울의 "두려움"과 "떨림"은 때로 바울 자신의 개인적 문제나 사역에서 오는 도전의 결과라고 설명하는데 그런 것이 아니다. 바울이 두려움과 떨림으로 설교한 것은 살아계신 하나님을 알고 살아계신 하나님의 존전에서 말한다는 것이 무엇인지 정확히 알았기 때문이다.[25] 다시 말해서, 우리가 약하고 자격이 없다는 인식과 하나님에 대한 경외심이 섞인 감각은 형편없는 설교의 표지가 아니라 성령으로 충만한 설교의 표지일 수 있다.

성경적 교리설교의 능력은 성령의 초자연적 사역에 있다. 성령께서는 이 복음 설교로 예수 그리스도 안에서 믿음을 창조하고 성숙하게 한다. 성령의 사역을 대체할 것은 아무것도 없다. 성령께서 교리설교

---

25   Ciampa and Rosner, *The First Letter to the Corinthians*, 115–116. 출애굽기 15:16; 시편 2:11; 이사야 19:16 LXX; 빌립보서 2:12에 나오는 "두려움"(포보스)와 "떨림"(트레모스)의 용례를 보라.

를 청중의 마음과 영혼, 정서에 적용함으로써 역사하지 않으신다면, 설교자에게 남아 있는 안전망이나 대체지(代替地) 같은 곳 있을 수 없다. 모든 것이 성령의 은혜로운 영향에 달려 있다. 이런 설교가 바로 스가랴가 예언한 것이 성취된 설교이다. 곧 "주 만군의 여호와가 말씀하시되", 하나님의 성전은 "힘으로도 능으로도 안되고 오직 나의 영으로" 서느니라(슥 4:6).

바울은 고린도전서 2:4에서 아포데익시스라는 말을 썼다. 이 말은 번역하면 [성령의] "나타남"(ἀπόδειξις)인데, "보여줌, 증명"[26]을 가리킨다. 고대 그리스어에서 이 말은 논리적인 증명이나 논증에 쓰였다. 예를 들어 아리스토텔레스의 철학에서 말이다.[27] 그러나 바울은 이 말을 인간의 지혜에 근거한 설득력 있는 말과 정면으로 반대되는 뜻으로 사용했다. "성령의 나타남"이란 성령의 강력한 역사로 선포된 하나님의 말씀이 진실하여 그분을 신뢰할 수 있다는 것을 사람의 마음에 확신하게 한다.

그러면 성령께서는 이 "나타냄"을 어떻게 행하시는가? 여기서 성령께서 행하시는 기적이나 표적, 이적을 가리킬 수 없다. 왜냐하면 바울은 방금 전에 "유대인은 표적을 구하고" 그 결과 "십자가에 못박힌 그

---

26 아포데익시스"(ἀπόδειξις)는 신약에서 하팍스 레고메논(hapax legomenon)이다. 동족 동사로 아포데이크뉘미(ἀποδείχνυμι)가 있는데, 이것은 보이다(display) 또는 나타내다(exhibit), 진정함을 증명하다(prove to be genuine) (행 2:22; 25:7; 고전 4:9; 살후 2:4)를 가리킨다.

27 LSJ, 196.

리스도"에 대한 메시지를 거절했다(고전 1:22-23)고 말하기 때문이다.[28] 여기서 바울의 논점은 이것이다. 구원을 주는 하나님의 메시지는 외적으로 나타나는 능력이 아니요, 겉으로 보기에는 약한 것이다(1:25). "성령의 나타남"은 효과적 부르심의 내적이고 은밀한 역사이다. 이것으로 하나님은 사람들이 신자가 되게 하신다(1:24). 바울은 성령께서 사도들에게 하나님의 말씀을 주셨다고 말한다(고전 2:9-13). 이 성령이 우리가 사도들의 말을 진정한 지혜로 받아들이게 하신다. 성령이 없는 사람은 "하나님의 영에 속한 것들을 받아들이지 않는다. 왜냐하면 이런 것들은 그 사람에게 어리석게 보이기 때문이다. 또 그 사람은 이런 것들을 알 수도 없다. 왜냐하면 이런 것들은 영적으로야 인식할 수 있기 때문이다(2:12-14).[29] 따라서 두 가지 능력이 역사한다. 하나는 성령으로 영감된 하나님의 말씀의 능력이고, 다른 하나는 그 말씀이 인류 중 죄인들에게 선포될 때, 그 말씀을 사용하고 그 말씀과 함께 역사하는 성령의 능력이다.

하나님의 말씀이 드러나는 가장 위대한 나타남 또는 하나님의 말씀의 능력과 진리를 증거하는 증명이 무엇인가? 구원을 주는 믿음에 유일하게 충분한 증명은 무엇인가? 그것은 성령께서 우리의 눈을 여셔서 하나님의 진리와 하나님의 말씀의 교리들을 볼 수 있도록 하는 내

---

28   Ciampa and Rosner, *The First Letter to the Corinthians*, 118. 챔파와 로스너는 "여기서 능력은 도덕적 확신에 관한 것이지 기적적 과시가 아니다"고 설명한다.

29   비키는 이 구절을 고린도전서 2:16절로 말하나 오기이다. "…(v. 16)".

적인 나타냄(inner demonstration)이다. 성령께서 선포된 말씀으로 자신의 능력을 행사하실 때, 그 메시지는 "큰 확신"과 함께 전달되고, 보이지 않는 영적인 것들의 현실에 대한 강한 내적 확신을 일으킨다(살전 1:5).

이것이 바로 성령의 능력이다. 가시적으로나 외적으로 드러내는 능력이 아니라 내적으로 나타내고 증명하는 능력이다. 성령께서는 이 능력으로 복음의 교리적 진리에 대하여 마음에 확신을 주어 그 사람이 구원을 얻기 위해 지적으로 그리고 기꺼이 오직 그리스도만을 믿게 하신다. 믿음은 이 세상의 눈에는 인상적인 결과처럼 보이지 않을 수 있다. 하지만 사람이 그리스도를 믿어 구원을 주는 믿음을 갖는 것은 하나님 능력의 "지극히 위대함"의 결과이다. 이 능력은 다름 아닌 그리스도를 죽은 자들 가운데서 살리시고, 하나님의 우편에 앉히시는 능력이다(엡 1:19-20).

믿음은 비참한 죄인을 부요한 그리스도와 연합하게 한다. 그래서 그리스도께서 십자가에서 획득하신 혜택들을 모두 그 죄인의 것이 되게 한다(요 1:12). 이러한 믿음은 "이 악한 세상을 정복한다"(요일 5:4). 믿음으로 하나님은 우리를 구원하시고, 성령을 통해 적용한 성경적 교리를 통해 영원한 영광으로 우리를 인도하신다. 참으로 믿음의 선물은 주권적 능력의 결과요, 믿음의 인내와 성장은 하나님을 영원히 영화롭게 하는 원인이다. 하나님은 자신이 선택한 방편이 무엇이든지 그것을 통해 믿음이 생기도록 자신의 능력을 행하시지만, 그리스도를 믿는 믿음은 주로 평범한 교리설교를 통해 작용한다. 그러한 설교를 위해 설교자는 사람의 지혜와 육적인 야망과 절연해야 한다. 또 설교자는 하나님의 말씀을 성실히 선포하기로 결심해야 한다. 그래서 구원을 주는 믿음은 전적으로 참되고 믿을 수 있는 하나님의 변혁시키는 증거에 의존해야 하는 것이다. 교리설교의 목적은 예수 그리스도와 그가 십자가에 못박히심을 [신자의] 마음에 알리는 것이다. 이것이 구원을 주는 믿음의 가장 큰 목적이요, 신자의 유일한 확신이다. 교리설교의 목적은 하나님 앞에서 양심에 확신을 주는 것이며, 믿음은 상처받은 양심이 그리스도의 피에서 치료를 구하는 것에서 일어난다. 그래서 죄인은 그리스도의 완결된 사역에서 단번에 의가 만족된 의로우신 하나님의 존전에서 평화를 발견한다. 하나님은 믿음을 일으키는 영적인 권세를 행사하는 주된 방편으로 평범한 교리설교를 선택하셨는데, 이점에서 우리 하나님은 얼마나 지혜로우신가!

3. 결론: 평이하고 능력 있는 설교를 위해 오늘날 해야 할 기도

하나님의 사역자들이여, 당신은 바울과 청교도처럼, 평이한 교리설교자가 되고 싶은가? 교인들이여, 당신은 당신의 사역자들이 평이한 교리설교자들이 될 수 있기를 기도하는가? 만일 당신이나 당신의 목사가 그런 설교를 하면서 견디고 있다면, 그것이 무엇인지 이해하는 것 이상을 요구할 것이다. 그런 설교는 그리스도를 믿는 믿음과 주님을 경외함으로만 유지할 수 있다.

그것은 평이하고 담대하게 설교할 믿음이 필요하다. 특히나 군중이 당신의 말을 들으러 모이지 않고, 인기있고 세속적인 설교자들을 찾아 날아다닌다면, 더욱 믿음이 필요하다. 평이한 설교가 많은 자녀들을 영광으로 이끄는 하나님의 방식임을 믿어야 한다.

때로 당신의 사역을 보강하는 세속적인 방법을 채택하라는 압력이 거세질 것이다. 우리 중 누가 사람을 기쁘게 하려는 유혹을 받지 않는가? 하지만 주님을 경외하면, 이 덫에서 벗어날 수 있다. 우리는 왕의 메신저임을 기억하자. 우리도 우리의 청중도 언젠가 그 왕의 심판대 앞에 설 것이다. 설교자는 죽어가는 사람이지만, 등 뒤에는 세상이 있고, 눈 앞에는 하나님의 영광이 있는 죽어가는 사람들에게 설교하게 하라.

평이한 교리설교는 타락한 인류의 본성에 거스른다. 사람들은 평이한 교리설교를 멸시하고 조롱하며 비웃는다. 하지만 하나님의 말씀을 쉽게 설교하는 것은 극히 소중한 것이다. 이것은 하나님이 믿음의 결혼반지를 자신의 신부에게 담아가는 함이다. 결코 지루하지 않다. 성령의 능력으로 행하는 평이한 [교리] 설교는 죄로 어두워진 이 세상에 닿은 하늘 영광의 빛이다.

그러므로 말씀사역을 위한 기도에 헌신하자. 그래서 그 설교에 교리와 능력이 깃들게 하자. 설교자들에게 그들의 연구를 자신들의 골방이 되게 하자. 거기서 끊임없이 기도하고 찬송하며 읽고 쓰게 하자. 청교도 로버트 트레일(Robert Traill, 1642 - 1716)은 이렇게 말했다. "많은 설교는 연구할 때 기도가 결핍되어 [그 능력을] 잃어버린다."[30] 우리 설교가 "너희가 얻지 못함은 구하지 않기 때문이라"(약 4:2)는 말을 결코 듣지 않게 하자. 그리고 우리가 기도할 때, 우리가 하는 설교가 사도 바울과 청교도가 보여준 복음 형태에 되도록 일치하게끔 땀을 흘리자. 그들은 "사람의 지혜로운 말이 아니라 성령과 능력의 나타남으로" 설교했다(고전 2:4).

하나님께서 웨스트민스터 총회의 청교도 신학자들이 기술한 사람들과 같은 설교자와 청중들을 더 많이 허락하시기를 바란다. 그러면 이러한 설교를 통해 교회가 변화를 받고 번영할 것이다.

30　Robert Traill, "By What Means May Ministers Best Win Souls?," in *The Works of the Late Reverend Robert Traill*, 4 vols. (Edinburgh: J. Ogle et al., 1810), 1:246.

7

교리를 말하는 본문설교

김병훈

1. 시작하는 말

코로나19 사태로 인하여 야기되고 있는 사회적 변화의 상황은 목회에
도 영향을 미치어, 지금까지 마땅하게 여겨온 예배와 목회 활동에 변
화를 가져왔다. 정상적으로 예배당에 모여 예배하여야 하는 주일예배
를 온라인 예배라는 임시방편에 의지하여 드려야 하는 슬픈 현실을
겪고 있다.[1] 교인의 신앙교육을 위하여 소규모 모임도 제한을 받게 되
어, 주일예배 설교의 중요성은 더욱 크게 인식되고 있다. 이러한 인식
은 일반적으로 많은 교회가 그동안 행하여온 설교 사역에 대하여 과
연 설교의 본질과 책임에 충실하였는지를 돌아보아야 한다는 평가와
맞물려 더욱 무겁게 다가온다. 이 말은 새로운 상황에 따라 설교의 직
무에 대한 이해가 달라져야 한다는 것이 아니라, 오히려 코로나19 사

---

1   이러한 현실 가운데 어떻게 목회를 감당할 것인가에 대한 질문에 답을 찾기 위한 노력들이
    나타나고 있다. 이를테면 합신 교단의 총회 임원회는 지혜로운 목회 방향의 제시와 관련한
    지침을 마련해 줄 것을 요청하였고, 이에 교단의 신학연구위원회가 마련한 「코로나19 사
    태와 이에 따른 목회환경에 대한 <합신 교단의 대응 방안>에 대한 제언」(기독교개혁신보,
    2020.6.11.)이 그 가운데 하나이다.

태로 인하여 그동안 행하여 온 설교의 문제점 또는 부족함이 드러나고 있는지를 살펴서 신학의 가르침에 일치하는 설교 사역이 되도록 해야 한다는 것을 뜻한다. 이것은 몇 번이고 유념해야 할 사역적 책임이다. 합신 신학연구위원회가 제언한 바와 같이 "목회 원리는 코로나19 이전과 이후가 달라질 수 없"으며, "항상 성경에서 가르친 대로 교회를 이해하고, 목회해야" 하는 것이기 때문이다.[2]

　본 소고는 이러한 이해를 기초로 하여, "교리를 말하는 본문설교"라는 제목을 가지고 개혁교회에 있어서 설교란 무엇이며, 설교자가 전하여야 할 내용, 방식과 태도에 대한 개략적인 이해를 말씀드리고자 한다. 특별히 청교도 리처드 십스(Richard Sibbes)의 설교를 사례로 삼아 살펴봄으로 본 글의 목적을 이루는 데에 도움을 얻고자 한다.

2. 개혁교회와 목사의 설교 직무

개혁신학에 있어서 교회는 하나님께서 죄인을 불러 구원하시는 목적을 이루시는 일에 있어서 사용하시는 가장 중요한 기관이다. 이러한 사실을 말하기 위하여 칼빈은 보이는 교회를 어머니로 비유한다. 그 까닭은 "이 어머니가 태에서 우리를 잉태하고, 낳고, 가슴으로 먹이

2　앞에서 인용한 글을 볼 것.

고, 우리가 육체를 벗고 천사와 같이 되기까지, 우리를 자신의 보호와 다스림 아래에서 보호하지 않는다면 어떤 누구도 생명으로 들어가지 못하기 때문"[3]이다.

신자의 어머니와 같은 교회가 신자를 생명으로 들어가게 하는 책임을 다하기 위하여 무엇을 할 수 있을까? 칼빈은 이 질문의 답을 목사와 교사의 직분을 세우는 일이라고 에베소서(4:11-13)의 말씀을 통해 풀어낸다. "그가 어떤 사람은 사도로, 어떤 사람은 선지자로, 어떤 사람은 복음 전하는 자로, 어떤 사람은 목사와 교사로 삼으셨으니 이는 성도를 온전하게 하여 봉사의 일을 하게 하며 그리스도의 몸을 세우려 하심이라. 우리가 다 하나님의 아들을 믿는 것과 아는 일에 하나가 되어 온전한 사람을 이루어 그리스도의 장성한 분량이 충만한 데까지 이르리니." 이 말씀을 근거로 칼빈은 "하나님께서는 우리가 교회의 교육을 받지 못한 채 성년에 이르기를 원하시지 않는다."라고 말하면서, 여기서 "하늘의 교리를 선포하는 일이 목사에게 맡겨진 것이라는 방식이 표현되고 있음을 보게 된다"라고 진술한다.[4]

이러한 이해에 따라 칼빈은, 하나님께서 "옛 백성을 천사에게 멀리 보내지 않으시고 땅에서 가르치는 자들을 불러일으키셔서, 이들로 천

---

3   "quando non alius est in vitam ingressus nisi nos ipsa concipiat in utero, nisi pariat, nisi nos alat suis uberibus, denique sub custodia et gubernatione sua nos tueatur, donec exuti carne similes erimus angelis." *Inst.* 4.1.4. (CO 2.749)

4   "Videmus ut Deus ... nolit tamen eos adolescere in virilem aetatem nisi educatione ecclesiae. Videmus modum exprimi: quia pastoribus iniuncta est coelestis doctrinae praedicatio." *Inst.* 4.1.5. (CO 2.749)

사의 직무를 책임지도록 하셨던 것처럼, 사람의 방식으로 우리를 가르치시기를 원하신다."라고 말한다.[5] 즉 칼빈은 신자를 잉태하고 낳아 양육하고 마침내 구원의 생명에 이르도록 하기 위한 교회의 책임을 수행하는 일이 목사의 직무를 통해서 이루어지는 것임을 분명히 한다. 칼빈은『기독교 강요』(1559년)의 "독자들에게 드리는 글"에서 이러한 사실을 목사인 자신에게 그대로 적용하여 자신의 직무에 대해 말하기를, "하나님께서는 자신의 왕국을 확장하고 공적인 유익을 증진하기 위한 열심에 나의 영혼을 철저하게 헌신케 하셨다. 경건의 신실한 교훈을 주장함으로써 교회에 유익을 주기 위한 목적 이외의 다른 목적 때문에 내가 교회에서 교사의 직무를 받은 것이 아니라는 것을 나 자신이 또한 정직하게 증언하며, 또한 하나님과 천사가 나를 위해 증언한다."라고 적고 있다.[6]

데릭 토마스가 잘 지적한 바처럼, 칼빈에게 있어서 순결하게 선포되는 말씀과 적법하게 시행되는 성례인 교회의 표지는 "참된 교회를 구성하며, 이것들 없이는 교회가 존재하지 못"한다.[7] 토마스가 인용한

5　"Sicuti autem veterem populum non ablegavit ad angelos, sed doctores excitavit e terra, qui vere praestarent munus angelicum, ita et nos humanitus vult docere." *Inst.* 4.1.5. (CO 2.750)

6　"Nam quamvis Deus et propagandi regni sui, et adiuvandae publicae utilitatis studio animum meum penitus addixerit, mihi quoque probe conscius sim, ipsum et angelos testes habeam, nihil ex quo officium doctoris in ecclesia suscepi, mihi fuisse propositum quam ecclesiae prodesse, sinceram pietatis doctrinam asserendo." "Ioannes Calvinus Lectori," in *Inst.* (CO 2.11)

7　Derek W. H. Thomas, "Reforming the Church," in *Living for God's Glory*, ed. Joel R. Beeke

칼빈의 말은 이러하다. "하나님의 말씀이 순수하게 설교되고 들려지며, 성례가 그리스도께서 제정하신 대로 시행되는 것을 보는 곳이면 어디든지, 그곳에 하나님의 교회가 존재한다는 것을 어떤 식으로든 의심해서는 안 된다." 결국, 말씀을 순수하게 설교하는 목사의 직무가 바르게 수행되지 않으면 교회는 생명력을 잃고, 그러한 목사가 있는 교회는 교회로서 존재를 인정받기가 어렵게 된다. 그러므로 칼빈의 이해에 따른 목사의 설교는 성경에 기록된 말씀의 의미를 설명하기에 온 힘을 다해야 하며, 이러한 책임의 범위를 벗어난다면 그 설교는 과녁에서 빗겨 난 것이며 한계를 벗어나는 것이 된다.[8]

참된 교회이기 위하여 요구되는 가장 중요한 표지가 하나님의 말씀을 순수하게 설교하는 것이라는 것은 비단 칼빈 혼자만의 교훈이 아니다. 이것은 일반적으로 개혁교회의 신앙고백 안에 천명되고 있는 가장 중요한 핵심이다. 이를테면 제1 스위스 신앙고백서(1536년) 15항, 프랑스 신앙고백서(1559년) 27조, 제1 스코틀랜드 신앙고백서 (1560년) 18조, 벨직 신앙고백서 (1561년) 29조, 제2 스위스 신앙고백서 (1566년) 17장 11절, 웨스트민스터 신앙고백서 (1646년) 25장 4절 등을 언급할 수 있다.

(Orlando, FL: Reformation Trust, 2008), 224; 한국어판, 『하나님의 영광을 위하는 삶, 칼빈주의』 (서울: 지평서원, 2010), 384. "Ubi enim cunque Dei verbum sincere praedicari atque audiri, ubi sacramenta ex Christi instituto administrari videmus, illic aliquam esse Dei ecclesiam nullo modo ambigendum est." *Inst.* 4.1.9. (CO 2.753-754)

8 Robert Oliver, "Roots of Reformed Peaching," in *Living for God's Glory*, 245; 한국어판, 417.

하나님의 말씀의 순수한 선포와 관련하여 특별히 눈여겨볼 것은 하이델베르크 요리문답의 교훈이다. 83문에서 천국의 열쇠는 무엇인지를 물은 후에, 이렇게 답을 한다. "거룩한 복음의 강설, 그리고 회개로 이끄는 교회의 권징을 가리켜 말한다. 이 두 가지에 의하여, 믿는 자들에게는 천국이 열리고, 믿지 않는 자들에게는 닫힌다." 설교와 관련하여 질문을 좁혀 보면, 이어지는 84문에서 어떻게 거룩한 복음의 강설에 의하여 천국이 열리고 닫히는지를 묻는 말에 이렇게 답을 한다. "그리스도의 명령에 의하여 다음과 같은 일이 이루어질 때 그렇게 된다. 하나님께서는 그리스도께서 행하신 일로 인하여 신자들이 참된 믿음으로 복음의 약속을 받아들일 때마다 그들의 모든 죄를 진실로 용서하신다는 것을 거룩한 복음이 그들 모두에게 그리고 그들 각자에게 선포하고 공적으로 선언을 함으로써 천국은 열린다." 목사의 설교를 통하여 이처럼 천국이 열리고 닫힌다는 하이델베르크의 요리문답의 고백보다 개혁교회에 있어서 목사의 설교직무의 중요성과 책임을 더 일깨워 주는 것은 없을 것이다.

이러한 천국열쇠로서 기능하는 목사의 설교 직무에 대한 고백은 웨스트민스터 신앙고백서에서도 뚜렷하게 진술되고 있다. "이 직원들에게 천국의 열쇠들이 일임되었다. 이것들 덕분에 이들은 죄를 그대로 두거나 사하는 일을 각각 행할 권세를 갖는다. 말씀과 권징에 의하여 회개하지 않는 자에게는 천국 문을 닫을 권세를 가지며, 또한 복음 사역에 의하여, 그리고 기회가 요구하는 대로, 권징을 사면함으로, 회개

하는 죄인들에게 천국 문을 열 권세를 갖는다."(30장 2절)

참된 교회의 표지이며 천국열쇠로서의 복음 설교 사역은 목사의 설교 직무의 중요성과 책임의 범위를 잘 말해준다. 이러한 설교 사역의 중요성과 책임의 무게를 반영하여 칼빈은 그의 디도서 주석에서 "교회는 목사의 사역이 없다면 안전하게 서 있을 수가 없다는 것을 주의 깊게 주목하여야 한다"라고 쓰고 있다.[9] 이러한 관점에서 프랑스 신앙고백서(1559년) 25조는 가르치는 직분을 맡은 목사가 없이는 교회가 존재할 수 없다고 고백한다. 그 이유는 바로 복음을 통해서만 예수 그리스도를 향유할 수 있기 때문이라고 진술한다.[10] 이 고백은 목사는 복음의 강설로써 예수 그리스도를 가르쳐야 하는 직무를 받은 자라는 사실을 엄숙하게 선언한다.

지금까지 말한 바와 같이, 목사의 설교 직무를 통해서 참된 교회임이 인정되고, 회중들의 영혼에 천국이 열리고 닫히는 일이 이루어지게 된다면, 목사는 무엇을 설교하여야 할까? 그것은 다름 아닌 바로 하나님의 말씀이다. 목사는 하나님의 말씀인 성경을 순수하게 설교하여야 한다. 그래서 설교 시간은 바로 목사의 성경 강설을 통하여 말씀하시는 하나님의 시간이라는 사실을 기억해야 한다.

---

9 "Diligenter hoc notandum, non posse incolumes stare ecclesias sine pastorum ministerio." *Commentarius in Epistolam ad Titum* 1:5, (CO 52, 409)

10 "Or, parce que nous ne jouissons de Jésus-Christ que par l'Evangile, nous croyons ... que l'Eglise ne peut subsister sinon qu'il y ait des pasteurs qui aient la charge d'enseigner..." *Confessio Fidei Gallicana* 25 in Philip Schaff, ed., *The Creeds of Christendom* vol. III (Grand Rapids, MI: Baker Book House, 1990 reprinted), 374.

그런데 목사가 성경을 순수하게 설교하지 않는 교회의 경우, 그 교회의 정체성에 대하여 어떻게 판단을 내려야 할까? 하나님의 말씀의 순수한 선포 또는 설교는 참된 교회의 표지이므로, 하나님의 말씀을 순수하게 설교하지 않는 교회는 참된 교회가 아니며 거짓 교회라고 보아야 할까? 이 질문의 답은 어떤 설교가 하나님의 말씀을 순수하게 선포하는 설교이며, 또 어느 기준으로 그 순수성을 결정할 수 있는가의 질문에 부딪히게 된다. 이러한 질문을 고려하여 웨스트민스터 신앙고백서는 보이는 보편교회는 설교가 복음을 어느 정도 순수하게 선포하는가에 따라서 참된 교회라 할지라도 순수성에 있어서 차이를 보일 수 있다고 다음과 같이 고백한다. "이 보편교회는 때로는 더 잘 보이며, 때로는 덜 보인다. 그리고 복음의 교리가 가르치고 영접되며, 제도들이 시행이 되고, 공 예배가 행해지는 일들이 더 순수하게 또는 덜 순수하게 되느냐에 따라, 이 보편교회의 구성원인 개교회들은 더 순수하게 되기도 하고 덜 순수하게 되기도 한다."(25장 4절)

3. 설교: 하나님의 말씀의 순수한 강설

목사는 하나님의 말씀을 설교하여야 한다. 그것은 하나님의 말씀인 성경을 순수하게 설교하여야 한다는 것을 뜻한다. 이 사실을 가장 단순하게 보여주는 표현은 "하나님 말씀의 설교가 하나님의 말씀이다"(Praedicatio Verbi Dei est Verbum Dei)로 요약된다. 이 표현은 하인리히 불링거(Heinrich Bullinger)가 작성한 제2 스위스 신앙고백서(1566년) 1장의 한 단락의 제목으로 여백에 기록된 것이다. 이 단락은 편의적인 구분에 따라서 4절로 표시된다. 5절 첫 문장까지를 포함하여 옮겨 보면 다음과 같다.

> 그러므로 오늘날 하나님의 말씀이 교회에서 합법하게 부름을 받은 설교자를 통해 선포될 때, 우리는 하나님의 말씀 자체가 선포되고 있으며 신자들에 의해 받아들여진다고 믿는다. 또한 다른 하나님의 말씀을 날조해서는 안 되며, 또 하늘에서 내려오는 것으로 기대해서는 안 된다고 믿는다. 게다가 선포하는 목사가 아니라, 지금 선포되는 말씀 자체를 주목해야 한다고 믿는다. 설령 그가 악하며 죄인이라 할지라도, 그럼에도 하나님의 말씀은 여전히 참되고 선함에 변함이 없다. 우리는 참된 경건의 교훈이 성령의 내적 조명에 달려있다는 이유로 이 외적인 설교를 무익한 것으로 보는 판단을 내리지 않는다.[11]

---

11 "Proinde cum hodie hoc Dei verbum per praedicatores legitime vocatos annunciatur in ecclesia, credimus ipsum Dei verbum annunciari et a fidelibus recipi, neque aliud Dei verbum vel fingendum, vel coelitus esse expectandum: atque in praesenti spectandum esse ipsum verbum, quod annunciatur, non annunciantem ministrum, qui, etsi sit malus et peccator, verum tamen et bonum manet nihilominus verbum Dei. Neque arbitramur praedicationem illam externam tanquam inutilem ideo videri, quoniam pendeat institutio verae religionis ab interna Spiritus illuminatione." *Confessio et Expositio Brevis et Simplex Synceriae Religionis Christianae, etc* in *Collectio Confessionum in Ecclesiis Refor-*

불링거가 이 고백문에서 전달하는 요점을 세 가지로 추려보면, 하나는 합법적 설교자의 설교는 하나님의 말씀 자체이며, 성도는 설교를 하나님 말씀으로 받아야 하고, 선포된 하나님의 말씀의 참됨이 목사에 의하여 영향을 받지 않는다는 것이다. 그러면 어떻게 목사가 선포하는 설교를 하나님의 말씀 자체로 받을 수가 있는 것일까? 목사에 의해 선포된 설교를 하나님의 말씀으로 받아야 한다는 말이 뜻하는 바는 무엇일까? 우선 이 말의 의도는, 현대의 어떤 자들이 강조하는 바와 같이, 일종의 하나님을 만나는 실존적 경험의 순간이 있을 때 설교가 곧 하나님의 말씀이 된다는 것이 아니다. 그것과는 오히려 정반대이다. 불링거가 여기서 강조하는 바는 하나님의 말씀은 교회에서 설교 되어야 하며, 그러할 때 강단에서 선포되는 설교는 성경에 호소하면서 성경을 해석하여야 한다는 것이다.[12] 다시 말하면 하나님의 말씀인 성경을 풀어서 가르치는 해설을 할 때, 그 설교는 하나님 말씀의 선포가 되며, 그렇게 선포된 설교는 하나님의 말씀이 된다는 의미이다. 그리고 고백문은 성도가 이러한 설교를 하나님의 말씀으로 당연히 받을 것을 요구한다. 성경을 풀어서 강설하는 설교가 설교자의 개인적 상태에 따라 하나님의 말씀으로서의 권위를 부여받거나 상실하지 않는다는 언급은 신자가 설교자의 강설을 하나님의 말씀으로 받아

---

matis Publicatarum, ed. H. A. Niemeyer, 1840, 467-68. 여백 제목은 467쪽에 있음.

12   Richard A. Muller, "Praedicatio Verbi Dei Verbum Dei est," in *Dictionary of Latin and Greek Theological Terms* (Grand Rapids, MI: Baker Academic, 1985, 2017), 278.

야 하는 이유를 보충한다.

설교에 대한 불링거의 신학은 칼빈의 것과 그대로 일치한다. 칼빈은 시편 2편 7절 주석에서 선포된 복음을 들을 때에 설교자의 입을 통해 설교자 자신이 말하고 있는 것이 아니라 도리어 그리스도께서 말씀하시고 있다고 생각하여야 할 것을 교훈한다.[13] 또 이사야 11장 4절을 주해하면서 다음과 같이 쓰고 있다.

> 선지자가 "그의 입술의 기운으로"라고 말할 때, 이것을 그리스도 그분에게만 한정해서는 안 된다. 왜냐하면 이것은 그의 사역자에 의해 선포된 말씀을 가리키고 있기 때문이다. 그리스도께서는 그들의 입이 자신의 입으로, 그들의 입술이 자신의 입술로 여겨지기를 바라시는 방식으로 그렇게 그들 안에서 활동하신다. 곧 그들이 입으로 말하며, 충실하게 그의 말씀을 선포할 때에 그러하신다.[14]

---

13 "Sic enim statuendum est, quoties ab hominibus evangelium audimus, non tam ipsos, quam eorum ore Christum loqui." *In Librum Psalmorum Commentarius* Ps. 2:7 (CO 31, 46)

14 "Quum ait propheta, *Spiritu labiorum suorum*, hoc ad Christi personam restringendum non est. Refertur enim ad verbum quod a ministris ipsius praedicatur. Sic enim Christus in illis agit, ut os eorum os suum, labia eorum labia sua censeri velit: quum scilicet ex ore ipsius loquuntur, et fideliter verbum eius annuciant." *Commentarius in Isaiam Prophetam* 11:4 (CO 36, 240)

칼빈에 따르면, 적어도 말씀의 사역자들이 그리스도의 말씀을 충실하게 선포할 때라면, 그들이 선포한 말씀은 그리스도께서 그들의 입을 자신의 입으로 삼아 전하신 자신의 말씀이다. 이것은 '하나님 말씀의 설교가 하나님의 말씀'이라는 불링거의 말의 취지와 동일한다.

목사의 설교가 사람의 말이 아니라 하나님의 말씀이라는 고백은 종교개혁자들의 뒤를 이어 청교도들에게서 늘 확인되는 고백이다. 청교도 목사 존 메이어(John Mayer, 1583-1664)는 설교자는 하나님의 이름으로 설교하는 자이며, 그가 말하는 것은 하나님께서 하늘로부터 말씀하시는 것과 같다고 말하였다. 예수 그리스도께서 제자들을 보내시면서, "너희 말을 듣는 이는 나의 말을 듣는 것이요, 너희를 멸시하는 자는 나를 멸시하는 자"라고 말씀하신 것은 바로 설교자의 설교가 하나님의 말씀임을 뜻한다고 말한다. 이와 연결하여 메이어는 설교자의 설교가 하나님의 말씀이 되기 위하여서는 하나님께서 그의 입술에 집어넣어 주신 것만을 말해야 한다는 점을 강조한다.[15] 청교도들에게 있어서 성경은 이 세상이 주는 어떤 것보다도 귀한 것이었으며, 하나님을 경외한다는 것은 다름 아니라 성경을 경외하는 것이었다. 기록된 하나님의 말씀에 마땅한 존경을 표하지 않는 것은 하나님을 모욕하는 것과 같은 것이었다.[16] 성경에 대한 이러한 존경으로 인하여 설교는

---

15   Peter Lewis, 『청교도 목회와 설교』, 서창원 옮김 (서울: 청교도신앙사, 1991), 61-62.

16   J. I. Packer, "The Puritans as Interpreters of Scripture," in *Puritan Papers* vol. 1, ed. J. I. Packer (Phillipsburg, NJ: P&R, 2000), 192.

한국교회를 위한 청교도 설교의 유산과 적실성

청교도의 예배 중심에 자리한다. 예배 순서에 있어서 성경읽기가 설교보다 앞에 자리한다. 성경읽기를 할 때 약간의 강설을 할 수도 있지만 설교에 방해되지 않을 정도에서만 허용되었다. 설교 앞에 있는 기도는 설교를 잘 이해할 수 있도록 회중의 준비를 위한 기도이며, 설교 뒤에 있는 기도는 설교의 말씀에 근거하여 하나님의 복을 구하는 기도이다. 설교를 중심으로 구성되는 이러한 예배의 구조는 청교도에게 있어서 설교란 하나님의 말씀을 확실하게 선포하는 것이라는 이해에 근거한다.[17]

또한 웨스트민스터 총회의 총대이었던 제레미야 버로우(Jeremiah Burroughs, 1599-1646)는 하나님께 합당한 예배를 드리며 선포한 설교에서 하나님의 이름을 거룩히 여기고자 한다면, 회중은 하나님의 말씀을 들을 때에 무엇을 해야만 하는가라는 질문을 제기하면서 답하기를, 예배에 나와 듣는 그 말씀이 바로 하나님의 말씀이라는 사실로 자신의 영혼을 지배해야 한다고 강조하였다. 즉 자신에게 경청해 듣고 있는 말씀은 사람의 말이 아니라, 하나님의 말씀을 듣는 것이며, 영원하신 하나님의 말씀을 듣는 것이라는 점을 말한다. 버로우는 이러한 이해를 사도 바울이 데살로니가 교인들에게 전한 말로 확증한다. "이러므로 우리가 하나님께 끊임없이 감사함은 너희가 우리에게 들은 바 하나님의 말씀을 받을 때에 사람의 말로 받지 아니하고 하나님의 말

---

17   J. A. Caiger, "Preaching – Puritan and Reformed," in *Puritan Papers* vol. 1, 163-166.

씀으로 받음이니 진실로 그러하도다 이 말씀이 또한 너희 믿는 자 가운데에서 역사하느니라."(살전 2:13)[18] 동일한 맥락에서 토마스 왓슨(Thomas Watson, 1620-1686)은 인류의 첫 조상인 아담과 하와가 마귀의 말을 들음으로 말미암아 낙원을 잃어버리게 된 것처럼, 우리는 하나님의 말씀을 들음으로 말미암아 하늘에 이르게 된다고 말함으로 하나님의 말씀을 듣는 설교의 중요성을 강조하였다.[19]

현대에 이르러서도 설교란 '하나님의 말씀을 선포함으로 선포된 하나님의 말씀'이라는 종교개혁자와 청교도의 이해는 여전히 강조되고 있다. 예를 들어, 앞서 제레미야 버로우의 설교에서도 들은 바처럼, 마틴 로이드 존스(D. M. Lloyd Jones)도 미국 웨스트민스터 신학대학원에서 한 강연에서 데살로니가전서 2장 13절, "이러므로 우리가 하나님께 끊임없이 감사함은 너희가 우리에게 들은 바 하나님의 말씀을 받을 때에 사람의 말로 받지 아니하고 하나님의 말씀으로 받음이니 진실로 그러하도다 이 말씀이 또한 너희 믿는 자 가운데에서 역사하느니라"를 언급하며, 바울의 설교는 곧 하나님의 말씀이었고, 이러한 사실은 우리의 설교에도 마찬가지라고 말한다.[20] 아울러 로이드 존스

---

18 "Sermon VIII. Preached at Stepney, January 4. 1645. Levit. 10. 3. I will be Sanctified in them that come nigh me," in *Gospel-Worship or, The Right Mannerof Sanctifying the Name of God in General* (London: Peter Cole, 1658), 166.

19 R. Bruce Bickel, *Light and Heat: the Puritan View of the Pulpit and the Focus of the Gospel in Puritan Preaching* (Orlando, FL: the Northampton Press, 1999. 2009), 12.

20 D. M. Lloyd-Jones, "What is Preaching?" in *Knowing the Times* (Edinburgh, UK: The Banner of Truth Trust, 1989), 276.

는 설교자는 자신이 하나님에게서 보냄을 받았으며, 영광스러운 복된 소식의 선포자라는 것과 관련하여 권위를 입은 자라는 사실을 자각하는 것이 설교에 있어서 생명력을 주는 요소라고 말한다.[21] 이러한 이해에 따른 당연한 결과로 로이드 존스는 현대 교회가 설교할 시간이 현격하게 줄어들 수밖에 없게끔 찬양과 기도와 같은 요소에 너무나 많은 치중을 하고, 게다가 설교를 간증과 같은 것으로 대체해버리거나, 상담을 설교보다 더 강조하는 것에 대해 깊은 유감을 표한다. 로이드 존스의 판단에 이러한 현상들의 문제는 교회가 진정으로 해야할 임무를 포기하는 데에 있다. 왜냐하면 설교 사역, 곧 사람을 하나님과 바른 관계로 이끌어 주기 위하여 말씀을 전하는 사역은 교회의 가장 으뜸가는 제1차적인 사역이기 때문이다.[22]

패커(J.I. Packer)의 설명도 로이드 존스와 맥을 같이한다. 패커는 설교란 "대변인을 통하여 청중들에게 자신의 교훈과 지시를 성경에 근거하며, 그리스도와 연결하여, 삶에 영향을 주는 메시지를 전달하는 하나님의 사건"이라고 풀이한다.[23] 설교가 이러하다면 포사이스(P.T. Forsyth)가 말한 바대로, "설교란 복음의 선언이기 때문에, 설교와 더

---

21   D. M. Lloyd-Jones, "What is Preaching?," 275.

22   D. M. Lloyd-Jones, 『목사와 설교』, 서문강 옮김 (서울: 기독교문서선교회, 1977), 18-20, 32.

23   J.I. Packer, "Authority in Preaching," in *The Gospel in the Modern World: A Tribute to John Stott*, eds. Martyn Eden and David F. Wells (London: InterVarsity Press, 1991), 199.

불어 기독교는 서든지 무너지든지"[24] 할 것이다.

마크 비이치(J. Mark Beach)의 설명도 흥미롭다. 비이치는 그리스도께서 복음의 설교 안에 실제로 임재한다고 주장한다.[25] 이러한 주장을 토대로 그는 개혁 전통 안에서 성경과 설교는 서로 매우 긴밀하게 연결되어 있으며, 그런 의미에서 설교 자체가 하나님 말씀의 선포로 이해된다고 말한다. 이러한 개념이 고전적인 개혁신학이 보는 설교에 대한 개념인 점을 지적하면서, 설교는 교회의 생명에 있어서 현저하고 뚜렷한 역할을 한다고 말한다. 곧 설교가 교회가 사느냐 죽느냐, 또는 교회가 서느냐 무너지느냐를 결정한다는 것이다.

지금까지 말한 바처럼, 목사의 설교는 하나님의 말씀인 성경을 강설하는 것이며, 그러한 의미에서 '설교된 하나님의 말씀', 곧 성경을 강설하는 설교를 통하여 하나님의 말씀이 전하여진다는 진술은 적어도 종교개혁과 개혁신학의 전통 안에서 일관되게 고백되어 왔다.

---

24   P.T. Forsyth, *Positive Preaching and the Modern Mind* (Grand Rapids: Eerdmans, 1964), p. 5. R. Albert Mohler, Jr., "A Theology of Preaching," in *Handbook of Contemporary Preaching* (Nashville, TN: Broadman Press, 1992), 13에서 재인용.

25   J. Mark Beach, "The Real Presence of Christ in the Preaching of the Gospel," *Mid America Journal of Theology* 10, 1999: 77

4. 하나님의 말씀인 설교와 교리

이제 다루어야 할 질문은 "하나님 말씀의 설교가 곧 하나님의 말씀"인 줄을 어떻게 알 수가 있는가의 문제이다. 다시 말해서 설교자는 한 개인으로서 성경해석과 내용의 전달에 있어 주관적인 한계를 갖는 것을 피할 수 없는데, 어떻게 설교자가 선포한 설교가 하나님의 말씀이라는 권위를 덧입을 수 있는가라는 질문에 대한 답을 찾는 일이다. 이것은 회중이 무엇으로 오늘 들은 설교가 '설교된 하나님의 말씀'이라고 판단할 수 있는가에 대한 답이 된다. 이 질문에 대한 답은 결론적으로 말해서 '교리'이다. 하나님 말씀의 설교가 성경의 교훈, 곧 교리에 일치하면 그것은 '설교된 하나님의 말씀'이라고 할 것이다.

'교리'를 답이라고 말한 이유는 두 가지이다. 첫째는 성경 자체의 내적인 이유이다. 성경은 본문 자체 안에 교리를 담고 있으며 교리를 전달한다. 칼빈이 "하늘의 교리를 선포하는 일이 목사에게 맡겨졌다"라고[26] 말하는 바는 성경에는 가르치는 내용, 곧 교리가 담겨 있으며, 설교자는 설교를 통해서 성경이 가르치는 교리를 전달하는 것이라는 사실을 간명하게 표현한다.

성경 자체가 스스로 교리를 전달하고 있음을 밝히고 있다는 것을 다음의 말씀 몇 구절만으로도 확인할 수 있다.

---

26 "quia pastoribus iniuncta est coelestis doctrinae praedicatio." *Inst.* 4.1.5. (CO 2.749)

"그러므로 형제들아 굳건하게 서서 말로나 우리의 편지로 가르침을 받은 전통을 지키라"(살후 2:15)

"형제들아 우리 주 예수 그리스도의 이름으로 너희를 명하노니 게으르게 행하고 우리에게서 받은 전통대로 행하지 아니하는 모든 형제에게서 떠나라"(살후 3:6)

"너희가 모든 일에 나를 기억하고 또 내가 너희에게 전하여 준 대로 그 전통을 너희가 지키므로 너희를 칭찬하노라"(고전 11:2)

"너는 그리스도 예수 안에 있는 믿음과 사랑으로써 내게 들은 바 바른 말을 본받아 지키고 우리 안에 거하시는 성령으로 말미암아 네게 부탁한 아름다운 것을 지키라"(딤후 1:13-14)

"형제들아 내가 너희를 권하노니 너희가 배운 교훈을 거슬러 분쟁을 일으키거나 거치게 하는 자들을 살피고 그들에게서 떠나라"(롬 16:17)

바울 사도가 여러 서신들에서 반복해 표현하고 있는 것에 눈여겨볼 필요가 있다. "우리의 편지로 가르침을 받은 전통," "우리에게서 받은 전통," "너희에게 전하여 준 대로 그 전통," "내게 들은 바 바른 말,"

"네게 부탁한 아름다운 것," "너희가 배운 교훈"이라는 표현들은 사도가 가르치는 것이 교회가 이어받아야 할 전통임을 말한다. 바른 말 또는 교훈이라고 표현되고 있는 전통은 바로 교리이다. 과연 오순절에 성령님의 강림과 더불어 창립되던 교회의 활동에서 보듯이(행 2:42), 교회는 사도의 가르침을 배우고 그 위에 서서, 이 가르침을 전통으로 받고, 이제 이 전통을, 곧 교리를 지키고 전하는 사명을 받은 것이다.

성경의 말씀이 교리를 담고 있으며, 성경을 강설하는 설교는 성경에 담긴 교리를 선포하는 것이라는 이해를 살펴보기 위하여 구약과 신약에서 한 예를 각각 들어 보겠다.

> "너희는 여호와께서 허락하신 대로 너희에게 주시는 땅에 이를 때에 이 예식을 지킬 것이라 이 후에 너희의 자녀가 묻기를 이 예식이 무슨 뜻이냐 하거든 너희는 이르기를 이는 여호와의 유월절 제사라 여호와께서 애굽 사람에게 재앙을 내리실 때에 애굽에 있는 이스라엘 자손의 집을 넘으사 우리의 집을 구원하셨느니라 하라 하매 백성이 머리 숙여 경배하니라"(출 12:25,27)

모세의 설교이다. 모세는 유월절에 행하여야 할 일들을 알려 준다. 그리고 유월절의 역사적 배경을 모르는 세대들에게 유월절 예식을 지키는 이유에 대하여 가르칠 것을 명한다. 예식을 지키는 것 자체만으로는 충분하지 않기 때문이다. 역사적 사건에 대해서 언어로써, 곧 교리로써 의미를 풀어 설명해 주어야 한다. 모세의 명령을 따라 유월절 예식에 관해 물으면 당연히 하나님과 맺은 언약에 대해 말하게 되며, 이 언약을 기억하시고 이스라엘을 보호하시는 하나님의 긍휼하심을 말하게 되고, 애굽의 종살이에서 구하여 낸 하나님의 능력에 대하여 말하게 되며, 그리고 하나님의 자녀로 부름을 받은 이스라엘이 하나님을 바르게 예배하고 그의 율법을 지켜 하나님을 영화롭게 하여야 할 것을 말하게 된다. 그리고 궁극적으로는 유월절 어린 양으로 오실 약속된 메시야를 말하게 될 것이다. 이 모든 것은 성경 자체를 통하여 풀어진다. 그러한 의미에서 성경은 교리를 전하고 있으며, 설교는 바로 이것을 풀어내어 전하여야 한다.

베드로의 설교는 어떠한가? 오순절에 임한 성령 강림의 사건은 교회를 세우시는 특별한 역사이었다. 이때 베드로는 예수 그리스도를 다음과 같이 전한다.

"이스라엘 사람들아 이 말을 들으라 너희도 아는 바와 같이 하나님께서 나사렛 예수로 큰 권능과 기사와 표적을 너희 가운데서 베푸사 너희 앞에서 그를 증언하셨느니라 그가 하나님께서 정하신 뜻과 미리 아신 대로 내준 바 되었거늘 너희가 법 없는 자들의 손을 빌려 못 박아 죽였으나 하나님께서 그를 사망의 고통에서 풀어 살리셨으니 이는 그가 사망에 매여 있을 수 없었음이라 다윗이 그를 가리켜 이르되 내가 항상 내 앞에 계신

주를 뵈었음이여 나로 요동하지 않게 하기 위하여 그가 내 우편에 계시도다 그러므로 내 마음이 기뻐하였고 내 혀도 즐거워하였으며 육체도 희망에 거하리니 이는 내 영혼을 음부에 버리지 아니하시며 주의 거룩한 자로 썩음을 당하지 않게 하실 것임이로다 주께서 생명의 길을 내게 보이셨으니 주 앞에서 내게 기쁨이 충만하게 하시리로다 하였으므로 형제들아 내가 조상 다윗에 대하여 담대히 말할 수 있노니 다윗이 죽어 장사되어 그 묘가 오늘까지 우리 중에 있도다 그는 선지자라 하나님이 이미 맹세하사 그 자손 중에서 한 사람을 그 위에 앉게 하리라 하심을 알고 미리 본 고로 그리스도의 부활을 말하되 그가 음부에 버림이 되지 않고 그의 육신이 썩음을 당하지 아니하시리라 하더니 이 예수를 하나님이 살리신지라 우리가 다 이 일에 증인이로다"(행 2:22-32)

베드로의 설교는 예수 그리스도의 구속 사역의 교리를 풍성히 담고 있다. 그리스도께서 행하신 권능의 사역, 그의 죽음과 부활에 대한 교리를 전한다. 그것만이 아니라 이 메시야에 대한 약속이 다윗에게 이미 알려졌음을 말한다. 곧 예언과 성취의 구속사적 관점을 반영하고 있으며, 그 예언의 약속을 믿어 자신의 부활을 노래한 다윗을 보여줌으로써, 구약과 신약 시대가 모두 은혜언약의 실행 아래 있다는 언약신학을 열어준다. 그리고 무엇보다도 그리스도 중심적 설교의 정당성과 필요성을 제시한다. 베드로의 설교는 풍성한 교리를 전하고 있으며, 무엇보다도 그 교리를 성경을 통해서 제시하고 있다. 이것은 성경이 곧 교리를 전하고 있기 때문이다. 자연스럽게 성경의 강설은 교리를 말하고 있음을 잘 보여준다.

이제 설교가 '설교된 하나님의 말씀'이라고 판단할 수 있는 기준이 '교리'인 두 번째 이유를 생각해 본다. 두 번째 이유는 하나님의 말씀인 성경의 교리를 지켜야 하는 교회적 책임과 관련한 것이다. 교회는 이러한 사도의 가르침을 받아서 어떻게 지켜나가는가? 교회는 이것을 바로 교회가 고백하는 신조와 신앙고백으로 지켜나간다. 여기서 우리는 두 가지 종류의 표준을 보게 된다. 하나는 교회가 선포해야 할 진리의 표준이다. 곧 사도의 가르침을 품고 있는 성경의 모든 말씀이다. 다른 하나는 신조와 신앙고백이다. 교회는 또한 성경에 담긴 교훈을 전하고 지키기 위하여 신조와 신앙고백을 제정하고 성경을 읽고 풀어 설교하면서 표준을 제시한다. 전자인 성경은 신조와 신앙고백이라는 표준을 세우는 표준, 곧 노르마 노르망스(norma normans)이며, 신조와 신앙고백은 성경의 표준에 의하여 세워진 표준, 곧 노르마 노르마타(norma normata)이다. 설교가 '설교된 하나님의 말씀'이려면 '성경의 표준'에 의하여 '표준으로 세워진 표준'에 일치하는 설교이어야 한다.

성경의 교훈을 교리라고 표현하는 것, 그리고 설교가 하나님의 말씀이려면 이 교리에 의하여 세워진 신조나 신앙고백에 일치하여야 한다고 말하는 것이 교리를 단지 신학의 결과물로만 생각하는 이들에게는 의아하고 불편하게 여겨질 것이다. 그러나 성경의 교훈은 반드시 교리라는 내용을 매개로 하여 전달된다는 점을 유념하여야 한다. 어떤 이들은 "오직 성경만이 유일한 신조이다"라고 외치며, 성경 강설은 신조와 신앙고백으로 대표되는 교리의 전달로부터 자유로워야 한다고 주장한다. 그러나 신앙고백서의 교리적 가르침을 거부하는 주장은 성경이 스스로 가르치는 명백한 증언을 거슬리는 잘못된 것이다.[27] 교리가 설교를 '설교된 하나님의 말씀'이기 위한 조건인 것을 설명한 첫 번째 이유에서 밝힌 바처럼, 성경은 교리를 포함하고 전달하며, 이 교리를 구성한 신조와 신앙고백서는 성경을 바르게 읽고 있으며 전달하고 있는지를 판단하는 기준을 제시하기 때문이다. "오직 예수님만이 유일한 신조요 성경만이 유일한 책"이라고 구호는 얼핏 듣기에 좋아 보일지 모르나 사실 그러한 주장 자체가 신학적 편견을 담고 있는 진술이다.

이치가 이러하므로 설교자가 명심하여야 할 교훈이 있다. 그것은 설교자에게는 성경과 관계없이 임의로 자신의 생각을 말할 권한이 없다는 사실이다. 설교자에 의해 '설교된 하나님의 말씀이 곧 하나님의 말씀'이라는 영광을 누리는 것은, 칼빈이 일깨우고 있는 바와 같이, 오직 하나님 말씀의 규정과 표준(praescripto et norma)에서 나오는 것

---

27 이와 관련한 이해를 돕기 위하여 다음을 볼 것. Carl R. Trueman, 『교리와 신앙』, 김은진 옮김 (서울: 지평서원, 2012), 77-121.

이다.[28] 그리고 설교가 하나님 말씀의 규정과 표준에 근거하려면, 멀러(Richard A. Muller)가 잘 지적하고 있듯이, 설교자가 속한 교회 공동체의 신학에 따라 객관적인 인정을 받아야 한다. 설교자가 하나님의 말씀을 선포할 때, 그는 '고립된 자아'(isolated ego)로서가 아니라 '공동체 안에 있는 개인'(individual in community)으로서 교회 공동체의 객관적인 교리의 진술과 유기적 상관성을 유지하여야 한다.[29] 그렇지 않는다면 그는 성경 해석과 신앙에 있어서 주관성의 한계를 결코 극복할 수가 없으며 그의 설교는 하나님 말씀의 객관적 권위를 주장할 수가 없다. 성경은 교리를 전달하며, 교회는 성경 자체만을 오늘의 우리에게 물려주는 것이 아니라 신앙의 규범인 교리를 함께 물려주고 있다는 것을 잊지 말아야 한다.

5. 성경신학과 조직신학

우리는 성경의 본문은 교리를 말한다는 진술에 대해서 좀 더 이야기를 나눌 필요가 있겠다.[30] 그것은 성경의 본문이 말하는 바를 아는 것

---

28 "Esto igitur hoc firmum axioma ... nec alium esse rite docendi in ecclesia modum nisi ex eius verbi praescripto et norma." *Inst.* 4.8.8. (CO 2.850)

29 Richard A. Muller, *The Study of Theology* (Grand Rapids: Zondervan Publishing House, 1991), pp. 183-84.

30 성경신학과 조직신학의 관계에 대한 이 단락은 다음의 글의 일부에서 가져와 다시 정리한

은 성경신학의 과제일 뿐이며, 신조나 신앙고백을 세우는 교의학 또
는 조직신학의 과제는 아니라는 생각이 많은 이들에게 있을 수 있기
때문이다.[31] 이러한 생각은 어디에서 왔을까? 그것은 18세기 후반의
가블러(Johann P. Gabler) 이후 자유주의 신학자들이 성경을 역사적인
산물로 간주하고, 하나님께서 영감하여 주신 객관적 계시로 받아들이
지 않은 때로부터 시작된 것이다.[32]

성경신학을 조직신학과 분리하고, 성경의 본문 해석은 역사적일 뿐
이며, 조직신학의 신학적 결과물인 교리와 연결하기를 거부한다면,
설교는 성경 본문으로부터 단지 윤리적인 적용이나 모범적인 사례를
살피는 설교를 넘어서지 못하게 된다. 이러한 양상은 실제로 19세기
후반과 20세기 초 하르낙(Adolf Harnack)과 트뢸취(Ernst Troeltsch)에
의하여 심화하였고, 이들의 뒤를 이어 역사주의를 따르는 성경신학자
들은 기독교란 단지 하나님과 이웃을 사랑하는 종교일 뿐이라 말하였
다. 이들에게 있어서 교리란 지극히 단순화되었고 하나님의 부성애와
사람들의 형제애를 강조할 뿐이다. 이것은 교리의 해체이다. 그렇게

것이다. 전부를 보려면 김병훈, "설교에 조직신학이 필요한가?," 『설교자를 위한 신학』, 목
회와 신학 편집부 엮음 (서울: 두란노 아카데미, 2010), 12-24을 볼 것.

31 차일드(B.S. Child)는 성경신학과 조직신학의 단절을 철의 장막에 비유한다. *Biblical The-
    ology of the Old and New Testaments* (Minneapolis: Fortress, 1992), p. xvi. 성경신학과
    조직신학의 관계성에 대한 최근의 논의들에 대해서는 *Between Two Horizons: Spanning
    New Testament Studies & Systematic Theology,* edited by Joel B. Green and Max Turner
    (Grand Rapids, MI: Eerdmans, 2000), pp. 23-43을 참조할 것.

32 박형용, "신약성경신학의 본질과 방법론," 『신학정론』 23/1 (2005, 5): 81-85.

되면 단지 '믿는 행위로서의 신앙'(*fides qua creditur*)만을 강조할 뿐이며, '믿음의 내용으로서의 신앙'(*fides quae creditur*)은 거부하게 된다.[33] 이러한 영향은 비단 성경신학에서 조직신학을 분리하는 것의 양상만을 낳는 것이 아니다. 조직신학을 하는 경우에도, 성경에서 이탈하는 분리적 경향을 따라가게 된다. 그렇게 되면 조직신학은 독립된 하나의 사변체계에 따라 실행의 결과를 낳게 될 것이다. 이것은 모든 교리와 신앙을 성경에 기반하여 세웠던 종교개혁의 신학 유산을 뒤엎고, 다시 중세 스콜라주의와 비슷한 양상으로 돌아가는 것이 된다.[34]

오늘날 많은 설교가 윤리적 설교, 감정에 호소하는 설교, 혹은 상담이나 간증을 담은 설교에 치중하는 양상을 보일 뿐이며, 성경의 본문이 말하는 교리를 담지 못하고 있는 현상은 근대 자유주의 신학에 따라 성경을 하나님께서 영감하신 계시로 보지 않는 흐름 아래 신학 훈련을 받은 것이 이유일 수 있다. 물론 성경신학과 조직신학이 분리되지 않고 유기적으로 연결된다는 사실에 대한 이해의 부족 때문에

---

33   Fred H. Klooster, *The Adjective in "Systematic Theology"* (Grand Rapids, MI: Calvin Theological Seminary, 1963), 8, 11-12.

34   그린(Joel B. Green)은 이러한 예로 존 맥콰리이(John Macquarrie)를 언급한다. 그린에 따르면 맥콰리이는 원칙적으로 성경이 신학을 형성케 하는 요인임을 인정하지만, 단지 선언에 그치고 있을 뿐이다. 실제로 그의 신학의 전개 가운데에서 성경에 대한 참조 등의 성경적 연계가 거의 존재하지 않는다. 그린은 이것이 신학이 성경으로부터 독립된 하나의 사변체계로 실행되고 있음에 대한 증거라고 말한다. John Macquarrie의 신학 방법을 보려면 *Principles of Christian Theology* (New York: Scribner, 1977)을 볼 것. 이와 관련한 그린의 글을 위해서는 "Scripture and Theology: Uniting the Two So Long Divided," in *Between Two Horizons: Spanning New Testament Studies & Systematic Theology*, edited by Joel B. Green and Max Turner, pp. 23-43을 볼 것.

성경 본문이 말하는 교리를 밝혀내는 신학 훈련을 제대로 받지 못한 것이 또한 중요한 이유일 것이다.

성경을 하나님께서 영감하신 계시로 본다면, 성경신학은 교의학 혹은 조직신학과 결코 분리되거나 단절되지 않다. 이 사실은 프린스턴 신학교의 성경신학 교수이었던 게르할더스 보스(Gerhardus Vos)가 잘 설명해 주었다. 그에 따르면, 조직신학과 성경신학의 자료는 둘 다 단지 성경일 뿐이기 때문에, 성경신학에만 '성경적'이라는 의미를 부여하는 것은 잘못이다.[35] 성경신학이 조직신학과 다른 점은 성경을 자료로 삼아 신학을 함에 있어서 방법론의 차이일 뿐이다. 이러한 차이에 따라 보스는 조직신학과 성경신학에 대해 다음과 같이 정의한다. "조직신학은 성경을 하나의 완성된 일체로 여기며 성경의 가르침들을 질서적인 순서에 따른 체계적인 형태로(in an orderly, systematic form) 제시하려는 반면에, 성경신학은 자료를 역사적 관점에서 다루며 에덴에서 주어진 원초적인, 구속사건 이전의 특별계시(the primitive prere-demptive Speical Revelation)로부터 신약성경의 정경이 완성이 되는 때에 이르기까지의 특별계시의 진리들의 유기체적 성장과 발전을 제시하려고 모색을 한다."[36]

---

35 Gerhardus Vos, *Biblical Theology, Old and New Testaments* (Grand Rapids, MI: Eerdmans, 1954, [first published 1948]), preface, v.

36 Gerhardus Vos, *Biblical Theology, Old and New Testaments*, preface, v-vi. 보스의 다른 글 "The Idea of Biblical Theology as a Science and as a Theological Discipline," in *Redemptive History and Biblical Interpretation*, edited by Richard B. Gaffin (Phillipsburg, NJ: Presbyterian and Reformed Publishing Co., 1980), pp. 3-24도 참조할 것. 아울러 머레

보스의 이러한 이해가 설교에 대해 주는 교훈은 무엇이겠는가? 그것은 한 편으로 성경에 나타난 복음의 기초적 이해에 만족하며 경건이나 윤리와 관련한 실천적 삶을 강조하는 데에 그치는 설교가 결코 하나님의 말씀으로서의 권위를 갖기에 충분하지 않으며, 성경 본문이 전달하는 교리를 이끌어 내지 못할 뿐만 아니라, 도리어 교리를 배척하는 설교는 '설교된 하나님의 말씀'일 수가 없다는 이해이다.

성경신학과 조직신학의 유기적 상관성을 바르게 인식하는 조직신학자는 조직신학을 어떻게 이해하는지에 대해 칼빈 신학교의 조직신학 교수이었던 클루스터(Fred H. Klooster)로부터 들어보는 것은 유익할 것이다. "하나님의 기록된 말씀은 [곧 성경은] 창조, 타락 그리고 구속이라는 역사적 주제의 맥락 안에서 예수 그리스도의 복음을 계시한다. 내가 믿기로 개혁주의 조직신학은 예수 그리스도가 중심이며 핵심이 되는, 성경에 계시된 교리 체계를 다시 진술하고자 하는 시도이다. 그러한 신학의 체계는 합리주의적 추론이 아니라, 이미 역사적으로 발전되어가는 형식 안에서 주어져 온 계시 전체의 내용을 재진술하는 것이다."[37] 요컨대 조직신학의 교리 진술이란 성경의 계시의 내용을 구속사적인 역사적 형식이 아니라 논리적 형식으로 전환하여 기술한 것이다.

이의 다음의 글도 참조할 것: John Murray, "Systematic Theology-II," *Westminster Theological Journal* 26(1963-64): 33-46. 머레이의 "Systematic Theology-I"은 황창기, 『성경신학이란 무엇인가?』 (서울: 기독교문서선교회, 1988 [초판 1987]), 55-82에서도 볼 수 있음.

37   Fred H. Klooster, *The Adjective in "Systematic Theology"*, p. 22.

성경신학과 조직신학의 유기적 상관성을 살핀 결과를 토대로 하여, 우리는 설교가 하나님의 말씀이려면 본문이 말하는 교리를 드러내야 하는 까닭에 대해, 첫 번째로 성경 본문이 구속사에 따른 교리를 품고 있기 때문이며, 두 번째는 이러한 교리가 논리적으로 신조나 신앙고백으로 전환되기 때문이라고 정리할 수가 있다.

사실 개혁신학의 전통 아래에서는 우리가 정리한 것이 결코 낯선 것이 아니다. 개혁파 신학자들은 16세기 종교개혁자들로부터 17세기 개혁파 스콜라 정통주의 시대에 이르기까지 항상 성경과 신학의 유기적인 상관관계 안에서 신학을 구성하여 왔으며, 모든 교리 진술의 타당성은 성경으로 판단을 받았다. 이것은 성경의 본문이 교리를 말하고 있다는 이해 때문이다. 우리가 잘 아는 격언인 '개혁교회는 항상 개혁되어야 한다'(Ecclesia reformata semper reformanda est)는 말은 개혁교회가 개혁되어야 할 때 무엇에 근거하여 개혁되어야 한다고 말하는가? 그 답은 이것과 약간 다르게 구성된 '개혁교회는 하나님의 말씀에 따라 항상 개혁되어야 한다'(Ecclesia reformata semper reformanda secundum verbum Dei)는 표현에서 답이 나와 있다. 답은 바로 '하나님의 말씀'이다. 개혁교회, 곧 개혁교회를 세우는 개혁신학은 하나님의 말씀, 성경에 따라 개혁되어야 할 것을 말한다. 사실 이러한 표현은 당대 개혁신학자들의 문서에서 나온 말이 아니라 20세기에 만들어진 것이다.[38] 그렇지만 16, 17세기 개혁교회가 성경에 기초한 신학, 그리고 신학의 교리를 담고 있는 성경이라는 유기적 관계에 대한 이해를 하고 있다는 사실을 잘 반영해 주고 있는 표현이기에 개혁교회와 신학의 특징과 관련해 입에 오르고 있다. 하나의 예로 칼빈의 말을 옮겨 본다.

더 나아가 나는 이러한 수고로써 거룩한 신학의 지망생들이 하나님의 말씀을 읽은 일에 더 쉽게 접근하고, 그 일에 방해가 없이 진보를 이루어 나갈 수 있도록 이들을 준비시키고 훈련하고자 이것을 의도하였다. 내가 보기에는 이것은 기독교의 핵심 내용을 모든 부분에 걸쳐서 포함하고 있으며, 그것을 파악하고자 하는 사람이라면 누구나 성경에서 특별히 무엇을 구하여야 할 것인지, 그리고 성경에 담긴 어떤 것이든 어느 방향으로 연결되는지를 결정하기에 어렵지 않은 순서로 이 핵심 내용을 배열하였다. 그리하여 교리에 대하여 긴 논박을 벌일 필요가 없으며 또 기본 주제들로 빠질 필요가 없어서, 이후에 성경의 해설을 출판한다고 하더라도, 마치 도로가 포장된 것처럼, 이 해설을 간결하게 요약해서 말할 수 있을 것이다. 같은 이유로 마치 필요한 도구이듯이, 지금 이 책의 지식으로 무장을 갖춘 채

---

38   Richard A. Muller, "Ecclesia semper reformanda est," in *Dictionary of Latin and Greek Theological Terms*, 102-103.

(성경의 해설에) 다가가기만 한다면, 경건한 독자는 많은 성가심과 지루함을 덜게 될 것이다. 하지만 이러한 계획의 이유가 나의 전 주석들 안에 마치 거울처럼 또렷이 나타나고 있음으로, 그것이 어떠한 것인지를 말로 설명하기보다 책 자체로 표방하고자 한다.[39]

위에 인용한 글은 칼빈이 『기독교 강요』를 저술하면서 "독자들에게 드리는 글"에서 나온 것이다. 칼빈은 이 글을 통해서 성경의 해석이 교리의 이해와 분리되는 것이 아니라는 점을 분명하게 보여준다. 칼빈의 『기독교 강요』는 그의 성경 주석을 읽기 위해 필요한 기독교의 핵심 교리를 정리하여 요약한 것이며, 성경 주석을 이해하는 데에 필수적인 도구이다. 하지만 『기독교 강요』가 성경의 주석을 이해하는 데에 필수적인 도구가 된다는 주장이 타당성을 가지려면 한 가지 조건

---

39   "Porro hoc mihi in isto labore propositum fuit, sacrae theologiae candidatos ad divini verbi lectionem ita praeparare et instruere, ut et facilem ad eam aditum habere, et inoffenso in ea gradu pergere queant. Siquidem religionis summam omnibus partibus sic mihi complexus esse videor, et eo quoque ordine digessisse, ut si quis eam recte tenuerit, ei non sit difficile statuere et quid potissimum quaerere in scriptura, et quem in scopum quidqui in ea continetur referre debeat. Itaque, hac veluti strata via, si quas posthac scripturae enarrationes edidero, quia non necesse habebo de dogmatibus longas disputationes instituere, et in locos communes evagari, eas compendio semper astringam. Ea ratione magna molestia et fastidio pius lector sublevabitur: modo praesentis operis cognitione, quasi necessario instrumento, praemunitus accedat. Sed quia huius instituti ratio in tot meis commentariis quasi in speculis clare apparet, re ipso malo declarare quale sit, quam verbis praedicare." "Ioannes Calvinus Lectori," in *Inst.* (CO 2.11-12)

이 충족해야 한다. 그것은 성경의 본문이 교리를 말한다는 전제이다. 이 전제가 옳다는 것은 앞에서 이미 말씀드렸다. 성경신학과 조직신학은 결코 분리되거나 서로 독립적이어서는 안 된다. 설교는 성경 본문을 풀어내는 강설이어야 하며, 그러할 때 그 본문이 담고 있는 교리를 말하여야 한다.

실제로 칼빈의 설교를 보면, 창세기 3장 4-6절를 강해하면서, '사탄의 미혹,' '죄의 본질,' '죄의 결과,' '심령의 부패와 하나님 지식의 왜곡,' '원죄의 의미와 결과의 범위,' '그리스도의 은혜와 성령의 조명,' 그리고 '타락의 결과로 인한 인간의 자유의지의 한계'와 같은 다양한 교리들의 진술을 언급한다. 이것은 창세기 3장 4-6절의 본문 이해와 이에 대한 강설을 위하여 『기독교 강요』의 지식이 필요함을 보여준다. 예를 들어 하나님의 지식과 관련하여 1권 1-4장, 사람의 창조, 영혼, 하나님의 형상에 대한 논의와 관련하여 15장, 인간의 부패와 이로 인한 자유의지의 이해와 관련하여 2권의 1-6장, 믿음과 중생, 회개와 관련하여 3권의 1-3장, 칭의, 복음과 율법에 대하여 13-18장, 더 나아가 교회론과 관련하여 4권 1-3장의 학습을 필요로 한다.

칼빈의 설교는 성경 본문의 문법적, 역사적 주해인 동시에 신학적 해석을 통한 강해 설교이면서, 그 설교 안에는 본문 말씀에 담긴 교리를 풍성하게 전달한다. 그래서 칼빈의 설교는 본문에 담긴 교리와 어긋난 신학의 주장을 설교를 통하여 비판하는 일이 자연스럽게 전개된다. 이러한 일은 칼빈의 거의 모든 설교에서 발견할 수 있다. 예를 들

한국교회를 위한 청교도 설교의 유산과 적실성

면, 예레미야 17장 11-14절의 설교에서 칼빈은 14절 "여호와여 주는 나의 찬송이시오니 나를 고치소서 그러면 내가 낫겠고, 나를 구원하소서 그러면 내가 구원을 얻으리이다. 이는 당신은 나의 찬송이시기 때문이다"를 강설할 때, 교황파들의 펠라기우스적인 인간의 자기 신뢰를 비판하면서, 하나님께로부터 오는 전적인 구원의 은혜를 강조한다.[40]

6. 성경 강설과 교리: 예수 그리스도

성경 본문을 교리를 담고 있으므로 설교자는 임의로 말하고 싶은 것을 말할 수 있는 자가 아니다. 설교자는 무엇을 말해야만 하는가? 그것은 바로 '하나님의 비밀'이다. "사람이 마땅히 우리를 그리스도의 일꾼이요 하나님의 비밀을 맡은 자로 여길지어다."(고전 4:1,2) 존 스토트(John R. W. Stott)는 설교자에 대해 말하기를 "설교자는 하나님의 비밀을 맡은, 다시 말해 하나님이 사람들에게 위탁하셨고 그래서 지금 성경에 담긴 하나님의 자기 계시를 맡은 청지기다."고 적절하게 정리한다.[41] 스토트에 따르면, 설교자는 하나님의 비밀을 맡은 청지기의 직

---

40 여기서 언급하고 있는 칼빈의 창세기 설교는 「그 말씀」 2005년 7월호에서 볼 수 있으며, 예레미야서와 관련한 설교 전문은 「그 말씀」 1999년 7월호에서 볼 수 있다.

41 John R. W. Stott, 『설교자란 무엇인가』, 채경락 옮김 (서울: 한국기독학생회, 2010), 23-24.

무를 다하기 위하여 강해설교를 하여야 하며, 하나님의 말씀을 설교해야 할 뿐만 아니라, "오직 그것만을 설교해야" 한다. 스토트는 바울이 "'하나님의 청지기직'은 '하나님의 말씀을 온전히 알게 하는 것,' 다시 말해, 그것을 전부 그리고 완전히 설교하는 것이라고 믿었다"라고 말하면서, 자신의 생각을 바울의 것과 같음을 강조한다.[42]

그렇다면 "하나님의 말씀"을 전하는 설교자가 말할 것은 무엇일까? 스토트의 말을 다시 들어본다.

> 하나님의 말씀은 본질적으로 그리스도 안에서 그리고 그리스도를 통해 행하신 하나님의 위대한 구속 행위의 기록과 해석이다. 성경은 죄인들의 유일한 구원자이신 그리스도에 대한 증거를 담고 있다. 따라서 말씀의 선한 청지기는 그리스도 안에 있는 구원의 복된 소식을 전하는 열정적인 사자가 될 수 밖에 없다.[43]

하나님의 말씀을 설교하는 설교자가 전하여야 하는 교리는 예수 그리스도이다. 그리스도를 통해 행하신 하나님의 구속사역이다. 그리고 그리스도의 구속 은혜를 필요로 하는 죄인으로서의 인간이다. 한마디로 '설교된 하나님의 말씀'은 예수 그리스도를 전하는 말씀이다. 설교

---

42   John R. W. Stott, 33.

43   John R. W. Stott, 51.

자가 본문 강설을 할 때, 그는 본문이 전달하는 교리를 강설한다. '본문의 강설'과 '본문이 전달하는 교리의 강설'은 분리되지 않는다. 이 교리의 강설은 바로 예수 그리스도에 대한 강설이다.

20세기 설교자 스토트의 이 설명은 사실 16세기 신학자이며 목사인 불링거의 설명에 그대로 일치한다. 불링거는 제2 스위스 신앙고백서 13장 "교회의 목사, 임명과 직임에 대하여"에서 이렇게 말한다.

바울은 신약성경에 대해서 또 그리스도의 교회의 목사들에 대하여 우리가 생각할 것은 무엇인지, 그리고 그들에게 돌려야 할 존중은 무엇인지를 단적으로 간명하게 설명한다: "사람이 마땅히 우리를 그리스도의 일꾼이요 하나님의 비밀을 맡은 자로 여길지어다."(고전 4:1) … 이에 더하여 그는 목사는 교회의 청지기이며 하나님의 비밀을 맡은 자라고 말하기를 덧붙임으로써, 직무를 더 풍성하게 설명한다. 참으로 바울은 여러 곳에서, 특히 에베소서 3장에서 하나님의 비밀을 그리스도의 복음이라고 일컫는다.[44]

---

44 "Paulus enim simpliciter et breciter, quid sentiamus de Novi Testamenti vel de Ecclesiae Christianae ministris, et quid eis tribuamus, exponens: *Sic nos aestimet homo*, inquit, *ut ministros Christi, et dispensatores mysteriorum Dei* (1 Cor. iv. 1). ... Adjicit praeterea, quo ministerium plenius explanet, ministros Ecclesiae oeconomos esse vel dispensatores mysteriorum Dei. Mysteria vero Dei multis in locis, imprimis ad Ephes. iii. appellavit Paulus Evangelium Christi." H. A. Niemeyer, 1840, 508-509; Philip Schaff, 281.

그렇다면 불링거가 스토트보다 이러한 설명의 원조인 셈이다. 아마도 교회사적으로 설교가 무엇을 전하여야 하는 가의 질문의 답을 초대교회로부터 찾아보면 불링거에 앞서 먼저 말한 원조라 할 분이 있을 것이다. 이렇게 추정하는 것이 옳을 수 있는 까닭은 근본적으로 설교는 그리스도를 전하여야 한다는 엄숙한 사명은 그리스도께서 친히 주신 것이기 때문이다. 본문의 강설이 전하는 교리가 그리스도이며, 그리스도를 말하지 않으면 본문의 강설이 '설교된 하나님의 말씀'일 수가 없다는 판단의 최종적인 권위는 바로 우리 주 예수 그리스도의 말씀에 있다.

> 또 이르시되 내가 너희와 함께 있을 때에 너희에게 말한 바 곧 모세의 율법과 선지자의 글과 시편에 나를 가리켜 기록된 모든 것이 이루어져야 하리라 한 말이 이것이라 하시고 이에 그들의 마음을 열어 성경을 깨닫게 하시고 또 이르시되 이같이 그리스도가 고난을 받고 제삼일에 죽은 자 가운데서 살아날 것과 또 그의 이름으로 죄 사함을 받게 하는 회개가 예루살렘에서 시작하여 모든 족속에게 전파될 것이 기록되었으니 너희는 이 모든 일의 증인이라.(눅 24:44-48)

그리스도께서는 모세의 율법과 선지자의 글과 시편, 곧 성경 전체가 그리스도를 가리켜 기록하고 있다고 말씀한다. 그리고 그것은 그리스도의 고난과 죽음과 부활, 그리고 회개와 복음의 소식이라고 말씀한다. 설교자는 모세의 율법을 설교할 때에도 그리스도의 교리를 말해야 하며, 선지자의 글을 설교할 때도 그리스도의 교리를 말해야 하고, 또 시편을 설교할 때도 그리스도의 교리를 말해야 한다. 성경 전체가 그리스도를 말하고 있어서 그리스도가 곧 본문이며 그리스도가 곧 본문의 교리이다.

실제로 사도 바울은 밀레도에서 에베소 장로들에게 말하기를, 자신이 행한 것은 "하나님께 대한 회개와 우리 주 예수 그리스도께 대한 믿음을 증언한 것"(행 20:21)이라고 하였다. 이어 말하기를, "하나님의 은혜의 복음을 증언"하는 것은 자신이 "달려갈 길"이며 "주 예수께 받은 사명"이고, 이것을 하려 함에는 자신의 "생명조차 조금도 귀한 것으로 여기지 아니"한다고 하였다.(행 20:24)

과연 개혁교회는 성경에서 가장 중요하게 가르쳐져야 할 교리를 하나님의 긍휼과 그리스도로 요약한다. 위에 언급한 성경의 교훈을 그대로 반영하여, 스위스 개혁교회는 복음의 강설을 통해 전하여야 하는 교리와 관련하여 비교적 초기인 1536년에 작성된 신앙문서인 제1 스위스 신앙고백서에서 이렇게 고백한다.

> 그러므로 모든 복음적 교리 가운데 우리가 하나님의 긍휼과 그리스도의 공로만으로 구원을 받는다는 이것이 가장 으뜸이며 중요한 것으로 언급되어야 한다. (하나님의 긍휼과 그리스도의 공

로가) 얼마나 필요한지를 사람들이 알기 위해서, 이들에게 죄가 율법과 그리스도의 죽음을 통해서 아주 명료하게 항상 제시되어야 한다.(12항 복음적 신앙의 목적)[45]

제1 스위스 신앙고백서에서 고백하는 바는 사람이 얼마나 큰 죄인인지를 율법과 그리스도의 죽음을 통해 제시하면서, 오직 하나님의 긍휼과 그리스도의 공로가 아니면 구원을 받을 수 없음을 강조하고, 이 교리를 가장 으뜸이며 중요한 것으로 말해야 한다는 것이다. 이 교리가 제시되지 않는다면 그것은 성경을 가르치는 것이라 할 수 없음을 분명하게 제시한다. 그러므로 제1 스위스 신앙고백서는 20항 '목사의 직분'에 대한 진술에서 목사가 이행해야 할 가장 중요한 직무가 바로 "회개와 그리스도로 말미암는 죄 사함을 설교하는 것"이라고 밝힌다.[46]

이와 관련하여 칼빈의 생각을 살펴보면, 그는 만일 성경을 읽고 설교하면서 그리스도를 말하지 않는다면, 그것은 성경이 가르치는 진리

---

45   "Itaque in omni doctrina evangelica primum ac praecipuum hoc ingeri debet, sola nos Dei misericordia et Christi merito servari. Quo ut intelligant homines quam opus habeant, peccata eis per legem et mortem Christi luculentissime semper sunt indicanda." *Helvetica Prior sive Basileensis Posterior Confessio Fidei*, 12. Scopus Evangelicae Doctrinae in *Collectio Confessionum in Ecclesiis Reformatis Publicatarum*, ed. H. A. Niemeyer, 1840, 118; Philip Schaff, *The Creeds of Christendom* vol. III (Grand Rapids, MI: Baker Book House, 1931, rerpinted 1990), 217.

46   "Summum functionis huius munus est, poenitentiam et peccatorum per Christum remissionem praedicare." H. A. Niemeyer, 119; Philip Schaff, 222.

의 지식과 전혀 상관이 없게 될 것이라고 말하므로, 성경의 강설은 그리스도의 교리를 전하는 것이어야 함을 교훈한다. 구체적으로 칼빈은 자신의 요한복음 주석에서 다음과 같이 적고 있다

> 그 밖에 우리는 여기서 성경에서 그리스도의 지식을 목표로 구하여야 한다는 것을 배운다. … 그러므로 먼저 우리는 성경이 아닌 다른 어떤 출처에서는 그리스도를 제대로 인식하지 못한다는 것을 주장해야 한다. 만일 이것이 그러하다면, 성경에서 그리스도를 발견하기 위한 의도를 가지고 성경을 읽어야 한다는 결론이 뒤따른다. 누구라도 이러한 목표에서 벗어난다면, 전 생애 동안 배우기에 자신을 피곤케 하든 간에, 그는 결코 진리의 지식에 이르지 못할 것이다.[47]

성경은 그리스도를 알고자 하는 정신으로 읽어야 하며, 이러한 목표에서 벗어난다면 성경을 바르게 읽는 것이 아니라는 칼빈의 이해는 곧바로 칼빈과 제네바 교회의 목사들 사이에 목사의 설교는 예수 그리스도의 복음을 선포하는 것이어야 한다는 공통된 주장과 조화를 이

---

47 "Caeterum docemur hoc loco, ex scripturis petendam esse Christi notitiam. ... Primo igitur tenendum est, non aliunde quam ex scripturis Christum rite cognosci. Quod si ita est, sequitur hoc animo legendas esse scripturas ut illic inveniamus Christum. Quisquis ab hoc scopo deflectet, utcunque discendo se fatiget tota vita, nunquam ad scientiam veritatis perveniet." *Commentarius in Evangelium Joannis* 5:39 (CO 47, 125)

룬다. 스캇 마네치(Scott M. Manetsch)의 설명을 들어본다.

> 칼빈은 이렇게 언급한 바 있다. "하나님께 복음 설교보다 더 고
> 상하고 높은 것은 없다. 왜냐하면 설교야말로 사람들을 구원으
> 로 인도하는 수단이 되기 때문이다." 개혁주의 제네바에서 여
> 러 가지 교회 문서는 이 점을 반복해서 매우 강하게 강조한다.
> 기독교 목회자들은 "거룩한 복음을 설교하고," "하나님의 말씀
> 을 설교하며," "복음을 선포하기 위해" 그리스도의 교회에 임명
> 되었다.[48]

성경은 그리스도를 말하며, 또한 성경 본문을 강설한다는 것은 그
리스도의 교리를 강설하는 것이므로, 그리스도를 말하는 복음 설교야
말로 하나님께서 가장 고상하고 높은 것으로 인정하신다는 칼빈의 설
교관에 주목할 필요가 있다. 목사에게 있어서 가장 중요한 본질적인
직무는 무엇인가? 위에 인용한 제네바 목회자들 공통된 답은 하나님
의 말씀인 거룩한 복음을 설교하는 일이라는 것이다. 목사는 이 사명
을 위하여 그리스도의 교회에서 세움을 받고 있다.

제네바 교회의 목사들 가운데 특별히 베자의 다음 글은 우리의 논

---

48   Scott M. Manetsch, 『칼빈의 제네바 목사회의 활동과 역사』, 신호섭 옮김 (서울: 부흥과
      개혁사, 2013), 279. 인용문 가운데 마네치의 인용은 두 가지 출처에서 나온다. 인용도서를
      참조하면 바로 알 수 있지만, 참고로 밝히면 다음과 같다. *Supplementa Calviniana Sermon
      inédits.* 8:210; *Registres de la Compagnie des Pasteurs de Genève*, 2: 88, 89, 90, 91.

점을 더 확실하게 강화시켜 준다. 그는 복음이 성경의 어느 한정된 구절들에게만 있는 것이 아니라, 성경 전체에서 그리스도를 말하는 것은 다 복음이라고 강조한다. 베자의 글을 읽어본다.

> 그뿐 아니라 우리는 어떤 특정한 작은 부분들만을 대중적인 관습을 따라 성급하게, 그리고 대부분 네 복음서 또는 사도들의 서신서들에서 가져온 것들을 판단도 없이 복음이라 일컫지 않는다. 그러기는커녕 이와 반대로 우리는 복음의 이름으로 신약의 책들을 가리킬 뿐만 아니라, 또한 구약의 책에서 예수 그리스도에 대하여 예언하고 있는 모든 것들을 가리킨다. 왜냐하면, 이미 앞에서 말했던 바와 같이 하나님께서 세상을 만드실 때로부터 택한 자를 구원하셨던 복음은 하나이기 때문이다. 그런 까닭에 비록 아주 오랜 시간 후에야 복음이 실제로 예수 그리스도 그분으로 말미암아 그리고 그의 사도들로 말미암아 세상에 제시되었음에도, 모세가 증언하고 있는 바와 같이, 복음은 아담의 죄 이후에 즉시 세상에 선포되기 시작하였다. 그러므로 요약한 대로, 우리는 하나님께서 단일하며 무한한 선하심에 따라, 세상이 시작된 그때로부터, 그리스도를 믿음으로 영접하는 자는 그 안에서 영원한 생명에 참여자가 될 것이라고 자신의 교회에

이미 확증하셨던 그 소망스러운 증언을 복음이라 부른다.[49]

위의 베자의 글은 아버지에게 기본 신앙 개념을 알리기 위하여 1546년에 작성한 것이다. 이후 1559년에 불어로 쓰인 것이 출판되었고, 1560년에 라틴어로 번역되어 출판되었다. 성격상 보편교회의 신앙고백의 지위를 부여받은 것은 아니다. 하지만 베자의 이 고백서는 개혁교회가 성경의 교훈에 대하여 이해하고 있는 바를 잘 보여준다. 이 고백서에서 베자는 성경이 복음을 전하고 있으며, 이 복음은 성경의 어느 특정한 부분을 통하여 제한적으로 나타나고 있는 것이 아니라, 구약과 신약성경 전체를 통하여 나타나고 있음을 강조한다. 이러한 설명은 성경 전체를 구속사적 맥락에 따라 볼 것이며, 예수 그리스도 중심적으로 볼 것을 교훈한다. 곧 성경은 구속사적으로 그리스도의 교리를 제시하고 있다는 사실을 '하나의 복음'이라는 요약으로 가

---

49 "Praeterea tantum abest ut Evangelium vocemus ex vulgi more, certas duntaxat particulas temere & plerunque sine judicio ex quatuor Evangelistis aut Apostolorum epistolis decerptas, ut e contrario non ipsos modo novi Testamenti libros eo nomine significemus, sed etiam quicquid de Iesu Christo praedictum est in veteris Testamenti volumine. Evangelium enim, ut iam antea diximus, unicum illud est per quod Deus a condito mundo servavit electos suos, ideoque statim post Adami peccatum caepit in mundo promulgari, sicut testatur Moses, quamvis longo post tempore fuerit re ipsa exhibitum mundo per ipsum Iesum Christum & eius Apostolos. Itaque ut paucis absoluam, Evangelium vocamus, optatum illud testimonium, quo Deus pro sua singulari & infinita bonitate iam inde a mundi initio testatus est Ecclesiae suae, fore ut qui Christum per fidem amplecterentur, fierent in ipso vitae aeternae participes." Théodore de Bèze, *Confessio Christianae Fidei, Et Eiusdem collatio cum papisticis Haeresibus*, 4.26 (Genève, 1560)

르쳐 준다. 이러한 베자의 설명에 비추어 볼 때, 하나님의 말씀인 성경을 강설하는 설교가 예수 그리스도의 교리를 말하지 않는다면 그것은 '설교된 하나님의 말씀'일 수가 없다는 것이 베자의 설교 이해라고 말할 수 있겠다.[50]

지금까지 제1 스위스 신앙고백서, 칼빈, 베자를 이어가며 살펴본 개혁교회의 설교 이해는 당시는 물론 뒤에 이어지는 시대의 모든 개혁교회에서도 동일하게 발견된다. 이러한 판단을 요약해 보여주는 좋은 사례가 도르트 총회(1618-19년)이다. 도르트 총회에는 네덜란드 총대는 물론이거니와 대영제국, 팔츠, 헤세, 스위스 주들, 나사우-베터라우, 제네바, 브레멘과 엠덴 등의 8개 외국 개혁교회의 대표들도 참석하였다. 총회에서 작성한 도르트 신경에 반영된 설교의 이해를 통해서 16세기로부터 17세기로 이어지는 보편적인 개혁교회의 설교에 대한 이해를 다소나마 살펴볼 수 있다. 물론 도르트 신경은 설교에 대한 간결하며 정확한 정의를 제시하지 않아서 도르트 신경에서 설교에 대한 직접적인 교훈을 인용하여 살필 수는 없다. 그러나 총회가 도르트 신경의 결론부에서 제시한 권면을 통해서 목사에게 기대하는 설교 내용에 대한 이해를 충분히 가늠할 수가 있다.

---

50   청교도 설교에 대한 조엘 비키(Joel R. Beeke)의 다음의 말은 베자의 생각을 그대로 반영한다. "그리스도를 설교하는 일은 곧 성경 본문은 구속적인 맥락에서 설교하는 것을 뜻한다. 한 본문을 간결한 주해와 해석학의 원리들에 따라 해설할 때, 그 본문에서 성경적인 설교가 흘러나오게 된다." Joel R. Beeke, 『설교에 관하여』, 송동민 옮김 (서울: 복있는 사람, 2019), 89.

마지막으로 총회는 그리스도의 복음 안에 있는 모든 동료 목사들에게 학교에서와 교회에서 신실하며 경건하게 이 교리를 다루는 일에 몰두하기를 권한다. 그리고 이 교리를 말이나 글로써 하나님의 이름의 영광과 삶의 거룩함과 혼란스러워하는 영혼의 위로에 적용하기를 권한다. 그러할 때 성경을 신앙 유비에 따라 생각할 뿐만 아니라, 말을 또한 하고, 요컨대 성경의 참된 의미의 (우리에게 규정된) 한계를 벗어나는 모든 말의 표현을 금하기를 권한다. 이러한 말의 표현들은 뻔뻔한 궤변가들에게 개혁교회의 교리를 모욕하고 또한 비방하기에 좋은 기회를 주게 될 것이다.[51]

이 글에 있는 목사의 설교와 관련하여 함의하고 있는 주요 사항을 살펴본다. 결론부의 다른 진술을 살펴볼 때, 총회가 목사가 다루기에 마음을 써야 할 "이 교리"는 "예정과 이와 관련한 요점에 대한 개혁교

---

51 "Postremo hortatur haec Synodus omnes in Evangelio Christi Symmystas, ut in huius doctrine pertractatione, in Scholis atque in ecclesiis, pie et religiose versentur, eam tum lingua, tum calamo, ad Divini nominis gloriam, vitae sanctitatem, et consternatorum animorum solatium accommodent, cum Scriptura secundum fidei analogiam non solum sentiant, sed etiam loquantur; a phrasibus denique iis omnibus abstineant, quae praescriptos nobis genuini sanctarum Scripturarum sensus limites excedunt, et protervis sophistis justam ansam praebere possint doctrinam Ecclesiarum Reformatarum sugillandi, aut etiam calumniandi." *Acta Synodi Nationalis in Nomine Christi* (Lugduni Batavorum, 1620), 1: 271.

회의 교리"[52]이다. 총회는 도르트 신경이 "하나님의 말씀에서 나온 것이며, 개혁교회의 고백들과 일치하는 것임을 선언함"을 분명하게 밝힌다.[53] 총회는 하나님의 영광과 삶의 거룩과 영혼의 위로를 위하여 예정 교리와 이와 관련된 요점들을 "말이나 글로써" 가르칠 것을 권면한다. 여기서 목사가 설교에 교리를 반영해야 할 책임이 드러난다. 특별히 유의할 교훈은 성경의 교리를 다룰 때 반드시 "성경을 신앙 유비에 따라" 해야 한다는 점이다. 개혁교회의 신학과 설교는 '성경 유비'(analogia Scripturae)와 '신앙 유비'(analogia fidei)에 따라 말씀을 해석하고 강설한다. '성경 유비'는 성경의 구절을 상호 비교, 대조하여, 분명하고 명료한 구절로 불분명하고 모호한 구절을 해석해야 함을 의미한다. 또한 '신앙 유비'는 '성경 유비'와 같은 해석 방법이지만, 특별히 성경의 신학적 의미의 통일성을 전제로 한다. 따라서 '신앙 유비'는 '신앙 규칙'(regula fidei)으로 이해되기도 한다. '신앙 규칙'이란 가장 기본적으로 사도신경과 같이 신경의 형태로 고백한 신앙의 표준을 가리킨다.[54] 결국, 이러한 교훈은 앞서 말씀드린 바처럼, 설교자에 의해 '설교된 하나님의 말씀이 곧 하나님의 말씀'이라는 영광을 누리는 것은 "오직 하나님 말씀의 규정과 표준(praescripto et norma)에서 나오는

---

52   "Doctrinam Ecclesiam Reformatarum de praedestinatione et annexis ei capitibus"

53   "quam Synodus ex verbo Dei desumptam, et Confessionibus Reformatarum Ecclesiarum consentaneam esse judicat."

54   Richard A. Muller, "analogia fidei," 그리고 "analogia Scripturae" in *Dictionary of Latin and Greek Theological Terms*, 25.

것"이라는 칼빈의 말과 그대로 일치한다.[55]

피터 드 용(Peter Y. De Jong)은 "설교와 도르트 총회"라는 글에서 설교와 관련하여 도르트 신경에서 볼 수 있는 두드러진 다섯 가지 특징을 제시한다. "(1) 긴급성: 인간의 절망스러운 곤경," "(2) 성격: '은혜의 방편'으로서의 설교," "(3) 내용: 하나님에 의한, 하나님과의 화해," "(4) 전달: '거짓 없는' 부르심," 그리고 "(5) 목표: 죄인의 구원 안에 있는 하나님의 영광."[56]

드 용은 이러한 다섯 가지 핵심적인 특징을 지적하면서 성경을 통해 설교가 전하는 메시지는 한 마디로 "하나님께서 그리스도 예수 안에서 세상을 자신과 화목케 하신다"라는 것이라고 말한다. 따라서 "하나님 중심적" 설교와 "그리스도 중심적" 설교가 서로 대조된다는 것은 생각조차 할 수가 없다고 말한다. "모든 설교는 그리스도 안에서 은혜를 베푸시는 하나님의 사역으로 모인다"고 정리한다.[57] 드 용은 도르트 신경에서 발견되는 이러한 특징을 종합하면서 설교에 대한 이해를 다음과 같이 제시한다.

---

55   "Esto igitur hoc firmum axioma ... nec alium esse rite docendi in ecclesia modum nisi ex eius verbi praescripto et norma." *Inst.* 4.8.8. (CO 2.850)

56   Peter Y. De Jong, "Preaching and the Synod of Dort," in *Crisis in the Reformd Churches*, ed. by Peter Y. De Jong (Grandville, MI: Reformed Fellowship, Inc., 1968, 2008), 143-167 을 볼 것.

57   Peter Y. De Jong, 160.

> 설교는 사람의 일이 아니다. 설교의 내용이나 결과도 사람의 처분에 달린 것이 아니다. 교회는 하나님께서 정하신 바에 의하여 "진리의 기둥과 터"이기 때문에, 교회가 설교자에게 개인적으로 또 공동체적으로 선포하도록 맡긴 것은 하나님께서 그분의 말씀 안에서 계시하신 것 그 이상이나 이하도 아니다. 오직 이것을 행할 때라야 설교자는 진실로 화목과 평강의 전달자이다.[58]

하나님과의 화목과 평강을 전하는 자로서 설교자는 오직 하나님의 말씀 안에 계시하신 그리스도의 복음만을 전하여야 하며 그것에 관련한 것들을 전하여야만 한다. 설교는 사람의 일이 아니며, 설교의 내용이나 결과도 사람의 임의로 할 수 있는 것이 아니라는 점을 유의하여 염두에 두어야 할 것이다.

이상에서 몇 가지 사례를 통하여 간단히 정리해 본 바와 같이, '설교된 하나님의 말씀'이 과연 하나님의 말씀이려면 그것은 성경의 본문이 말하는 교리를 전해야 한다. 그리고 그 교리는 다름 아닌 우리 구주 예수 그리스도이며 그에 관한 복음의 진리이다. 그리스도를 말하지 않는 설교를 한다면, 그것은 '설교된 하나님의 말씀'이지 않으며, 그리스도의 교회가 목사를 세운 목적에 어긋나며, 목사의 직무에서

---

58   Peter Y. De Jong, 167.

벗어나는 행위이다.

7. 그리스도 중심적 본문 해석과 청교도 설교:
리처드 십스(Richard Sibbes)

개혁교회의 성경과 설교에 대한 이해는 그대로 청교도 설교의 특징으로 나타난다. 예를 들어, 패커에 의하면, 성경에 대한 청교도의 이해는 이러하다. 첫째, 청교도는 성경의 각 부분을 포함한 전체가(as a whole and in all its parts) 하나님의 말씀으로 고백한다. 둘째, 성경을 문자적이며 문법적으로(literally and grammatically) 해석한다. 곧 문자적 의미 자체가 영해적(allegorical) 의미가 있는 경우가 아니면 영해적 해석을 거부한다. 셋째, 성경의 각 부분은 서로 모순되거나 충돌하지 않으므로, 성경의 각 부분의 의미가 서로 조화를 이루도록(consistently and harmonistically) 해석한다. 넷째, 성경을 교리적이며 하나님 중심적으로(doctrinally and theocentrically) 해석한다. 곧 성경은 하나님을 말하며 인간이 하나님께 대하여 갖는 관계에 대하여 교훈하는 내용을 담고 있다. 넷째, 그리스도가 성경의 주제이며, 모든 성경은 그리스도에 대해 입증을 하기 위하여 기록된 것이므로, 성경을 기독론적이며 복음적으로(Christologically and evangelically) 해석한다. 다섯째, 성경을 경험적이며 실천적으로(experimentally and practically) 해석한다. 이것은 성경이 죄 아래 놓인 인간이 겪는 영적인 경험과 실천적 상황과 관련하여 하나님의 은혜로 그리스도로 인한 복음으로 말미암아 누리는 영적인 즐거움을 교훈하기 때문이다. 마지막으로, 성경에서 얻어진 교리 또는 교훈이 회중에게 어떤 의미와 적실성을 갖는지를 살피는 신실하며 실제적인(faithful and realstic) 노력을 기울여 성경을 해석한다.[59]

청교도 설교에 대한 카이거의 설명은 파커의 이해와 같다. 카이거의 설명에 따르면, 청교도의 설교는 본문에서 교리를 끌어내는 데에 주요한 관심을 둔다. 청교도 설교자가 주의를 기울이는 세 가지 측면이 있는데, 하나는 설교하는 주제가 하나님의 진리이어야 한다는 것이다. 다른 하나는 하나님께서 성경 본문으로부터 어떻게 그 진리를 가르치시는지를 회중이 분별할 수 있도록 해야 한다는 것이다. 그리고 마지막 하나는 회중들의 신앙 성장과 교육을 위하여 본문이 의도하고 있는 교리들에 집중하여야 한다는 것이다.[60] 요컨대 카이거의 설명은 청교도의 설교가 철저히 본문의 강설에 근거한 교리에 집중한다는 것이다. 이러한 세 가지 특성을 지닌 청교도 설교는 지성적(intellectual), 성경적(biblical), 신학적(theological), 목회적(pastoral)이고 성령-의존적 곧, 영적(spiritual)인 특징을 보인다.[61]

---

59   J. I. Packer, "The Puritans as Interpreters of Scripture," 191-201.

60   J. A. Caiger, "Preaching – Puritan and Reformed," 168.

61   J. A. Caiger, 172-75.

그렇다면 청교도가 성경 본문에서 끌어내어 집중하여 설교하는 교리는 무엇일까? 앞에서 말한 바와 같이, 성경 본문이 전달하는 교리가 그리스도 중심적인 만큼, 청교도 설교가 전하는 설교의 주제 또는 내용은 '예수 그리스도'이며, 또는 그리스도에게로 나가는 길을 열어 그리스도에게로 이끄는 것이다. 우리는 이러한 내용을 리처드 십스(Richard Sibbes, 1577-1635)가 디모데전서 3장 16절을 토대로 개진한 저술, "열려진 샘, 또는 계시된 경건의 비밀"에서 읽어볼 수 있다.

> 설교를 하는 것은 그리스도를 여는 것이며, 그리스도 안에 있는 것은 어떤 것이든지 드러내는 것이고, 향내를 모든 사람이 맡을 수 있도록 상자를 깨어 여는 것이며, 그리스도의 직무를 보여주는 것이다. 첫째, 그리스도는 가르치는 선지자이었고 … 다음 그는 자신을 희생제물로 드린 제사장이었고, 그는 왕이었다. … '그리스도를 설교한다는 것'은 이러한 것들을 열어 보이는 것이다. 마찬가지로 그가 그의 직무를 실행한 상태를 드러내는 것이다. 첫째는 겸비의 상태이다. (다음은) 그의 공로, 곧 그가 우리를 위하여 아버지께 행하신 것을 열어 보이는 것이다. 그리고 교회의 영적 머리로서 그가 행하신 일의 결과, 그가 그의 자녀를 위하여 행하신 것이 얼마나 놀라운 것인지를 밝히는 것이다. … 또한 그리스도 안에 있는 모든 약속을 여는 것이다. … 그리스도를 설교하는 것이란 이 모든 것, 곧 하나님의

백성이 받을 기업을 열어 보이는 것이다. … 사람들이 그리스
도와는 반대의 상태에 있음으로, '그리스도를 설교하는 것'은 율
법으로 시작하여, 그들이 그리스도 밖에 있다는 것을 보여주고
납득시킴으로써, 본성상 그들이 놓여 있는 상태를 발견케 하는
것이다. 자신들이 거지이며 그리스도 밖에 있는 비참한 존재라
는 것을 아는 사람들 외에 누가 그리스도와 혼인을 하겠는가?
… 사람들이 이것을 확신하게 되면, 그때 그들은 자신들에게서
나와 그리스도에게로 나아간다.[62]

    설교에서 그리스도를 말한다는 것은 단순하며 좁은 의미의 것이 아
니다. 그리스도를 설교한다는 것이 무엇을 담는 것인지에 대해 위에
인용한 십스의 설명은 구체적으로 제시한다. 가장 넓게 말해서, 그리
스도를 설교하는 것은 그리스도를 말하는 것만이 아니라 그리스도 안
에 있는 것이면 어떤 것이든지 드러내는 것이다. 곧 그리스도를 말한
다는 것은 성경 전체를 열어서 그리스도의 행하신 선지자, 제사장, 왕
으로서의 삼중 직무들, 그리스도께서 자신의 직무를 실행하시기 위해
처하신 상태들, 그리고 그리스도에 관한 약속과 그리스도로 인하여
하나님의 자녀들에게 베풀어지는 기업 등을 제시하는 것이다. 더 나

---

62   Richard Sibbes, *Expositions of St. Paul* vol. 5, in *Works of Richard Sibbes* 6 vols., ed. Al-
    exander B. Grosart (Edinburgh, UK: The Banner of Truth Trust, 1977, reprinted 1978),
    505-506. 이탤릭체는 원문의 것. Peter Lewis, 『청교도 목회와 설교』, 94-98에서 본문과는
    다른 한국어 번역으로 볼 수 있다.

아가 십스의 설명은 율법을 설교하는 것도 그리스도를 설교하는 것임을 보여준다. 율법을 설교함으로 회중들에게 자신이 그리스도 밖에 있는 비참한 상태에 있음을 깨닫게 하여 그리스도에게로 나오게 하는 것 또한 그리스도를 설교하는 것이다.

십스는 그리스도가 '반드시' 설교되어야 한다고 강조한다. 이것은 바로 다음 문장에서 설교는 그리스도 이외에 다른 어떤 것도 전해서는 안 된다는 해설로 이어진다.

> 그러면 ⋯ 이 설교란 그리스도에 관련한 것이어야만 한다. 그리스도는 반드시 '설교되어야' 한다. 질문: 그리스도 외에 다른 것은 어떤 것도 설교되어서는 안 되는가? 답: 내 대답은 그리스도 또는 그리스도에게로 나가는 것 이외에 어떤 것도 설교되어서는 안 된다는 것이다. 만일 위협을 설교한다면, 그것은 사람을 낙담시켜서, 그를 세우려고 하는 것이다. ⋯ 만일 설교로 인하여 사람을 낮추기 위한 어떤 것이 행하여진다면, 그것은 그를 다시 그리스도 안에서 세우기 위한 것이다. 모든 것이 그리스도를 향하여 나가는 준비이다. 율법으로 인해 사람이 실의에 빠질 때, 그 사람을 그대로 방치하지 말아야 하며 그를 다시 일으켜 세워야 한다. 우리가 무엇을 설교하든지 그것은 그리스도에게로 환원되어서(reductive to Christ) 사람들이 그리스도에게

합당하게 살도록 하여야 한다.[63]

    십스에게 있어, 그리스도는 설교의 여러 가지 주제 가운데 하나가 아니다. 그리스도를 반드시 설교하여야 하며, 설교자는 그리스도 외에 다른 것을 설교해서는 안 된다. 십스의 이 말은 유의하여 주목해야 한다. 이 말은 그리스도 외에 다른 어떤 내용을 설교한다고 할지라도, 그 내용이 반드시 그리스도와 관련하여야 하며 그리스도에게로 나오도록 역할을 하는 것이어야 함을 뜻한다. 다시 말해서 모든 설교의 내용은 그리스도에게로 환원해야 한다. 설교자는 율법을 설교할 때, 율법 자체를 말하는 것에 멈추어서는 안 되며, 반드시 그리스도에게로 나가는 데까지 이끌어야 한다. 이것이 십스가 말하는 그리스도를 선포하는 설교이다. 곧 하나님의 말씀을 전하는 모든 설교는 그리스도로 환원하는 설교인 것이다.

    구체적으로 십스의 설교의 사례를 통해서 십스의 그리스도 환원적 설교가 어떻게 전달되는지를 간략히 보겠다. 1650년에 출판된 "영광스러운 부르심"(the Glorious Feast of the Gospel)은 이사야 25장 6—9절을 본문으로 하는 아홉 번의 설교로 이루어진 연속설교집이다.[64] 흥미

---

63   Richard Sibbes, 509. 십스의 강렬한 표현을 참조하도록, 인용한 부분의 일부만 옮겨둔다. "... Whatsoever is done in preaching to humble men, it is to raise them up again in Christ; all makes way for Christ. When men are dejected by the law, we must not leave them there, but raise them up again. Whatever we preach, it is reductive to Christ, that men may walk worthy of Christ."

64   Richard Sibbes, "그리스도와 교회의 혼인잔치," 『영광스러운 부르심』, 이태복 옮김 (서

롭게도 이 설교집의 속표지는 이 설교집에서 8개의 교리를 다루고 있음을 밝혀주고 있다: "복음의 영광스러운 잔치, 또는 그리스도의 은혜로운 초대와 왕의 잔치에 신자들의 참여, 그리고 위로의 교리들이 영적으로 다루어지고 있음: 1. 그리스도와 교회의 혼인 잔치; 2. 제거된 무지와 불신앙의 베일; 3. 죽음을 정복하신 그리스도; 4. 하나님 백성의 얼굴에서 닦인 눈물; 5. 제거된 수치; 6. 하나님의 고귀한 약속들과 실행; 7. 성경의 신적 권위; 8. 하나님 섬김의 의무와 위로."[65] 8개의 교리 주제들에서 바로 알 수 있듯이 연속설교는 각각 그리고 모두 그리스도와 관련되고 있으며, 그리스도를 향하고 있다.

이 중에서 6절을 본문으로 한 첫 설교, "그리스도와 교회의 혼인 잔치"를 살펴보자. 십스는 6절 "만군의 여호와께서 이 산에서 만민을 위하여 기름진 것과 오래 저장하였던 포도주로 연회를 베푸시리니 곧 골수가 가득한 기름진 것과 오래 저장하였던 맑은 포도주로 하실 것이며"의 본문이 하나님께서 자신의 교회를 한없이 사랑하신다는 것을 찬송한다고 말한다. 본문은 점진적으로 완성될 예언이라 말하며, "이 산"은 시온 산을 가리키는데 곧 하나님의 교회를 뜻한다고 풀이한다. "연회"를 베풀어 주시는 하나님을 통해서 우리의 영혼에 날마다 신령한 위로를 베풀어 주시는 하나님이심을 설명한다. "만민을 위하여"를

올: 지평서원, 2008), 19-51. Richard Sibbes, *The Glorious Feast of the Gospel in Works of Richard Sibbes* vol 2, ed. Alexander B. Grosart (Edinburgh, UK: The Banner of Truth Trust, reprinted 1983), 437-518.

65   Richard Sibbes, *The Glorious Feast of the Gospel*, 438.

풀면서 그리스도께로 나아가고자 하는 모든 사람은 다 초대받은 것을 일깨운다. 그리고 이 본문이 말하는 연회의 풍부함을 상기시키면서, 연회에서 베풀어지는 좋은 음식에 빗대어 예수 그리스도야말로 가장 좋은 음식임을 설명한다. 이렇게 구약의 예언이 가리키는 바를 예언의 실체이신 그리스도 중심적인 복음으로 풀어간 십스는 그리스도 예수께서 모든 위로의 근원이시며 은혜와 거룩의 원천이시므로 그리스도에게로 나올 것을 요청한다. 그리스도에게 나오면 죄사함의 은혜도, 양심의 평안도, 성도의 교통을 누릴 수 있을 것을 일깨운다. 그리고 단지 연회를 통해서 그리스도께서 주시는 은택만을 제시하지 않고, 십스는 이 모든 은택이 바로 그리스도의 십자가 죽음에서 나오는 것임을 강조한다.

설교의 마지막 부분에서 십스는 '연회'가 그리스도와 그가 주시는 모든 복, 은혜, 위로, 특권들을 어떻게 비유하는지를 보여준다. '연회'에는 가장 좋은 것이 있으며, 필요한 모든 것들이 있고, 충만한 만족이 있으며, 교제가 있고, 가장 좋은 옷을 입는다는 것을 언급한다. 가장 좋은 것은 죄사함의 은총이며, 필요한 모든 것은 그리스도의 다양한 은택이며, 충만한 만족은 그리스도로 인하여 누리는 충만한 기쁨이며, 교제는 성도와의 교제와 성령 하나님과의 교제이며, 가장 좋은 옷은 그리스도의 완전한 의의 옷이라고 풀어간다. 마지막에 덧붙여서 본문의 구약 교회를 향한 연회가 바로 그리스도의 예표가 될 수 있는 것은 구약의 규례들, 곧 유월절 잔치의 어린 양, 광야의 만나, 광야의 반석, 구약의 모든 잔치가 그리스도를 부분적으로 예표하고 있기 때문임을 언급한다. 그리고 성찬을 통해서 베풀어지는 잔치를 통해서 그리스도의 충만한 위로를 예표하고 있음을 전함으로 설교를 마친다.[66]

우리는 십스가 6절 한 절의 말씀 안에서 얼마나 풍성하게 그리스도를 설교하는지를 눈여겨보아야 한다. 구속사적 맥락에서 볼 때 본문이 그리스도와 복음의 잔치를 예언한다는 사실에 기초하여 이 본문에 담겨 있는 교리를 강설하는 것이다. 이어 나오는 8편의 모든 설교가 예외 없이 그리스도를 향해 나간다.

십스는 그의 가장 잘 알려진 저서인 『꺼져가는 심지와 상한 갈대의 회복』에서도 그리스도의 교리를 아름답게 제시한다.[67] 이 담론은 이사야 42장 1-4절의 성취로서 마태복음 12장 20절, "상한 갈대를 꺾지 아니하며 꺼져가는 심지를 끄지 아니하기를 심판하여 이길 때까지 하리니"를 본문으로 한다. 먼저 십스는 이사야 42장을 인용하며 "꺾지 아니하며," "끄지 아니하는" 분이 바로 그리스도로 성취되었음을 밝힌다. 그리고 '상한 갈대,' '꺼져가는 심지'를 해설하면서 이들을 향해 오시는 그리스도의 소명과 은혜를 풀어준다. 먼저 상한 갈대와 그리스

---

66 십스의 설교에 대한 본문의 요점은 앞서 밝힌 『영광스러운 부르심』 (지평서원)에서 자세히 볼 수 있다.

67 Richard Sibbes, 『꺼져가는 심지와 상한 갈대의 회복』, 전영호 옮김 (서울: 지평서원, 1999, 2009 개정). Richard Sibbes, *The Bruised Reed and Smoking Flax in Works of Richard Sibbes* vol 1, ed. Alexander B. Grosart (Edinburgh, UK: The Banner of Truth Trust, reprinted 1979), 35-101.

도의 관계에 대해서 십스는 상한 갈대는 죄와 비참함으로 상하기까지 한 사람이라고 설명한다. 그리고 주목할 것은 상한 갈대는 회심 전뿐만 아니라 회심 후에도 여전히 적용된다고 말하는 점이다. 곧 신자의 연약성을 살피고 있다. 이러한 접근은 신율법주의를 포함한 어떤 형태의 율법주의적 태도를 용납하지 않는 신학적 이해를 반영한다. 이것은 십스가 담론 전체를 통해서 생생하게 밝히는 그리스도의 복음에 대한 균형 있는 올바른 제시이다.

십스는 그리스도의 풍성한 자비를 설명하면서 강조하는 바는 상함을 입은 누구라도 두렵고 떨릴지라도 그리스도에게로 나가기를 주저하지 말라고 권면한다. 우리가 상함을 입었다고 생각할 때, 바로 그리스도께서 먼저 상처를 입으시고, 상처 입은 우리를 고치신다는 사실을 역설한다. 그리스도 중심적 본문의 이해가 주는 실제적 위로와 기쁨은 상한 자를 대하시는 그리스도의 자비와 긍휼에 있다. 회심한 사람들이라 할지라도 그에게 은혜의 역사가 미비하게 나타나고 많은 결점이 있을 때, 은혜의 미비함이나 결점 때문에 그리스도에게로 나오기에 합당하지 못하다고 말하면 그리스도 중심적 본문 강설이 아니다. 오히려 그리스도의 복음은 이러한 자들로 그리스도에게로 나오도록 격려한다. 십스는 '연기 나는 꺼져가는 심지'를 통해서 그리스도인에게 나타나는 은혜와 부패의 모습을 바라본다. 그리고 부패에도 불구하고 이러한 자를 부르시는 그리스도이심을 선포하여야 한다고 교훈한다. 이것이 그리스도 중심적 복음의 이해이며 강설이다.

이러한 그리스도의 복음 이해에 따라서 십스는 목회자에게 요구되는 온유함을 권면한다. 첫째, 훌륭한 신자도 경험하지 못한 것을 구원을 받기에 필요한 기준인양 일반적이며 필수적인 증거로 만들지 말아야 한다. 이것은 연약한 사람을 깊은 낙심에 빠지게 한다. 둘째, 하나님과 그리스도의 자비를 구름 속에서 말하듯이 불분명하게 설교하지 말아야 한다. 그리스도께서 목사를 세운 것은 자비를 선포하도록 하여 다른 사람을 그리스도에게로 이끌기 위한 것이다. 셋째, 호기심에 따른 헛된 논쟁을 피하고 진리를 지키기 위해 노력해야 한다. 회중들이 논쟁에 지치면 정작 진리에 관심을 두지 않게 된다. 넷째, 지나치게 엄격하여 상한 영혼들이 위로를 받지 못한 채 되돌려 보내는 일이 없어야 한다. 상한 영혼이 슬픔을 토로하고 영혼의 쉼을 얻을 수 있는 가슴을 주어야 한다.[68]

목회자에게 주는 이 권면은 그리스도 중심적 복음 이해를 실천적으로 반영한 것이다. 만일 십스의 권면과 다르게 생각하거나 행동한다면, 그 목사의 설교는 '성경의 교리인 그리스도의 복음'을 선포하는 하나님의 말씀을 허공에 외치고 마는 공허한 것이 될 것이다. 한편으로는 율법주의, 신복음주의, 다른 한편으로는 율법폐기론의 사이에서 그리스도의 복음을 선포해야 하는 책임을 바르게 감당하지 못하게 될 것이다.

---

68 Richard Sibbes, 『꺼져가는 심지와 상한 갈대의 회복』, 71-79. 영어 원문을 참조하려면 *The Bruised Reed and Smoking Flax*, 53-55를 보라.

8. 나가는 말: 그리스도의 복음의 교리를 전하는 체험적 설교

우리가 지금까지 살펴본 바는 이러하다. 첫째, 개혁교회 목사의 가장 중요한 직무는 설교이다. 둘째, 목사는 하나님의 말씀인 성경을 순수하게 설교하여야 한다. 그럴 때 목사의 설교는 하나님의 말씀으로 인정된다. 셋째, 목사에 의해 설교된 하나님의 말씀은 성경의 교리를 전하여야 한다. 넷째, 성경 본문이 전하는 교리는 성경 본문의 구속사적 해석을 통해 드러나며, 성경의 교리는 신조나 신앙고백으로 형성된다. 다섯째, 성경 본문을 설교하는 것은 예수 그리스도의 교리를 전하는 것이다. 끝으로, 그리스도와 그의 복음을 전하지 않는 설교는 성경 본문을 바르게 설교하는 것이 아니며, 설교된 하나님 말씀의 지위를 유지하지 못한다. 이상의 내용이 바로 개혁교회의 설교 이해이며, 개혁교회 목사가 짊어지는 설교 직무에 대한 주요한 설명이다. 성경 본문에 대한 구속사적 안목을 가지고 신앙 공동체의 신조와 신앙고백에 충실한 설교로써 오직 예수 그리스도를 말해야 한다. 십스의 설교와 강설에서 보듯이 모든 설교는 그리스도로 환원되어야 한다.

이제 마치면서 한 가지 유의할 사항을 덧붙인다. 성경 본문에 담긴 교리를 설교한다는 것, 곧 그리스도를 설교한다는 것은 결코 설교가 지성주의적이어야 한다는 것이 결코 아니라는 점이다. 오히려 그 반대가 진실이다. 왜냐하면 그리스도를 말하는 설교는 바로 머리에서 마음으로 나아가기 때문이다. 조엘 비키(Joel R. Beeke)는 그리스도 중심적 설교는 바로 체험적이며 또한 개혁파적이라고 말한다. 하나님의 기록된 말씀인 성경을 통해서 계시된 예수 그리스도는 살아계신 하나님의 말씀이며, 개혁파 체험적 설교는 바로 여기에 초점을 두고 있다고 말한다. 비키의 말을 따라가다 보면, 그의 말이 바로 앞서 살핀 십스의 설교에 대한 이해와 조금도 다르지 않음을 보게 된다. 그리고 이 강좌가 제시하고자 한 모든 요점을 그대로 보여준다. 비키가 정리한 청교도 개혁파 설교에 대한 이해를 충분히 길게 인용하여 제시함으로 글을 마무리한다.

이처럼 개혁신앙은 신실하신 구주께서 흘리신 피를 통해, 삼위일체 하나님과의 친밀한 교제로 우리를 초대한다. 죄인들은 그리스도 안에서 영원한 생명의 확증을 얻고, 기꺼이 하나님을 위해 살려는 마음을 품게 된다. 그렇기 때문에 우리는 그리스도를 설교해야만 한다. 그리스도를 설교하는 일은 곧 성경 본문을 구속적인 맥락에서 설교하는 것을 뜻한다. 한 본문을 건전한 주해와 해석학의 원리들을 따라 해설할 때, 그 본문에서 성경적인 설교가 흘러나오게 된다. … 예수 그리스도는 체험적인 설교의 위대한 주제이자 지배적인 윤곽이 되신다. 그분은 하나님이 주신 계시의 으뜸가는 초점이며, 그 내용과 목표가 되기 때문이다. 그러므로 참된 개혁파 설교자는 바울이 그랬듯이 "예수 그리스도와 그가 십자가에 못 박히신 것 외에는 아무

것도 알지 아니하기로" 결심해야 한다.(고전 2:2) … 그리스도는 모든 설교의 시작과 중간, 끝이 되셔야만 한다.(눅 24:27, 요일 1:1-4). … 우리의 선지자와 제사장, 왕이 되시는 그리스도의 삼중 사역에 관한 칼뱅의 통찰은 그분에 관한 우리의 설교에 헤아릴 수 없는 풍성함을 더해 준다. 우리는 이 통찰을 통해 그리스도께서 우리 삶의 온갖 비참함 가운데서 위로를 베풀기에 충분하신 분임을 깨닫게 된다. … 이같이 그리스도를 제시하는 일은 설교의 마지막에 덧붙이는 부록 같은 것이 아니다. 오히려 체험적인 설교의 핵심은 그리스도를 선포하는 데 있다. 이처럼 기독교적 체험에 관한 설교는 항상 예수 그리스도와 그분의 십자가를 죄인들에게 제시하려는 더 큰 목표 아래 놓이게 된다. … 이처럼 그리스도를 충실히 설교하며 고귀한 신앙의 대상으로 제시할 때, 우리는 성령님이 그 설교를 쓰셔서 믿음으로 반응하는 이들의 영혼에 은혜를 베풀어 주실 것을 기대할 수 있다. … 목회자들이 그리스도를 자주 설교하지 않을 때, 회중에게서 체험적인 지식을 찾아보기 어렵다는 점은 놀랄 일이 아니다. 하지만 목회자들이 그리스도를 충실하게 설교하고 값없이 제시할 경우, 성령께서 회중의 삶 속에 풍성한 기독교적 체험을 심어 주시는 것을 자주 보게 된다.[69]

---

69 Joel R. Beeke, 『설교에 관하여』, 88-94.

8

오늘날 청교도처럼
설교하려면?

조엘 비키 | Joel R. Beeke
번역 권 호

16세기 중반부터 18세기 초반까지의 청교도 운동은 종종 설교의 황금
시대라고 불린다.[1] 설교 및 설교 출판을 통해 청교도는 교회와 사람들
의 일상생활을 개혁하고자했다.[2] 그들은 교회를 개혁하는 일은 실패
했지만 사람들의 일상을 개혁하는 일은 성공했다. 알렉산더 F. 미첼
(Alexander F. Mitchell)이 말한 것처럼, 이때가 "영국교회 역사에서 이
후로 일어난 그 어떤 것보다 깊고 광범위한 영적 부흥의 시기"였다.[3]

거의 예외 없이 청교도 목사들은 성경에 나타난 하나님의 뜻을 사
랑과 열정적으로 선포한 위대한 설교자였다. 교회 역사에서 어떤 그
룹의 설교도 청교도의 성경적, 교리적, 경험적, 실제적 설교에 견줄

---

1   Tae-Hyeun Park, *The Sacred Rhetoric of the Holy Spirit: A Study of Puritan Preaching in a Pneumatological Perspective* (Apeldoorn: Theologische Unversiteit, 2005), 4. 이에 대한 필자의 몇 가지 생각들에 대해서는 다음 저작의 제41장과 제42장을 참고하라. Joel R. Beeke and Mark Jones, *A Puritan Theology* (Grand Rapids: Reformation Heritage Books, 2012).

2   J. I. Packer, foreword to *Introduction to Puritan Theology: A Reader*, ed. Edward Hindson (Grand Rapids: Baker, 1976).

3   Alexander F. Mitchell, introduction to *Minutes of the Sessions of the Westminster Assembly of Divines*, ed. Alexander F. Mitchell and John Struthers (Edmonton: Still Waters Revival Books, 1991), xv.

수 없다.[4]

---

4 청교도 설교에 대한 추가적인 연구서와 논문에 대해서는 다음을 보라. R. Bruce Bickel,
   Light and Heat: The Puritan View of the Pulpit (Morgan: Soli Deo Gloria, 1999); J. W.
   Blench, *Preaching in England in the Late Fifteenth and Sixteenth Centuries* (Oxford: Ba-
   sil Blackwell, 1964); John Brown, *Puritan Preaching in England* (London: Hodder and
   Stoughton, 1900); J. A. Caiger, "Preaching—Puritan and Reformed," in *Puritan Papers*,
   Volume 2 (1960-1962), ed. J. I. Packer (Phillipsburg, N.J.: P&R, 2001), 161-85; Mur-
   ray A. *Capill, Preaching with Spiritual Vigour* (Fearn, Scotland: Mentor, 2003); Horton
   Davies, *The Worship of the English Puritans* (Morgan: Soli Deo Gloria, 1997), 182-203;
   Eric Josef Carlson, "The Boring of the Ear: Shaping the Pastoral Vision of Preaching in
   England, 1540-1640," in *Preachers and People in the Reformations and Early Modern Pe-
   riod*, ed. Larissa Taylor (Leiden: Brill, 2003), 249-96; Mariano Di Gangi, Great Themes
   in Puritan Preaching (Guelph, Ontario: Joshua Press, 2007); Alan F. Herr, *The Elizabe-
   than Sermon: A Survey and a Bibliography* (New York: Octagon Books, 1969); Babette
   May Levy, *Preaching in the First Half Century of New England History* (New York: Russell
   & Russell, 1967); Peter Lewis, *The Genius of Puritanism* (Grand Rapids: Reformation
   Heritage Books, 2008); D. M. Lloyd-Jones, *The Puritans: Their Origins and Successors*
   (Edinburgh: Banner of Truth Trust, 1987), 372-89; Irvonwy Morgan, *The Godly Preach-
   ers of the Elizabethan Church* (London: Epworth Press, 1965); Hughes Oliphant Old, *The
   Reading and Preaching of the Scriptures in the Worship of the Christian Church*, Volume
   4: *The Age of the Reformation* (Grand Rapids: Eerdmans, 2002), 251-79, and *The Read-
   ing and Preaching of the Scriptures in the Worship of the Christian Church*, Volume 5:
   Moderatism, Pietism, and Awakening (Grand Rapids: Eerdmans, 2004), 170-217; J. I.
   Packer, *A Quest for Godliness* (Wheaton: Crossway, 1990), 163-76, 277-308; Park, *The
   Sacred Rhetoric of the Holy Spirit*; Joseph A. Pipa Jr., "Puritan Preaching," in *The Practical
   Calvinist*, ed. Peter A. Lillback (Fearn, Scotland: Mentor, 2002), 163-82; John Piper, *The
   Supremacy of God in Preaching* (Grand Rapids: Baker, 1990); Caroline F. Richardson,
   English Preachers and Preaching 1640-1670 (New York: Macmillan, 1928); Michael F.
   Ross, *Preaching for Revitalization* (Fearn, U.K.: Mentor, 2006); Leland Ryken, *Worldly
   Saints* (Grand Rapids: Zondervan, 1986), 91-107; Harry S. Stout, *The New England Soul:
   Preaching and Religious Culture in Colonial New England* (Oxford: Oxford University
   Press, 1986).
   청교도 설교를 다룬 학위 논문에 대해서는 다음을 보라. Ruth Beatrice Bozell, "English
   Preachers of the 17th Century on the Art of Preaching" (PhD diss., Cornwell University,
   1939); Ian Breward, "The Life and Theology of William Perkins 1558-1602" (PhD diss.,
   University of Manchester, 1963); Diane Marilyn Darrow, "Thomas Hooker and the Pu-

당시 사람들은 청교도의 설교를 기쁘게 들었다. 종종 청교도의 황금 입을 가진 크리소스톰(Chrysostom)이라고 불린 헨리 스미스(Henry Smith, 1560~1591)는 인기 많은 설교자로서, 토머스 풀러(Thomas Fuller)의 말처럼 "사람들이 복도에 서서" 설교를 들을 정도였다.[5] 청교도 목사가 "16세기 청교도의 영웅"이라고 불린 것은 당연한 일이다.[6]

청교도 설교는 변화를 일으킨다. 브라이언 헤지스(Brian Hedges)에 따르면 청교도 설교는 "우리의 시각을 하나님의 위대함과 기쁨으로

---

ritan Art of Preaching" (PhD diss., University of California, San Diego, 1968); Andrew Thomas Denholm, "Thomas Hooker: Puritan Preacher, 1568–1647" (PhD diss., Hartford Seminary, 1972); M. F. Evans, "Study in the development of a Theory of Homiletics in England from 1537–1692" (PhD diss., University of Iowa, 1932); Frank E. Farrell, "Richard Sibbes: A Study in Early Seventeenth Century English Puritanism" (PhD diss., University of Edinburgh, 1955); Anders Robert Lunt, "The Reinvention of Preaching: A Study of Sixteenth and Seventeenth Century English Preaching Theories" (PhD diss., University of Maryland College Park, 1998); Kenneth Clifton Parks, "The Progress of Preaching in England during the Elizabethan Period" (PhD diss., Southern Baptist Theological Seminary, 1954); Joseph Pipa Jr., "William Perkins and the Development of Puritan Preaching" (PhD diss., Westminster Theological Seminary, 1985); Harold Patton Shelly, "Richard Sibbes: Early Stuart Preacher of Piety" (PhD diss., Temple University, 1972); David Mark Stevens, "John Cotton and Thomas Hooker: The Rhetoric of the Holy Spirit" (PhD diss., University of California, Berkeley, 1972); Lynn Baird Tipson Jr., "The Development of Puritan Understanding of Conversion" (PhD diss., Yale University, 1972); Cary Nelson Weisiger III, "The Doctrine of the Holy Spirit in the Preaching of Richard Sibbes" (PhD diss., Fuller Theological Seminary, 1984).

5   다음에서 인용되었다. Winthrop S. Hudson, "The Ministry in the Puritan Age," in *The Ministry in Historical Perspectives*, ed. H. Richard Niebuhr and Daniel D. Williams (New York: Harper and Brothers, 1956), 185.

6   Michael Walzer, *The Revolution of the Saints: A Study in the Origins of Radical Politics* (Cambridge, Mass.: Harvard University Press, 1965), 119.

돌리게 한다. 우리의 눈이 열려 그리스도의 아름다움과 사랑스러움을 보게 한다. 우리의 양심이 죄의 교묘함과 추악함에 대해 가책을 느끼게 한다. 우리의 영혼이 은혜의 힘과 영광으로 황홀과 기쁨을 누리게 한다. 심오한 성경적, 실제적, 심리적 통찰력으로 영혼의 깊은 곳을 간파한다. 하나님의 주권 교리를 설명함으로써 영혼을 지탱하고 강화한다. 시각을 고정해 우리의 열정이 영원한 것에 집중하게 한다."[7]

청교도는 설교자에 대한 높은 기준을 세웠다. 설교자는 자신이 먼저 성경을 마음 깊이 깨달아 설교해야 하고, 후에 말씀을 청중의 특별한 필요에 따라 적용해야 한다고 믿었다. 존 오웬(John Owen, 1616~1683)은 다음의 두 가지 원칙이 자신의 사역을 이끌었다고 기록했다. "내가 실제로 경험하길 원하는 능력의 진리를 전하는 것과 여러 상황과 유혹과 기타 환경 중에 요청되는 의무를 강조하는 것, 꼭 필요한 이 둘이 잘 실행되도록 주의를 기울여야 한다." 오웬은 설교자가 메시지를 전할 때 하나님의 계시된 진리에 대한 큰 그림을 염두에 두어야함을 다음과 같이 말했다. "예수 그리스도를 통해 이루어진 구원에 관한 하나님의 총체적인 계획을 선포해야 한다." 또한 설교자는 그들의 교회에 적합한 실제적 적용을 제시하는 것을 목표로 삼아야 한다고 말했다. "우리는 허공을 때리는 사람처럼 모호하게 싸워서는 안 된다. 특정한 범위와 의도 없이 무작위로 화살을 쏘는 것처럼 해서도 안 된다. 양

---

7   Brian G. Hedges, "Puritan Writers Enrich the Modern Church," *Banner of Truth*), no. 529 (October, 2007): 5–10.

떼를 돌보는 감독자로서 지식, 그들의 필요, 은혜, 유혹, 빛, 힘과 약점에 대해 깊이 고려해야한다." 오웬에 따르면 이것은 고귀한 소명(high calling)이기에 설교자는 주님을 경외하며 "자신의 설교를 듣고 있는 사람도 모두 곧 그리스도의 심판대 앞에 설 것이라는 깊은 의식으로" 말씀을 전해야 한다. 동시에 이 부름은 우리가 충성스럽기만 한다면 하나님의 축복과 성취가 있으리라는 "평안한 기대"를 가지고 수행할 수 있는 은혜로운 소명(gracious calling)이기도 하다.[8]

"평안한 기대"란 우리가 우리 자신에 대해 설교하는 것이 아니라 오직 말씀만을 전한다면 하나님께 축복을 받고 심판 날에 보상받을 것이라는 기대다. 바울은 고린도후서 5장 9-10절에서 진정한 설교자의 목표를 다음과 같이 표현했다. "그런즉 우리는 몸으로 있든지 떠나든지 주를 기쁘시게 하는 자가 되기를 힘쓰노라 이는 우리가 다 반드시 그리스도의 심판대 앞에 나타나게 되어 각각 선악간에 그 몸으로 행한 것을 따라 받으려 함이라."

우리는 청교도로부터 하나님이 축복하시는 설교에 대해 무엇을 배울 수 있을까? 이 글의 주제는 "오늘날 우리는 어떻게 청교도처럼 설교할 수 있는가?"라는 질문과 관련되어 있다. 청교도를 존경한다고 해서 그들을 무조건 모방하기보다는, 불순물을 제거하고 순도 있는 금을 모으는 것처럼 그들의 접근법에 대해 비평적으로 살펴보아야 한

---

8   John Owen, *The Grace and Duty of Being Spiritually Minded*, in *The Works of John Owen*, ed. William H. Goold (1850–1853; repr., Edinburgh: Banner of Truth, 1965), 7:263.

다. 부정적으로 말하면, 청교도의 설교는 너무 과한 경향이 있어 세부사항이 마치 눈사태와 같이 성경 본문의 주요 요점을 매몰시킨다. 긍정적으로 말하면, 청교도는 하나님의 말씀을 청중의 지성과 마음과 삶에 전하고 적용하는 원칙을 유지했는데, 이것은 오늘날 모든 설교자가 여전히 유지해야 할 원칙이다.

1. 청교도처럼 설교하는 방법

우리는 여러 방식으로 청교도 설교를 따라할 수 있고, 따라해야 한다. 청교도 설교가 디모데후서 4장 1–2절을 실천한 좋은 모델이기 때문이다. "하나님 앞과 살아 있는 자와 죽은 자를 심판하실 그리스도 예수 앞에서 그가 나타나실 것과 그의 나라를 두고 엄히 명하노니 너는 말씀을 전파하라 때를 얻든지 못 얻든지 항상 힘쓰라 범사에 오래 참음과 가르침으로 경책하며 경계하며 권하라." 이어지는 글에서 청교도 설교로부터 배울 수 있는 7가지 교훈을 살펴보자.

　1) 성경적, 교리적, 경험적, 실제적으로 잘 짜인 설교를 하라

이 네 가지는 좋은 설교가 온전히 갖추어야 할 구성요소다. 좋은 설교는 '성경적'이어서 성경적, 역사적 문맥에서 본문의 의미를 설명해야

한다. 또한 '교리적'이어서 본문에서 하나님과 사람에 관한 진리를 도출하고 정의해야 한다. 동시에 '경험적'이어서 이상주의와 현실주의를 가진 청중의 마음에 진리를 전달해야 한다. 뿐만 아니라 '실제적'이어서 어떻게 청중이 하나님의 말씀에 반응해야할지 구체적인 지침을 제공해야 한다.

이 네 단어를 설교의 황금 사슬이라고 한다. 설교의 본질은 하나님의 말씀을 사람에게 선포하는 것이다. 존 프레스톤(John Preston, 1587 - 1628)에 따르면 간단하면서도 전형적인 청교도 설교의 정의는 "예수님의 이름으로 하나님을 대신해서 사람들에게 말하는 대사(ambassador) 혹은 목사가 말씀을 해석하거나 나누는 것"이다.[9]

설교자가 전파하는 모든 교리는 인간의 전통, 경험, 추측이 아니라 성경에 뿌리를 두어야한다. 바울은 골로새서 2장 7-8절에서 우리에게 "그 안에 뿌리를 박으며 세움을 받아 교훈을 받은 대로 믿음에 굳게 서서 감사함을 넘치게 하라 누가 철학과 헛된 속임수로 너희를 사로잡을까 주의하라 이것은 사람의 전통과 세상의 초등학문을 따름이요 그리스도를 따름이 아니니라"라고 말한다.

그리스도인의 경험은 성경의 교리를 통해 배우고 변화된 것이어야 하고, 신비주의와 감정주의로 표류하지 않도록 하나님의 말씀으로 판단되고 측정되어야 한다. 그리스도인과 교회의 실천적 활동은 항상

---

9   다음에서 인용되었다. Everett H. Emerson, *English Puritanism from John Hooper to John Milton* (Durham, N.C.: Duke University Press, 1968), 45.

마음속 믿음과 사랑에서 흘러 나와야하며, 기록된 말씀의 진리가 기

청교도 설교는 경험적이고 실제적인 면에서 탁월한 설교이다. 경험적 설교는 진리의 말씀을 경험으로 알아야함을 강조한다. 이런 설교는 성경적 진리의 관점에서 중요한 삶의 영역들이 어떻게 펼쳐져야하고, 성도의 삶에서 어떻게 실행되어야 하는지 설명한다. 설교의 목표는 거룩한 진리를 성도의 가족, 교회, 세상뿐만 아니라 하나님과 동행하는 모든 삶의 경험에 적용하는 것이다. 우리는 경험적이고 실제적인 청교도 설교의 유형에서 많은 것을 배울 수 있다.

이런 적용은 청교도가 보여준 예처럼 적절한 사람을 대상으로 해야 한다. 그렇지 않으면 영적인 유익보다 오히려 해를 끼칠 수 있다. 청교도 설교는 비기독교인과 기독교인에게 진리를 차별적으로 적용하는 특징을 가지고 있다. 청교도 설교자는 교회와 세상, 참된 신자와 단순히 입술로 고백하는 신자, 구원하는 믿음과 일시적 믿음을 구별하는 은혜의 표지들을 찾는데 온 힘을 다했다.[10] 토마스 셰퍼드 (Thomas Shepard)는『10명의 처녀들, *The Ten Virgins*』에서, 매튜 미드 (Matthew Mead)는『유사 기독교인의 발견, *The Almost Christian Discovered*』에서, 조나단 에드워즈(Jonathan Edwards)는『종교적 감성, *Religious Affections*』에서, 이외 많은 청교도가 다양한 작품을 통해 거짓

---

10   Thomas Watson, *The Godly Man's Picture* (Edinburgh: Banner of Truth Trust, 1992), 20–188. 왓슨은 스스로 점검할 수 있는 스물 네 가지 은혜의 표를 제시한다.

한국교회를 위한 청교도 설교의 유산과 적실성

신자와 진정한 신자를 구별하려고 애썼다.[11]

청교도는 성경적 설명에서 시작해서 교리의 정의와 그것에 대한 방어를 설명한 후 영적 경험을 다루고 실제 행동을 요구하는 모범적 패턴을 보여준다. 적용 없는 강해는 땅을 열심히 일구어도 열매가 없어서 곧 잘려 불태워질 나무처럼 위태롭다. 교리와 경험을 균형적으로 취하면 성경과 우리 삶 사이의 중요한 연결 고리가 형성된다. 왜냐하면 우리는 가르침을 받아야 할 때 지성과 감동이 필요한 마음을 가진 존재이기 때문이다. 설교자는 성경 전체가 우리의 전인, 즉 머리와 마음과 손 전체에 영향을 미치도록 설교해야 한다.

2) 본문의 주요 교리를 철저하게 설교하라

조직신학이 본문 강해를 매몰시킬 위험이 있음에도 불구하고 설교에 진리가 스며들게 하려면 우리는 본문에서 교리를 이끌어내는 청교도 설교 방식을 따라야한다. 다음 질문은 청교도 설교의 초점에 관한 것이다. 본문과 관련된 모든 교리를 탐구할 것인가? 아니면 본문이 가르치는 중심 교리에 집중할 것인가? 조나단 에드워즈(Jonathan Edwards 1703-1758)는 두 번째 방식의 대가였다. 그는 박식한 지성과

---

11 Thomas Shepard, *The Parable of the Ten Virgins* (Ligonier, Pa.: Soli Deo Gloria, 1990); Matthew Mead, *The Almost Christian Discovered; Or the False Professor Tried and Cast* (Ligonier, Pa.: Soli Deo Gloria, 1988); Jonathan Edwards, *Religious Affections* (New Haven: Yale University Press, 1959).

뛰어난 영적 통찰력 사용해 자신이 설교하는 본문의 특정 교리를 깊이 연구했다.

에드워즈가 전한 고린도후서 4장 7절의 설교를 예로 살펴보자. "우리가 이 보배를 질그릇에 가졌으니 이는 심히 큰 능력은 하나님께 있고 우리에게 있지 아니함을 알게 하려 함이라."[12] 그는 본문을 간략히 강해한 후 다음과 같은 교리를 끌어냈다. "하나님은 전적으로 부족한 인간을 도구로 자신의 은총 사역을 수행함으로써 자신의 능력을 나타내는 것을 기뻐하신다."[13] 첫째, 그는 설교자가 타락한 사람의 영혼에 하나님의 일을 할 수 없다는 것을 보여주었다. 왜냐하면 사람은 자신의 죄 때문에 "하나님에 의해 버린 바 되었고, 영적으로 죽었으며, 사망의 포로상태"에 있기 때문이다.[14] 둘째, 설교자는 그저 피조물이며 회심은 천사조차도 영향을 미칠 수 없는 일이다. 설교자는 "피조물 일뿐만 아니라 매우 힘없고 무능한 사람이며, 듣는 청중과 같은 약점을 가진 사람"이다.[15] 셋째, 하나님이 그런 연약한 사람을 설교자로 부르시고 세상을 이기게 하셨기 때문에 분명 "하나님의 어리석음이 사람

---

12   Jonathan Edwards, *The Salvation of Souls: Nine Previously Unpublished Sermons on the Call of Ministry and the Gospel by Jonathan Edwards*, ed. Richard A. Bailey and Gregory A. Wills (Wheaton, Ill.: Crossway, 2002), 43–55.

13   Edwards, *Salvation of Souls*, 45.

14   Edwards, *Salvation of Souls*, 45–47.

15   Edwards, *Salvation of Souls*, 47–48.

보다 지혜롭고 하나님의 약하심이 사람보다 강하다."(고전 1:25)[16] 이후 에드워즈는 적용을 제시했다. 하지만 우리는 여기서 멈춰 그가 어떻게 교리를 철저히 발전시켰는지 살펴본 것으로 하자.

필자는 오늘날 일부 설교자들이 교리를 경멸하는 현실이 두렵다. 그들은 성경적 강해가 교리보다 우월하다고 생각하며 조직신학을 비웃는 듯하다. 그러나 이런 행동은 자신의 발을 자르는 것과 같다. 강해가 교리로 이어지지 않으면 우리의 지성을 조절하는 믿음을 가르쳐 주거나 개혁시키지 못하기 때문이다. 어떤 설교자들은 실제적 적용을 제시하는 데 너무 치중하여 교리를 무시하는 경향을 보인다. 그러나 교리 없는 적용은 일반적으로 율법주의를 만들어낸다. 또한 가르침 없는 설교는 근거 없는 권고일 뿐이다. 오직 교리만이 예수 그리스도에 대한 우리 믿음의 토대가 되며, 하나님 약속에 대해 우리 의지로 그 명령에 순종할 수 있게 한다. 회중을 영혼 없는 슈퍼컴퓨터로 만들어서는 안 되지만, 그들에게 교리를 가르쳐야할 우리의 책임을 회피해서는 안 된다. 설교자는 본문이 가르치는 구체적 교리를 설교함으로써 이 책임을 감당할 수 있다.

---

16   Edwards, *Salvation of Souls*, 48–49.

3) 하나님의 뜻에 대해 지속적으로 설교하라

우리는 사도행전 20장 26-27절에서 바울이 말한 것을 비중 있게 들어야한다. "그러므로 오늘 여러분에게 증언하거니와 모든 사람의 피에 대하여 내가 깨끗하니 이는 내가 꺼리지 않고 하나님의 뜻을 다 여러분에게 전하였음이라." 우리는 오랜 사역 기간 동안 성경에 계시된 모든 진리를 설교하여 하나님의 백성이 항상 그분을 신뢰하고 경배하며 섬길 수 있도록 준비시켜야 한다.

이 점에서 청교도는 다시 우리가 따라야 할 모범을 보여주었다. 토마스 맨튼(Thomas Manton)의 『저서들, *Works*』에는 하나님의 모든 뜻을 전하려고 애썼던 그의 사역을 보여주는 수백 편의 설교가 실려 있다. 그가 설교한 다양한 본문을 살펴보자. "주요 텍스트 색인"을 살펴보면 그가 시편 시리즈 설교 외에 성경의 모든 부분을 설교한 것을 알 수 있다. 예를 들어 시편 119편(하나님의 말씀), 이사야 53장(그리스도의 대속의 죽음), 마태복음 4장 1-11절(그리스도가 받은 유혹), 마태복음 6장 6-13절(주기도문), 마태복음 17장 1-8절(그리스도의 변형), 마태복음 25장(심판의 날), 마가복음 10장 17-26절(젊은 부자 관리와 회심), 요한복음 17장(그리스도의 중보와 우리의 구원), 로마서 6장(그리스도와의 연합과 거룩함), 로마서 8장(성령과 우리의 소망), 고린도후서 5장 (하나님과의 화해), 에베소서 5장(경건, 결혼, 그리스도의 일), 빌립보서 3장(그리스도를 향한 사랑), 골로새서 1장 14-20절(그리스도의 인격과 일), 데살로니가후서 1장 4-12절 (회심), 데살로니가후서 2장(마지막 때와 구원), 디도서 2장 11-14절(은혜로 인한 거룩함), 히브리서 11장(믿음), 야고보서 (실천적 기독교), 유다서(거짓 교사) 등이다.[17] 맨튼는 35년간의 사역 동안 자신의 성도에게 성경의 모든 교리를 전했다.

하나님의 모든 뜻을 전하려는 맨튼의 헌신적인 노력은 그의 균형 잡힌 접근에도 나타난다. J. C. 라일(J. C. Ryle, 1816 - 1900)에 따르면 "맨튼이 가진 칼빈주의에는 진리에 대한 묘하고도 행복한 관심이 나타난다. 그는 결코 다른 교리를 희생하면서 특정 교리를 높이지 않는다. 그는 성경에 나타난 위치와 정도에 따라 더하지도 덜하지도 않게 각 교리를 적절히 다룬다."[18] 라일은 맨튼이 특별한 신적 선택, 일반적인 신적 은총, 효과적인 부르심과 회개와 믿음에 대한 보편적인 부르심, 칭의와 성화, 견인의 확실성과 신자의 거룩함의 필요성을 균형적으로 설교한 점을 주목했다.

설교자는 균형 잡힌 식단으로 하나님의 가족을 먹이도록 힘써야 한다. 목회자는 주기적으로 지금까지 자신이 설교한 내용을 돌아보고 성찰해야 한다. 그래서 성경이 말하는 있는 교리 및 윤리의 폭과 자신의 설교를 비교해야 한다. 10, 20년 동안 당신의 설교를 듣기 위해 앉아있는 청중이 하나님의 모든 뜻에 대해 배우고 훈련받고 있는지 질

---

17   Manton, "Index of Principal Texts," in *The Complete Works of Thomas Manton, D.D.*, ed. T. Smith, 22 vols. (London: J. Nisbet, 1870–75), 22:455–60.

18   J. C. Ryle, "An Estimate of Manton," in Manton, *Works, 2:xvii.*

문해보라.

4) 보통 사람도 이해할 수 있는 명료한 스타일로 설교하라

청교도 시대 영국 국교회의 저명한 설교자들은 그들의 학식을 드러내기 위해 청중이 내용을 이해하지 못함에도 불구하고 라틴어와 헬라어 및 기타 언어로 된 긴 인용문으로 자신의 설교를 장식했다. 이들은 단어와 구절을 세련되게 조합해서 자신들이 얼마나 똑똑한지 강단에서 보여주려고 했다. 또한 수사적 기술로 듣는 사람을 즐겁게도 했지만 정작 청중의 마음이 그리스도의 영광으로 감동하게 하지는 못했다. 이런 방식은 종종 장엄한 건물, 시각적 예술, 인간이 만든 엄숙한 의식 등 감각을 자극하는 외적인 형태의 예배에 대한 강조와 결합되었다. 계몽주의는 17세기에 모든 것의 판단 기준이 합리성과 인간의 이성임을 강조하는 존 로크(John Locke, 1632-1704)와 같은 인물에 의해 시작되었다.

청교도는 오직 하나님의 말씀으로 규정된 성경적 예배의 단순성을 주장함으로써 이러한 시대적 경향에 대응했다. 퍼킨스(Perkins)의 말처럼 청교도는 하나님이 승인하시고 사람에게 필요한 유일한 모습은 "성례의 올바른 집행"과 "말씀이 살아있는 설교"라고 가르쳤다.[19] 그

---

19 Perkins, *Commentary on Galatians, in The Works of William Perkins*, ed. Paul M. Smalley (Grand Rapids: Reformation Heritage Books, 2015), 2:149 (on Gal. 3:1).

들은 고린도전서 2장 1-2절에 나오는 바울의 말에 귀를 기울였다. "형제들아 내가 너희에게 나아가 하나님의 증거를 전할 때에 말과 지혜의 아름다운 것으로 아니하였나니 내가 너희 중에서 예수 그리스도와 그가 십자가에 못 박히신 것 외에는 아무 것도 알지 아니하기로 작정하였음이라." 트레일(Traill)의 말처럼 그들은 바울의 가르침을 따라 인간의 이성을 "모든 신성한 문제를 결정하는 판사나 독재자"로 만드는 것을 거부하고 오히려 이성을 "수단과 도구"로 보았다.[20]

갈라디아서 3장 1절에 따르면 바울은 복음을 설교할 때 청중이 예수께서 십자가에 못 박히시는 것을 개인적으로 보는 것처럼 분명하게 제시했다.[21] 퍼킨스에 따르면 "말씀을 전하는 사역의 특성은……마치 교리가 사람의 눈앞에 그려진 그림처럼 분명하고 명확하며 명백해야 한다." 퍼킨스는 설교자가 청중에게 깊은 인상을 줄 수 있지만 이해할 수 없는 말을 사용하는 것보다 "평범한 말을 사용할수록 더 좋은 결과를 얻을 것이다"라고 말했다.[22]

오늘날 우리도 비슷한 유혹에 직면해 있다. 인간의 교만과 영광이

---

20   Robert Traill, "By What Means May Ministers Best Win Souls," in *Puritan Sermons*, 1659–1689: Being the Morning Exercises at Cripplegate, ed. James Nichols (Wheaton, Ill.: Richard Owen Roberts, 1981), 3:208.

21   "예수 그리스도께서 십자가에 못 박히신 것이 너희 눈앞에 밝히 보이거늘"[갈 3:1]의 의미는 다음과 같다. 곧 "마치 너희가 그분이 십자가에 못박힌 것을 보는 것처럼 그리스도는 너희 앞에 명백히 선포되었고, 그리스도의 죽으심과 그 죽음의 복된 목적과 효과가 너희 가운데 밝히 알려진 바 되었다." Matthew Poole, Annotations upon the Holy Bible (New York: Robert Carter and Brothers, 1853), 3:647.

22   Perkins, *Commentary on Galatians*, in *Works*, 2:148 (on Gal. 3:1).

말씀을 전하는 거룩한 사역에 침범하고 있다. 오늘날 많은 목회자가 수사적 기술로 청중의 관심을 끌거나 라이브 공연, 오디오와 비디오 자료를 활용해 사람들의 마음을 움직이는 예배를 기획하고 있다. 어떤 사람은 설교단을 학문적 보좌로 삼아 자신의 학식을 자랑하거나, 성경이 인간 이성의 필요를 충족시키기 때문에 이성으로 하나님의 말씀을 잘 판단할 수 있다고 청중에게 아첨한다. 이 모든 것에 반대하며 청교도는 쉽고 명료하며 열정적으로 그리스도의 복음을 전했던 바울을 본받았다. 이제 우리가 그런 청교도를 본받아야 할 때가 왔다. 십자가에 못 박힌 그리스도를 설교하려면 우리의 교만과 영광을 십자가에 못 박은 채 강단에 서야한다. 자신이 회중 위에 우뚝 솟은 위대한 사람이 아니라, 어린 아이를 교육하는 종처럼, 교육받지 못해 아직 잘 모르는 사람에게 보내진 전령으로 자신을 바라보아야 한다.

5) 청중의 지성, 양심, 마음에 설교하라

청교도 설교는 명료함으로 청중의 지성에 다가갔다. 그들의 설교는 청중을 이성적인 존재로 전제한 채 전달되었다. 청교도는 지성을 믿음의 궁전으로 보았다. 그들은 지성과 마음이 서로 상치되는 것으로 보지 않았으며, 지식은 성령께서 중생의 씨를 심는 토양이라고 가르쳤다. 존 프레스턴은 이성은 회심으로 고귀해짐을 강조했고, 코튼 마터(Cotton Mather, 1663-1728)는 무지는 헌신이 아니라 이단의 어머니라고 덧붙였다. 청교도는 성경적 지식을 지성에 전달하고, 성경적 논리로 지성을 일깨웠다. 청교도는 지성 없는 기독교가 척추 없는 기독교를 양산한다는 것을 알았다.[23]

청교도 설교는 날카로움으로 양심에 다가갔다. 청교도는 죄인의 양심을 '자연의 빛'으로 여겼다. 그들은 명료한 설교로 구체적인 죄를 명명한 후 남성, 여성, 어린이의 양심에 죄에 관한 질문을 던졌다. 이에 대해 한 청교도는 다음과 같은 글을 남겼다. "숨었던 아담이 벌거벗은 상태로 하나님 앞에 섰던 것처럼 죄인들도 그렇게 하도록 우리는 진리의 막대기로 그들이 숨어 있는 모든 덤불을 쳐야합니다." 그때 비로소 그리스도의 의로 옷 입으라고 외칠 수 있다. 이런 이유로 청교도는 "그의 이름으로 죄 사함을 받게 하는 회개"가 있도록 설교하라는 그리스도의 명령을 진지하게 받아들여 긴급하고 직접적이며 명확하게 양심을 향해 설교했다.

청교도 설교자는 열정적으로 청중의 마음을 잡기 위해 애썼다. 그들의 설교는 애정이 넘치고 열심이었으며 낙관적이었다. 월터 크래독(Walter Cradock, 1606 - 1659)은 자신의 성도에게 이렇게 말했다. "하나님은 노를 젓는 노예나 혹은, 말뚝에 묶어 놓을 곰을 얻기 위해 우리를 보내시지 않습니다. 하나님은 당신이 그리스도와 결혼하는 배우자

---

23   For an example of Puritan reasoning with sinners, see Joseph Alleine, *A Sure Guide to Heaven* (Edinburgh: Banner of Truth Trust, 1995), 30.

가 되도록 애쓰게 하려고 우리를 보내십니다."[24] 청교도는 설득력 있는 설교, 개인적 간청, 정직한 기도, 성경적 논리, 엄숙한 경고, 즐거운 생활 등 그들이 할 수 있는 모든 수단을 사용해 지성과 양심과 마음에 호소함으로 죄인이 멸망의 길에서 하나님께 돌아오도록 했다. 청교도는 하나님이 그런 설교를 무기로 사용하여 죄인을 굴복시키고 개종시키실 것이라 믿었다.

6) 당신의 메시지에 청중의 삶이 달려있다고 생각하며 설교하라

청교도는 설교를 목회자의 "주된 일"과 청중의 "주된 유익"으로 보았다. 그들은 설교가 하나님의 위대한 "회심을 위한 명령"이라고 말했다.[25] 이런 설교가 없다면 회심은 일어나지 않는다. 윌리엄 에임스 (William Ames, 1576-1633)에 따르면 "설교는 신앙을 낳고 이해를 열어주며 그리스도께 의지와 애정을 이끌어내는 거룩한 하나님의 명령이다."[26] 토마스 카트라이트(Thomas Cartwright, 1535-1603)는 설교가 단

---

24   다음에서 인용되었다. I. D. E. Thomas, comp., *The Golden Treasury of Puritan Quotations* (Chicago: Moody, 1975), 222. 이 당시 곰을 미끼로 삼는 잔인한 놀이에서 곰들은 말뚝에 묶인 채 개들과 싸워야 했다. 청교도는 자주 이를 반대했다. 이와 비교하여 제시되는 결혼은 얼마나 큰 대조를 이루는가!

25   Robert Traill, *Select Practical Writings of Robert Traill* (Edinburgh: Printed for the Assembly's Committee, 1845), 120; Arthur Hildersham, *CLII Lectures Upon Psalm LI* (London: J. Raworth, for Edward Brewster, 1642), 732.

26   William Ames, *The Marrow of Theology*, ed. John D. Eusden (Boston: Pilgrim Press, 1968), 194.

순히 성경을 읽는 것과는 비교되지 않을 정도로 중요하다는 점을 다음과 같이 강조했다. "불이 흔들리면 더 많은 열을 내는 것처럼, 설교의 바람이 더해진 말씀은 단순히 성경을 읽을 때보다 더 뜨겁게 청중 안에서 불타오른다."[27]

청교도는 평범한 인간이 전능하신 삼위일체 하나님의 대변자요 대사가 될 수 있다는 사실에 경외감을 느꼈다. 리처드 백스터(Richard Baxter, 1615-1691)는 "회중 앞에 서서 구속자의 이름으로 살아 계신 하나님이 주신 구원 혹은 심판의 메시지를 전하는 것은 결코 사소한 일이 아니다"라고 말했다.[28]

리처드 시브스(Richard Sibbes, 1577-1635)에 따르면 승귀하신 그리스도는 성령 외에 신약교회를 향해 설교하라는 소명보다 더 높은 은사를 지상에서 주시지 않는다. 그에 따르면 "이것은 모든 은사 중의 은사요, 설교하라는 명령이다. 하나님이 설교를 매우 중히 여기시고, 그리스도 또한 중히 여기시기에, 우리도 당연히 설교를 중히 여겨야 한다."[29] 이런 이유로 청교도는 교회의 중심에 제단보다는 설교단을 두

---

27 Quoted in Horton Davies, *The Worship of the English Puritans* (Morgan, Pa.: Soli Deo Gloria, 1997), 186. See also John Owen, *An Exposition of the Epistle to the Hebrews*, ed. William H. Goold, 7 vols. (Edinburgh: Banner of Truth Trust, 1991), 7:312–13; Nehemiah Rogers, *The True Convert* (London: George Miller for Edward Brewster, 1632), 71.

28 Richard Baxter, *The Practical Works of Richard Baxter*, 4 vols. (Ligonier: Soli Deo Gloria, 1990–1991), 4:383.

29 Richard Sibbes, *The Complete Works of Richard Sibbes*, ed. Alexander B. Grosart (Edinburgh: Banner of Truth Trust, 1977), 5:509.

었고, 예배의 중심에 성례보다는 설교를 두었으며, 사역의 개인적 소명을 필수적인 것으로 여겼다.[30]

이런 생 때문에 청교도는 행해지는 모든 설교가 중요한 것이라 여겼다. 존 프레스턴은 "단순히 들리는 설교는 없다. 그것은 우리를 천국이나 지옥에 더 가깝게 만든다"라고 말했다.[31] 존 코튼(John Cotton, 1584-1652)의 청중 중 한 명은 다음과 같이 말했다. "코튼이 놀라운 권위와 예시와 삶으로 설교하기 때문에 그가 어떤 선지자나 사도에 대해 설교하는 것이 아니라 바로 그 선지자나 사도에게서 듣는 느낌이었다. 그렇다. 나는 주 예수 그리스도께서 내 마음에 말씀하시는 것을 듣는다."[32]

청교도는 사람보다 하나님을 기쁘게 하는 것을 목표로 삼은 진실한 설교자였다. 하나님이 그들의 증인이었다. 모든 가면이 벗겨졌다. 모든 아첨은 혐오스러운 것으로 여겼다. 리처드 백스터의 말을 들어보자. "형제여, 하나님의 이름으로 권합니다. 당신이 무엇을 하기 전에 또한 사역할 때 당신의 마음을 일깨우도록 노력해서 죄인의 마음을 일깨울 수 있는 적합한 사람이 되십시오. 그들이 영적으로 깨어나거

---

30   For the Puritan view of the calling to the ministry, see Owen C. Watkins, *The Puritan Experience* (London: Routledge & Kegan Paul, 1972), 61–63.

31   John Preston, *A Pattern of Wholesome Words*, quoted in Christopher Hill, *Society and Puritanism in Pre-Revolutionary England* (New York: Schocken Books, 1964), 46.

32   Roger Clap, *Memoirs of Captain Roger Clap*, quoted in Alden T. Vaughan and Francis J. Bremer, eds., *Puritan New England: Essays on Religion, Society, and Culture* (New York: St. Martin's, 1977), 70.

나 저주를 받아야한다는 것을 기억하십시오. 졸린 설교자는 그들을 깨울 수 없을 것입니다……. 당신의 청중이 지금 여기 아니면 지옥에서 깨어나야 하는 사람이라고 생각하며 말씀하십시오."[33]

7) 당신이 설교단에서 전한 삶으로 설교하라

설교자의 삶에 필수적인 경건을 대신 할 수 있는 것은 없다. 설교자의 행동은 말보다 더 크게 말하기 때문에 그의 삶이 메시지와 모순되어서는 안 된다. 설교자의 거룩함만큼 설교에 불을 붙이는 것은 없다. 바로 이것은 청교도의 특징이다. 싱클레어 퍼거슨(Sinclair Ferguson)에 따르면 "진정한 배움과 개인적 경건의 결합이 청교도 비전의 핵심이다. 청교도의 사상에서 반복되는 강조는 다음과 같은 권면이다. '자신을 주의 깊게 살피라.'(행 20:28); '생명을 지키라……'(딤전 4:16). 개인적 경건이 가장 중요한 요소이다."[34]

다른 사람에게 설교하는 동시에 또한 자신을 향한 설교여야 한다. 그저 사역 전문가가 되지 않도록 조심하라. 당신이 성경을 읽는 유일한 이유가 설교 본문을 찾기 위한 것이라면 자신의 영혼을 먹일 수 없다. 말씀을 펼칠 때마다 묵상과 기도의 시간을 만들고, 말씀을 듣기만

---

33 Baxter, *Works*, 4:412, 426.

34 Sinclair B. Ferguson, "Puritans—Ministers of the Word," in *The Westminster Directory of Public Worship*, intro. Mark Dever and Sinclair Ferguson (Ross-shire, Scotland: Christian Focus Publications, 2008), 9.

하고 행하지 않는 사람이 되지 않도록 주의하라. 트레일의 말을 들어
보자.

> 살아있고 활기차고 힘있게 성장하는 그리스도인이 되도록 애
> 쓰라. 당신의 모든 종교가 당신 일의 계기가 되고 있지 않나
> 주의하라. 경험적으로 볼 때 목회자의 마음 상태와 하나님의
> 역사가 그의 영혼에 나타나는 정도가 사역에서의 힘과 효과 모
> 두에 영향을 미친다. 세속적인 상태, 죽은 마음, 느슨한 행보가
> 차갑고 유익하지 않은 설교를 만든다.[35]

리처드 백스터는 이 점을 다음과 같이 표현했다. "먼저 다른 사람
에게 설교하기 전에 열심히 자신에게 설교하십시오. 오 주님, 단지 기
독교와 사역의 기술을 연구하고 배우는 세속적인 목사들로부터 당신
의 교회를 구해주십시오. 그들과 그들의 봉사를 죽은 자와 구별해야
하는 기독교적이고 신성하며 중요한 원칙이 없었습니다."[36]

---

35   Traill, "By What Means May Ministers Best Win Souls," in *Puritan Sermons*, 3:203.

36   Richard Baxter, "A Sermon Preached at the Funeral of Mr. Henry Stubbs" (1678), in
      The Practical Works of Richard Baxter (Morgan, Pa.: Soli Deo Gloria, 2000), 4:974; Cf.
      Murray A. Capill, *Preaching with Spiritual Vigour: Including Lessons from the Life and
      Practice of Richard Baxter* (Fearn, Scotland: Christian Focus, 2003), 39–50.

2. 청교도처럼 설교해서는 안 되는 방법

오늘날 설교자들이 따라하지 말아야 할 청교도의 설교 방식이 있다. 청교도는 프랑스 철학자 페트루스 라무스(Petrus Ramus, 1515-1572)의 이름에서 유래된 라미즘(Ramism)을 사용했다. 라미즘은 아리스토텔레스 철학을 수정해서 지적 사유대신 실제적 경건을 추구하는 방법이다. 여러 면에서 이 방법은 어떤 주제를 신학적이면서도 실제적으로 분석하는 데 도움을 주었다. 반면 라미즘은 청교도 설교를 너무 복잡하게 만들어 오늘날 청중은 거의 알아들을 수 없는 결과를 낳았다. 이어지는 글에서 구체적으로 알아보자.

1) 설교의 틀을 신학이 아니라 주해로 구성하라

전형적인 청교도 설교는 본문을 문맥에서 살핀 후 특정 교리적 명제를 "부각하거나" 유도하는 주석적 서론으로 시작한다. 설교자는 교리적 명제를 각 부분으로 나누어 차례대로 강해한다. 마지막으로 그 강해를 바탕으로 다양한 적용을 제시한다.

이 설교 방식이 오늘날 현대 청중을 위한 최선의 방법은 아니다. 필자는 주제 설교나 조직신학을 가르치는 것을 반대하지 않는다. 네덜란드 개혁주의 전통은 정기적으로 하이델베르크 요리문답을 기반으로 주제별 메시지를 설교하는 것이다. 표준적 청교도 설교 방법은 조직신학을 전면에 배치하고 성경 본문의 특정 단어를 배경으로 제시한다. 그러나 이 순서를 바꾸어 전체 설교를 특정 본문을 문맥에서 강해하고 적용하는 것이 더 효과적이다. 조직신학은 말씀의 종일뿐이다. 종으로서 우리가 말씀을 이해하고, 믿고, 기뻐하고, 순종하도록 도와야한다.

2) 대지나 소대지를 너무 복잡하게 만들지 말고 단순하게 하라

라미즘은 어떤 주제를 카테고리로 나누고, 각 단계가 더 구체적으로 되도록 다시 그것을 하위 카테고리로 나누어 분석한다. 그렇게 하는 목적은 추상적 일반성을 피하고 각 단계를 세부적이고 구체적으로 토론해서 실제적인 적용을 제시하기 위함이다. 종이에 라미즘의 방법이 만들어낸 결과를 그려보면 전체 윤곽이 가지가 오른쪽으로 뻗어나가고 다시 계속 뻗어나는 나무처럼 소대지(sub-points), 소소소대지(sub-sub-sub points), 때로는 소소소소대지(sub-sub-sub-sub points)로 전개된다.[37]

물론 라미즘 방식에 훈련된 청교도 청중은 그런 설교를 이해할 수 있지만, 현대 청중은 그 메시지가 아무리 좋은 의도가 있어도 보통 소소대지에서 이미 집중력을 잃는다. 그러니 여러분의 교회에서 이런

---

37   For example, see Peter Vinke, "Of Original Sin Inhering," in *Puritan Sermons*, 5:115–34.

방식을 시도하지 말라! 여러 정황을 볼 때 출판한 청교도 설교가 실제 설교한 방식으로 기록된 것이 아닐 수 있다는 점도 기억해야 한다. 특히 저자가 나중에 출판을 위해 자신의 원고를 수정한 경우에는 더욱 그렇다. 청교도 스타일의 설교는 대부분의 현대 청중이 이해할 수 없는 구조적 복잡성을 가지고 있다. 오늘날 전형적 설교는 2-4개의 대지와 그것을 뒷받침하는 소대지로 이루어져 있다. 설교에서 대지와 소대지를 합쳐서 15개가 넘는 경우 여러 번으로 나누어서 설교하는 것이 좋다.

3) 적용으로 청중을 압도하지 말고 설교에 집중하라

청교도는 본문이나 교리를 설교로 만들 때 적용을 "이용"(use)이라고 불렀다. 그들은 다양한 성경적 방식뿐만 아니라 사람들의 다른 영적 조건에 따라 여러 이용(적용)을 개발했다. 그들의 설교는 적용이 너무 많아서 강단에서 일종의 성경적 상담의 기능을 했고, 그 결과 분명 목사가 사적으로 다루어야 할 개별 상담을 줄일 수 있었다. 청교도 설교자는 "자신의 양 떼와 함께 살고 대화하면서 가장 필요하고 시기적절한 이용(적용)을 현명하게 선택해야 한다"는 조언을 받았다(공적 예배 안내 중 '말씀을 전함에 관하여').

이런 정교한 적용의 시도는 오늘날 청중이 받아드리기에 너무 과한 측면이 있다. 청교도가 적용의 중요성을 가르치고 있지만 우리는 적용을 선택할 때 신중해야 한다. 예배를 마치고 청중이 6–12개가 아닌 머리와 마음을 관통하는 중요한 2–4개의 적용을 가지고 떠날 수 있게 하라. 현대 청중의 집중 시간이 심각하게 줄었기 때문에 12개의 적용은 전체 설교의 효과를 반감시킬 수 있다. 누군가가 설교자가 무엇을 설교했는지 물으면 "글쎄, 그가 무엇을 말하지 않았을까?"라는 대답이 나올 수 있다.

4) 한 주제, 한 절을 너무 많이 설교하지 말되, 지속적으로 설교하라

청교도가 모든 주제에 관해 철저하게 접근했던 방식은 긴 시리즈 설교로 나타났다. 청교도 저술에서 이런 시리즈 설교를 볼 수 있다. 로버트 트레일(Robert Traill, 1642-1716)은 요한복음 17장 24절을 본문으로 천국, 선택, 그리스도의 사역에 대한 교리에 대해 풍부한 가르침과 적용을 포함한 16개의 설교를 전했다.[38] 그의 설교들은 아름답고 마음이 따뜻해지는 진리가 담긴 300페이지 책으로 출판되었다. 그렇지만 우리는 의아해하며 "단 한 구절을 16번 설교했다고?"라고 묻게 된다. 이 방법이 읽기에는 좋을지 모르지만 오늘날 청중을 위한 시리즈 설교로는 적합하지 않다.

　설교의 균형을 맞추기 위해 너무 서두르거나 반대로 한 지점에 정

38　Robert Traill, *Sixteen Sermons on the Lord's Prayer*, in *The Works of Robert Traill* (1810; repr., Edinburgh: Banner of Truth, 1975), 2:1–298.

체되지 말고 꾸준히 성경 전반을 다루라. 하나님은 아름다운 지혜로 성경이 교리와 적용으로 조화롭게 결합되게 하셨다. 하나의 주제를 깊이 들여다보고 조직신학으로 청중의 세계관을 형성하는 것이 분명 유익하지만, 성경에 나타난 지혜로운 균형을 잃어서는 안 된다. 죄의 사악함에 대해 35번, 그리스도의 중보의 효력에 대해 35번 설교하는 일은 없어야 한다. 우리가 성경의 한 책을 설교할 때 성령의 인도하심을 받아 다양한 주제를 찾을 수 있도록 노력하라.

5) 관련 구절을 과도하지 않게 적절히 사용하라

성경 연구 프로그램도 없고 인터넷 검색 도구도 없었던 시대에 청교도가 성경 전체를 그토록 잘 이해한 것이 놀랍다. 그들은 교리의 근거를 말씀에서 찾기 위해 구약과 신약 전체에서 증거 구절을 찾았다. 오웬은 1670년 5월에 로마서 1장 16절을 두 번 설교했다. "내가 복음을 부끄러워하지 아니하노니 이 복음은 모든 믿는 자에게 구원을 주시는 하나님의 능력이 됨이라 먼저는 유대인에게요 그리고 헬라인에게로다."[39] 20페이지 분량의 설교에서 그는 본문 외에 신명기, 이사야, 예레미야, 마태, 마가, 누가, 요한, 사도행전, 로마서, 고린도전서, 갈라디아서, 빌립보서, 데살로니가전서, 디모데후서, 히브리서, 야고보,

---

39   John Owen, "The Divine Power of the Gospel," in *Works*, 9:217–37.

베드로후서의 구절을 총 50번 인용했다.

　많은 수의 증거 구절을 사용하는 청교도 설교의 방식은 강점과 약점을 동시에 가지고 있다. 강점은 그들이 사용한 참고구절이 특정 성경 교리를 뒷받침하는 조직신학에 뿌리를 두고 있다는 점이다. 열심 있는 청교도 목사들과 설교자들이 가진 하나님의 말씀에 대한 광범위하고 상세한 지식은 우리를 겸손케 한다. 그러나 오늘날에는 한 본문에 초점을 맞추어 강해하면서 각 대지에서 하나 혹은 두 개의 관련구절을 인용하는 것이 가장 좋다.

　청교도 설교를 비평적으로 평가할 때도 우리는 그들이 하나님의 신실한 종이었다는 점을 부인하지 않는다. 단지 그들이 특정한 시간과 장소에서 실수할 수 있는 여지를 가진 사람이었다는 점은 인정한다. 청교도의 방법 중 일부가 현시대의 청중에게 적합하지 않더라고 성령의 축복 아래 그들이 가졌던 열정과 효율성에 대해서 우리는 감탄해야 한다. 청교도는 복음을 전파하겠다는 결심으로 수년 동안 감옥에서 고통을 겪은 존 번연(John Bunyan, 1628 - 1688)처럼 대담한 진리의 등대였다. 번연은 1677년에 두 번째 투옥에서 풀려난 후 더 이상 문제를 일으키지 않기 위해 숨기보다는 더 많은 복음을 전파할 수 있는 열린 문을 찾았다. 그는 고향인 베드포드와 그 주변 마을과 런던에서 설교했다. 그가 런던에서 주일에 삼천 명에게 설교한 것으로 추정된다.

겨울 평일 아침 7시에 1,200명의 사람이 모여 그의 설교를 들었다.[40] 이런 것이 바로 하나님이 청교도 설교에 부어주신 축복의 능력이었다. 우리는 청교도의 모든 면을 따르지는 않지만, 오웬이 찰스 2세와 대화에서 가난한 사상가였던 번연에 대해 "그는 기꺼이 자신의 학식을 사람의 마음에 감동을 주는 사상가의 힘과 교환할 것이다"라고 말한 것을 기억해야 한다.[41]

3. 결론: 청교도처럼 설교하기 위해 성령의 능력을 구하라

웨스트민스터 대요리문답은 청교도 설교에 대한 진술에서 우리가 배울 수 있는 긍정적인 교훈을 다음과 같이 요약한다.

> Q 159. 설교하기로 부름을 받은 사람들은 하나님의 말씀을 어떻게 설교해야 합니까?
> A. 말씀의 사역에 부름을 받은 자들은 때를 얻든지 못 얻든지 부지런히 바른 교리를 가르쳐야 하며, 사람의 지혜의 권하는 말로 하지 않고 오로지 성령의 나타남과 능력으로 할 것이며,

---

40   Charles Doe, "The Struggler," in *The Works of that Eminent Servant of Christ, Mr. John Bunyan, the First Volume* (London: William Marshall, 1692), Ttttt2r–2v.

41   John Brown, *John Bunyan: His, Life, Times, and Work* (London: Hulbert, 1928), 366.

하나님의 전체 도모를 나타내는 데 신실해야 하며, 설교자는 청중들의 필요와 능력에 따라 그것들을 적용하는 데 지혜로워야 하며, 하나님과 그의 백성의 영혼에 대한 뜨거운 사랑을 가지고 열정적이어야 하며, 하나님의 영광과 저들의 회개와 교화와 구원을 목표로 삼는 데 진실해야 합니다.[42]

이 진술의 핵심은 바울이 고린도전서 2장 4절에서 말한 "성령의 나타남과 능력으로"라는 구절이나 혹은 "성령이 저자라는 증거와 힘으로 특정되는 증거, 즉 강력한 성령의 나타남"이다.[43] 다음 160번의 질문에 대한 답에 "말씀을 듣는 청중은 부지런함과 기도와 준비함으로 설교 말씀을 들으며"라는 구절이 나오는 것이 우연은 아니다. 청교도 설교를 가능하게 한 성령의 능력을 위해 기도하지 않으면 청교도처럼 설교할 수 없다. 방법적 결함에도 불구하고 청교도 설교의 능력이 감소하지 않았던 중요한 이유는 스펄전이 강단에 오를 때 고백했던 사도신경의 이 짧은 부분 때문이었다. "나는 성령을 믿습니다."

우리는 존 플레벨(John Flavel)의 설교에서 몇 가지 흠을 발견할 수 있지만, 그것이 성령의 기름 부음과 권능으로 이루어진 것임을 인정

---

42 John R. Bower, *The Larger Catechism: A Critical Text and Introduction, Principal Documents of the Westminster Assembly* (Grand Rapids: Reformation Heritage Books, 2010), 103.

43 Charles Hodge, *Commentary on First Corinthians* (repr., London: Banner of Truth, 1958), 32.

해야 한다. 플레벨은 박해 속에서도 매우 담대하고 분명하게 설교했다. 때때로 그는 발각되는 위험을 피하고자 회중을 숲 속으로 모이게 했다. 한때 당국의 체포를 피하려고 말을 타고 바다로 뛰어든 적도 있다. 그의 설교는 빛과 열기로 타올랐다. 그의 교회 성도 중 한 명은 "그가 하는 사역에 아무 영향을 받지 않고 앉아 있을 수 있는 사람이라면 그는 아주 우둔한 머리, 매우 굳은 마음, 혹은 둘 다를 가진 자이다"라고 말했다. 어느 날 누크 쇼트(Luke Short)라는 청년이 굳은 마음으로 플레벨의 설교를 들었다. 그는 플레벨이 하나님의 저주 아래 죽어가는 두려움에 대해 설교했음에도 불구하고 아무런 변화를 보이지 않고 돌아갔다. 쇼트는 뉴잉글랜드로 이주하여 농부로 살며 100살이 넘은 노인이 되었다. 어느 그는 자신의 밭에서 일하던 중 영국에서 들은 플레벨의 설교가 기억났다. 성령이 플레벨의 메시지가 그의 마음을 사로잡게 하셨고, 85년이 지난 그때 루크 쇼트는 회심하고 구원을 받았다.[44] 그의 묘비에는 "여기에 자연으로는 106세이나, 은혜로는 3살의 아이가 누워있다"라는 문구가 적혀있다.

　오직 성령만이 우리의 설교에 지속되며 회심시키는 능력을 불어 넣어 주신다. 청교도처럼 설교하고 싶다면 또는 당신의 목회자가 청교도처럼 설교하기를 원한다면, 이 은혜를 위해 자주 기도하고 설교를 준비하고 전달할 때 온 힘을 다해 성령을 의지하라.

44　Joel R. Beeke and Randall J. Pederson, *Meet the Puritans: With a Guide to Modern Reprints* (Grand Rapids: Reformation Heritage Books, 2006), 245–49.